中国国家领土主权与海洋权益协同创新中心
中国学术期刊综合评价数据库（CNKI）来源集刊
《中国周边外交学刊》获得复旦大学《学术期刊质量提升支持计划》
（复旦大学文科"双一流"建设项目）资助立项

Journal of China's
Neighboring Diplomacy

中国周边外交学刊

2017年第一辑 （总第五辑）

复旦大学中国与周边国家关系研究中心　编

社会科学文献出版社
SOCIAL SCIENCES ACADEMIC PRESS (CHINA)

《中国周边外交学刊》编辑部

主　编　石源华

副主编　包霞琴　祁怀高

目录
CONTENTS

Contents

Appendix

卷首语

祁怀高　　包霞琴

2016 年是中国"十三五"规划的开局之年，也是中国继续和平崛起的一年。在这一年中，中国周边外交攻坚克难，开拓进取，中国越来越成为周边地区经济发展和政治治理的中流砥柱。中国不时针对周边问题提出"中国方案"和"中国主张"；中国积极引领区域合作架构搭建；中国逐步为周边国家提供越来越多的公共产品；中国倡导的"一带一路"为周边国家发展注入了强劲动力；中国进一步拉紧周边命运共同体纽带。但同时，中国周边外交在不断前行的过程中也面临着新的问题和新的挑战。

本辑学刊收入 11 篇学术论文，从多个角度展现对当前中国周边外交方方面面问题的观察、评估和展望，希望能够引起大家的关注和评点。

张蕴岭的《"一带一路"与发展新理念》强调了创新理念在"一带一路"建设中的作用。一是以新理念推动中国的发展。中国要以新理念提升中国经济和推进中国经济转型，要提升和拓展西部大开发战略，要由开拓市场变为开拓要素投入，要实现陆海地缘的互联互通，构建开放的大地缘经贸网络。二是以新理念推动沿线国家的新型发展合作。"一带一路"提出了新的思路，共商、共建，与沿线国家发展规划接轨，推进新融资合作机构建设，改善沿线国家的综合发展环境等，旨在让沿线国家与中国共同发展。三是"一带一路"理念体现新型大国观。中国倡导"一带一路"不是要扩张，而是与当事国实现利益共享。"21 世纪海上丝绸之路"倡导在海上建立新型的开放发展合作的海洋新秩序，以此体现中国的新型大国观。文章最后强调，"一带一路"建设是一项"百年工程"，具有重大的历史性意义。

赵明昊的《试析"一带一路"建设与中美关系》一文分析了中美围绕

"一带一路"开展合作的可能性与前景。文章认为，虽然部分美国智库专家对"一带一路"的态度出现积极转变，但不少美国政策精英依然对"一带一路"存在担忧。他们担心中国通过"一带一路"将"美国的亚太"转变为"中国的周边"，担心中国打造"去美国化"的地区秩序，担心中国拉拢美国的盟友和伙伴，担心"一带一路"会强化中美围绕国际规则和规范的竞争。但文章也认为，"一带一路"可以为中美关系带来新的合作机遇和空间。中美可以从"新丝绸之路"与"一带一路"对接的角度，思考两国之间如何扩展合作。比如，中美可以通过在阿富汗事务上扩展合作，为双方在"一带一路"框架下的合作积累经验。文章最后指出，中国需要进一步梳理美国的关切点，关注美国可能对中国实施干扰牵制的风险点，扩大中美利益交融的合作点。

吴崇伯的《"一带一路"框架下中国对印尼的投资分析》一文分析了近年来中国对印尼投资大幅增长的原因、面临的主要问题和挑战以及中国企业赴印尼投资的前景。该文认为，作为"21 世纪海上丝绸之路"重要战略支点的印尼对中国企业的投资吸引力越来越强，中国对印尼的投资大幅度飙升。但同时中国企业投资面临着大国博弈加剧、印尼法制不健全、征地难题，以及印尼许可证审批程序复杂、耗时过长等问题和挑战。尽管如此，中国企业投资印尼在基础设施、电力、信息技术、农业与粮食安全、旅游业等领域仍将有较好的投资前景。

石源华和肖阳的《〈中国的亚太安全合作政策〉的基本内容和时代意义》一文认为，2017 年 1 月中国国务院新闻办公室发布的《中国的亚太安全合作政策》白皮书第一次系统清晰地阐明了中国的亚太安全政策，将成为引领今后中国周边外交工作进程和发展方向的纲领性文件。白皮书为当前正处于十字路口的亚太安全形势树立了和平的路标，在涉及中国核心利益的问题上划定了红线。白皮书是和平共处五项原则的进一步延伸和拓展，为亚太安全新架构勾勒出清晰的蓝图，有利于促进"一带一路"沿线国家之间加强安全合作，实现亚太经济发展与安全合作的"双轮驱动"。

宫笠俐的《中国周边外交安全理念演进——从和平共处五项原则到亚洲安全观》一文认为，从和平共处五项原则到亚洲安全观，中国周边外交安全理念不断演进，存在着承继与发展。二者的承继体现为：二者都是在尊崇中国传统文化"以和为贵"基础上提出的，都强调与周边国家的和谐共处；二者都强调尊重不同国家的社会制度、经济发展水平等各方面的差异，主张在求同存异当中追求共同发展；二者都主张普遍安全的理念，强调保障和尊重每一个国家的安全，追求各个国家的共同安全。后者对前者的创新体现为：周边外交安全理念经历了从强调军事安全到注重综合安全的转变，处理与周边国家的关系经历了从强调互惠原则到更强调惠及周边的转变，周边外交工作的目标则经历了从强调"和平共处"到注重"可持续安全"的转变。

吴寄南的《中日关系跌宕起伏的深层原因及其发展态势》一文认为，2016 年日本政府高调介入南海岛礁之争，蓄意升高东海紧张局势，搅局中国的"一带一路"建设，日本政府的这些做法恶化了中日关系。文章指出，中日关系风波迭起存在四大根源：一是日本朝野对中国的迅速崛起不适应、不接受，处于心理调适期；二是中日两国意识形态和社会制度上的差异在磨合过程中逐渐累积；三是日本大众传媒在商业化运作模式下持续对华负面报道发酵；四是日本人挥之不去的大国情结在进入 21 世纪后接连遭受重大挫折。作者认为，在可预见的未来，两国关系将呈现竞争与合作共存、挑战与机遇并存的态势。

郭锐和樊丛维的《构建新型周边关系与中国的西亚外交政策》指出，尽管西亚地区乱局发酵，但中国的西亚外交持续发力。中国与西亚国家在经济贸易、卫生医疗、难民治理、信息通信技术等领域合作不断取得新的进展与突破。同时中国对西亚的外交政策有了新举措与新重点，中国持续推进"一带一路"建设，坚定不移地打击国际恐怖主义，调停矛盾冲突以维护西亚地区稳定。在新形势下，中国对西亚外交政策需要具备新思路，包括：推动中国与西亚国家关系的新型化转变，为西亚地区提供更多的公共产品；构建和倡导中国对西亚国家的新安全观，利用中国自身发展优势帮助西亚国家平稳转型发展；树立中国与西亚国家的命运共同体意识。

张晓磊的《"新安保法"后日本参与联合国维和行动的新动向——决策特征与制约因素》一文以日本自卫队赴南苏丹执行维和新任务为例，分析了政策出台过程和决策特征。文章指出，日本官邸主导型决策呈现三个特征：日益强化的官邸主导型决策机制确保政策走向；日渐顺畅的政官关系合作模式确保政策的有效执行；执政党与政府间日趋明显的政高党低框架确保决策程序的完整高效。但日本自卫队新的海外维和行动面临三个制约因素：一是自卫队"驰远护卫"新任务存在违宪嫌疑问题；二是自卫队员安全风险上升及国内社会舆论问题；三是联合国维和行动自身的制度困境问题。作者认为，自卫队新任务的后续执行存在危及安倍政权稳定的可能性，而新任务背后的日本政府决策理念可能影响日美同盟关系的稳定，同时也可能对日本的国际形象产生负面影响。

黄刚的《安倍政府推进日俄关系的动因及其前景》一文分析了安倍政府对俄外交的轨迹与特点。作者认为，积极推进日俄关系是安倍政府基于国内外多种因素以及自身动机而做出的战略选择，既顺应日本国内的政治需要，同时追求经济利益，也试图实现安倍个人的抱负，并制衡中国。作者认为，未来日俄关系的发展仍面临着诸多障碍，如北方领土问题短期内难以解决、日俄经济关系薄弱、日俄两国之间的互信严重不足、美国因素对日俄关系的影响等。在未来一定时期内，俄罗斯仍将是日本外交的重点对象，但日俄关系前景具有很大的不确定性。

张云的《特朗普新政下的朝核问题与中国周边外交》一文认为，朝核问题已上升为美国特朗普政府安全战略的优先事项，朝鲜欲借此实现朝美高层谈判，获得美国安全承诺。美国奥巴马政府的"战略忍耐"和"经济制裁"广受质疑，特朗普政府在对朝鲜半岛政策选择上日益受到军事威慑强化论的压力。作者认为，中国对朝鲜政策同样面临新的挑战，中国需要把对朝政策的基本政策逻辑转化为各方共识，特别需要与美国和韩国达成共识。同时，中国的对朝鲜政策在具体实践上需要更加大胆和创新，在操作上和技巧方面需要进一步精致化。中国对朝鲜政策的战略目标须定位于朝鲜向着自发性改革道路转型，实现经济增长和对外开放，推动朝鲜逐渐回归国际社会。

刘骞的《美国安全化宗教问题及其对华政策的影响——从宗教自由到宗教恐怖主义转变过程的考察（1992~2008）》一文借用"安全化"的理论框架对宗教问题进行了分析，以美国在宗教问题领域推进"宗教问题安全化"的做法为个案进行考察。文章认为，宗教问题一直徘徊于中美两国的安全议程之中，并且美国是作为安全化动议者，推动了宗教自由安全化、宗教恐怖主义安全化，而中国是作为"潜在受动议者"角色出现的。在美国安全化宗教问题的过程中，中国采取了"去安全化"和"选择性安全化"的做法。作者认为，冷战结束后，由于美国对宗教问题的安全化重点由宗教自由转向宗教恐怖主义，中美之间关于宗教问题的互动也出现了从"对立"向"合作"的转变。

另外，钟飞腾的评论文章《一部推动中国周边外交研究的力作——读石源华教授的〈中国周边外交十四讲〉》对石源华教授的《中国周边外交十四讲》一书进行了评述，认为该书提出了富有创新意义的学术观点，深化了周边外交理论研究，也为周边外交的政策实践提供了探索性方案。

本书还收录了 5 篇会议综述文章，分别是《"2016 年中国周边外交的评估与展望"研讨会综述》《新中国历代领导人周边外交思想研究学术研讨会综述》《首届"跨界民族与中国周边关系"研讨会综述》《"'一带一路'背景下的宗教与中国周边外交"研讨会综述》《"中日关系的转型与东亚合作的前景"国际研讨会综述》。这些会议均由复旦大学中国与周边国家关系研究中心主办或与相关单位合办，读者可以从中了解我们的学术活动动向。

本书的出版是各位作者共同努力的结果。上海外国语大学忻华研究员协助了本辑的英文翻译校勘工作。复旦大学中国与周边国家关系研究中心秘书陈妙玲老师协助了部分编务工作。复旦大学国际关系与公共事务学院的何永朋、徐伟钧等同学帮忙校对了文章并更新了一些数据。国家领土主权与海洋权益协同创新中心资助了本刊的编辑和出版。在此一并致以诚挚的谢意。

祁怀高　包霞琴

2017 年 6 月 1 日

"一带一路"研究

"一带一路"与发展新理念[*]

"一带一路"与发展新理念[*]

张蕴岭

【内容提要】 丝绸之路经济带有三个大的方向，北线方向主要是通过俄罗斯连接欧洲；中线方向连接中亚、西亚到欧洲；南线方向走东南亚，连接海上丝绸之路。21世纪海上丝绸之路有两个方向，一个是传统的南中国海、印度洋，西接非洲；另一个方向则是南太平洋地区。到现在为止，"一带一路"的轮廓和它的整体推动规划基本上明确了，已经有上万个在建的和提出的项目，统合在"一带一路"之下进行规划。建设"一带一路"需要有新思维，最理想的状态是把整个大陆连接起来，改变近代以来的状态，复兴古丝绸之路，重建辉煌。为此，需要进行理念创新，包括以新思维推动中国的发展，推行新型发展合作。强调"一带一路"是一项"百年工程"，具有重大的历史性意义。"一带一路"建设不光是中国在推动，它正越来越变成一个世界性的合作思想。

【关键词】 "一带一路"　新型发展思维　新型发展合作

【作者简介】 张蕴岭，全国政协委员，中国社会科学院学部委员、国际关系学部主任。

　　"一带一路"的话题经常出现在媒体上，大家讨论很多。2017年5月，中国召开"一带一路"国际合作高峰论坛，对于"一带一路"问题，大家

*　本文依据作者2017年3月29日在"复旦大学中国周边外交研究论坛"的演讲《"一带一路"与发展新理念》整理而成，整理稿经过作者审阅。

进一步开展讨论，凝聚共识，提出如何推动建设的意见，此后，"一带一路"建设进入了一个新的阶段，也就是实质性建设阶段。

一 "一带一路"倡议的提出背景

为什么要提出"一带一路"？大体讲有两个背景，一个是国内背景，一个是国际背景。国内背景就是中国经济需要转型升级。转型升级，需要新思路。我国现在各种对外交往很多，我们已经有很多对外合作、对外交往的平台，特别是随着中国的经济发展，对外的关系越来越多，提的建议、合作的项目也越来越多，需要通过统合的设计、统合的安排，统合推动我们原来已有的和将要推出的项目。国际背景主要是在 2008 年金融危机之后，世界经济增长乏力，原来推动机制弱化，需要构建新的机制。"一带一路"从改善沿线地区国家综合发展环境出发，从内在发展的角度构建新的增长动能，为世界经济增长提供新动力，也为我们发挥特殊的作用提供平台。

习主席于 2013 年 9 月、10 月分别在哈萨克斯坦提出建立"丝绸之路经济带"倡议、在印尼提出构建"21 世纪海上丝绸之路"倡议。丝绸之路经济带的提法并不是全新的，从 20 世纪 90 年代开始，我们就提出来重建丝绸之路，也有很多的相关建设；进入 21 世纪，提出深化丝绸之路建设，也搞了很多项目，共建"丝绸之路经济带"，有新意，是（将）它作为一个大的区域范畴来对待。海上丝绸之路的项目也不完全是新的，我们改革开放以后就是利用海上的大通道，使沿海城市、沿海地区经过海路走向世界。这次提出 21 世纪海上丝绸之路有新的考虑：海上不再只是一个大通道，还要推动全面发展。两项倡议在 2013 年年底提出，2014 年准备了一年的时间，2015 年 3 月，由三个政策部门共同发布文件，将两个倡议组合成一个大的倡议，这就是"一带一路"。

十八届三中全会将"丝绸之路经济带"和"21 世纪海上丝绸之路"确定为国家战略。2014 年 12 月，中央经济工作会议正式推出了"一带一路"、京津冀协同发展、长江经济带三大战略。2015 年 3 月的愿景与行动文件对"一带一路"的背景、基本原则、共建方式、中国的作用给出了全面的释义，并提出了预期行动计划。2016 年 3 月，"一带一路"被列入"十三五"时期主要目标和任务；2017 年 5 月，召开"一带一路"国际合作高峰论坛，旨在与其他国家一起深化共识，落实建设议程。

"一带一路"不是凭空而起，原来就有基础，已经有上万个在建的和规划的项目，现在是把它们都统合在"一带一路"之下进行推进。应该说，到现在为止，"一带一路"的轮廓和它的整体推动规划基本上明确了。

从地缘上，丝绸之路经济带有三个大的方向，这三个方向并不是三条具体的道路。北线方向主要是通过俄罗斯连接欧洲；中线方向连接中亚、西亚到欧洲；南线方向走东南亚，连接海上丝绸之路。21世纪海上丝绸之路有两个方向，一个是传统的南中国海 – 印度洋 – 非洲方向，另一个则是南太平洋地区。这样，陆上海上共同构成一个大的地缘空间和发展带。

二 "一带一路"倡议的初心

古丝绸之路在陆上海上都是连接中国与外部世界的大通道。现在说建丝绸之路，是利用古丝绸之路体现的一种精神，即和平、友好、互利，文化上的多元并存与互鉴。取丝绸之路的名字也是要发扬这种精神，以这样的精神指导建设。在近代，西方列强、日本崛起，中国衰落，割断了中国与外部的传统联系线，侵略、征服、殖民、掠夺替代了传统的相处之道。中国与外部世界的关系发生了巨变，与外部世界的距离变远了，古代的对外联系通道基本上断绝了。新中国外交的一个重要背景就是重构对外关系，这是"一带一路"的大背景。我们看到，新中国成立后，特别是改革开放后，中国与外部的关系发生了转变。我们与外部的关系改善了，与外部的利益加强了，但与外部的联系并不通达，经济关系也主要是贸易，需要深化。

在中国的周边，"走出去"还是很难的，到俄罗斯只有一条老的大铁路，而隔开中国与俄罗斯的河上都没有桥，俄罗斯原来也不愿中国建设大桥；在西北方向，中亚独立后，只修了一条路，往阿富汗也没有路，只有一个山口；往南亚，也没有真正的大通道，孟中印缅经济走廊就是要打通障碍，印度不太愿意；通东南亚，只有一条中越的老铁路，后来建了一条昆曼公路……所以，虽然中国发展起来了，但与外部的陆地连接走不通。改革开放以后，中国主要利用的是海路，但作为一个陆海复合型国家，陆地与这么多国家相邻，却通达不了，太需要改善了。

过去，丝绸之路是踩出来的，走的人多了就成了路，无所谓谁是起点，有些是我们踩的，有些是外来者踩的。随着现代经济的发展，陆地需要通达，这是最便捷的，比海路便捷。连通道都没有，如何成为地区大国、世界大国？"一带一路"倡议就是把中国与外部更紧密地联系起来，通过合作使邻国发展起来，重建与外部世界的友好交往、合作的辉煌。新中国成立初期，我们主要为了生存而采取防备战略，改革开放以后对外经贸主要利用海上，为此建立了 14 个经济开发特区。同时 1984 年，也建了14 个沿边境开放区，没有像沿海地区一样很快发展起来，主要原因是与外部的交往受到基础设施的限制。

从地图上可以看到，当前我们的海上通了，但陆路还走不通。与中国连接的大陆有重要的地缘优势，它连接亚洲、欧洲和非洲。作为一个崛起大国，中国需要想些办法，把整个欧亚大陆连接起来。"一带一路"就是要实现这个梦想。

三 "一带一路"的创新理念

从中国的发展来说，"一带一路"就是要以创新的办法创建新动能。中国的经济转型不能延续发达国家产业转移的传统路径。中国承接了发达经济体的产业转移，但中国这么大的加工业能力，要转出去谁来承接？都转出去国内就业问题如何解决？因此，我们需要开辟新途径，以创新发展拓展市场和投资。

后危机的世界经济复苏缓慢，传统发达国家复苏路径失效。2008 年的危机后，经济未能像过去一样快速恢复，因此需要创建新的动力。同时，在全球新的开放的背景下，需要实现内外均衡发展、均衡受益。当前民粹主义、保护主义盛行，背后也有真实的原因，这就是，开放中的问题，如地区发展不平衡、就业流失得不到转换、贫富差距拉大等。中国也有这类问题。因此，实现均衡，光靠开放是不行的，需要改善综合发展环境，需要创建内在发展机制。"一带一路"要放在这几个框架下考虑。

总的来说，"一带一路"体现了中国的创新理念，主要有以下几点。

（一）以新理念推动中国的发展

中国经济需要提升，企业要"走出去"，要以新方式来推动，因为中国与其他国家的情况不一样。

首先，中国需要继续深化和扩大开放，拓展"走出去"空间。我们过去的开放主要有两个重点，一个是中国自身内部的开放，另一个是开拓外部市场、利用外部资源。现在仅仅依靠这些是不行了，会让许多国家感受到压力。中国是加工型国家，有劳动力和资金优势，世界各地都有我们的加工产品，但其他国家也需要生产。我们周边大多是不太发达的国家，越不发达，与中国的贸易逆差就越大，这是不可持续的。周边国家没有竞争力，只能购买中国的产品，这是无法持续的。美国的贸易逆差可以通过印美元解决，但这些中国周边国家都得挣取外汇来偿还。因此，就需要拓展发展空间，想新的办法，以周边为重点，实现陆海地缘的互联互通，构建开放的大地缘经贸网络，让这些国家也能发展起来，这样，中国与它们的关系就不单纯是贸易关系了。改革开放以来，最大的成果之一就是，我们几乎成为所有的周边国家的最大贸易伙伴，但仔细分析，大多数国家对我们有逆差，这肯定不行。因此，要把周边国家规划成发展区，需要建设基础设施，建设产业园，开展产能合作，推动区域内国家的发展，这样，我国的机会也就多了。

其次，提升和拓展西部大开发战略，通过打开同外部的连接，促进西部地区的发展，纠正东西部地区发展的不平衡。目前尽管有国家层面的西部大开发战略，但人不愿意去，物流到不了，产业落不了地，走不出去。举例来说，新疆产棉花，上海的纺织制造业本可以挪到新疆去，电力、劳动力都更便宜，但因为对外贸易走不通，生产的纺织品还得运到上海出口，这些产业在新疆就落不了地。因此，通过打开西部对外扩展空间，与它们连接起来，建成整体的丝绸之路经济带，就不一样了。比如，广西原来只是中国的边缘地区，但有了中国－东盟自贸区，广西就成了中国－东盟的连接中心，南宁借助这个优势发展很快。同样，新疆的霍尔果斯如能成为"一带一路"的中心，二三十年后就可能成为中等城市，人才、资源、投资都向那里流动，不再是边缘地区。

最后，中国经济转型需要想新的办法。而产业转移是制造业发展达到一定地步，到国外开分支机构，中国的加工制造业在很大程度上是跨国公司到中国来推动发展的，除了华为、海尔等少数企业外，我们这样的公司很少，竞争力下降的劳动密集型加工制造产业不具备通过产业转移来提升的条件。但我国的设备制造业水平高，在建桥修路、高铁、高速公路、发电厂等设备制造、工程承包方面，我们有竞争优势。因此，通过合作发展的方式，拉动中国的设备出口，可以更好地"走出去"。同时，推动设备出口，也为我们的投资提供了基础环境，比如，在中亚修公路、电路，发展新产业，需要水泥、电力，那里的很多水泥厂、火电厂都是中国公司建设的，这些都是设备出口的竞争优势带来的平台。所以我们要由开拓市场变为开拓要素投入，使资金、技术、人力等生产要素能够被调动起来。

（二）推动新型发展合作

中国作为发展中国家，要推动新型发展合作。这一理念出现的大背景是世界经济复苏非常慢。二战以后，发展中国家通过开放，加入世界经济体系，利用开放优势，实现快速发展。但如果仔细分析，这些国家的发展都是点式发展，或者说是"飞地经济"。从经济学角度看，参与国际分工可以获得利益，但从本国发展的角度看却并非如此。一旦发达国家的需求降低，发展中国家加工、出口的拉动力变小，经济就将出问题。目前，发达国家经济结构性转型，内部需求总体拉动还找不到新的动力。美国前十几年就是靠信贷扩张，结果导致了次贷危机。今后再靠信贷扩张拉动经济很难。

近三十年来，拉动世界经济增长的是包括中国在内的发展中国家，它们发展潜力大，提供了世界经济的主要增量。目前，发达国家经济处于平庸阶段，发展中国家传统的加工出口因此受限，世界经济就处于低增长时期。要让发展中国家发展，需要改善综合发展环境，其中，首先是改善基础设施。例如东盟建了 50 年，但内部贸易增长缓慢，现在才占贸易总量的 20% 多，这一方面是因为经济发展水平低，但更主要的问题是各国之间没有连接起来，公路网、铁路网等没有建立起来，需要建设路网。中国改革开放最好的经验就是基础设施，村村通路，四通八达，但东盟缺乏这样的资金。尽管东盟最早提出互联互通，但集聚的资金很少，需要外部支持。"一带一路"建设的重点是构建基础设施网络，这样就为中国与东盟深化合作提供了新的机遇。

"一带一路"相关合作包括两大领域。一是支持和参与相关国家内部规划的建设项目，国家本身规划了但缺乏建设资金，通过加入"一带一路"，得到各种资源支持，比如，雅万高铁（雅加达－万隆）就属于这一类，中国企业参与建设。设施建设关键是资金投入，企业往往不愿意进入，因为成本回收慢，通过"一带一路"的推动，有政府的担保，实行

PPP 模式，创造一个综合环境，企业愿意进入。资本可以到位，建设可以进行。二是规划与建设跨国的铁路网和区域性产业链，须通过"一带一路"。中国要想自己推动建一条高铁，从中国通往欧洲，没有其他国家的合作是建不起来的，更不用说建立互联互通的铁路网，因此，需要一个跨大区域的合作平台。各国参与的跨区网络构建，需要大手笔融资，需要政府签订便利化运输协议等。

"一带一路"大力推动新发展合作机制的构建，扩大发展融资渠道，构建新机制。我们现在有亚投行、新开发银行（金砖国家）、丝路基金，以后还会有更多。建设亚投行，欧洲人"慧眼识珠"，积极参与，因为它们在亚投行看到了商机，将来随着"一带一路"的完善，可能会有更多新的国际融资机制。"一带一路"有助于改善世界发展的不平衡，为世界经济创造新动力。正如中国政府发布的愿景与行动文件所指出的，"一带一路"的一头是有活力的东亚，一头是发达的欧洲，中间是广大的中亚、西亚地区。中国与欧洲合作，找到了共同建设亚欧地区的利益汇合点。有了路，有了人，有了资源流入，发展指日可待。

所以，推动新型发展合作方式，就是综合改变相关国家的发展环境，而不是仅走开放发展的道路。人们对发展合作的讨论由来已久。著名的《勃兰特报告》就提出了发展不平衡问题，要求发达国家把积累的财富拿出一部分，支持不发达国家的发展。但来自发达国家的发展援助没有增加，美国还把援助政治化，提出了把"良政"与援助挂钩的原则。"良政"肯定需要，但不能强制性干预发展中国家的内政，更不能强加西方的民主等价值观。

"一带一路"提出了新的思路，共商、共建、共享，与当地发展规划接轨，推进新融资合作机构建设，改善当地的综合发展环境等，旨在建立开放、合作、发展的平台，这会对世界发展做出新的贡献。

（三）体现新型大国观

中国宣示自己要做新型大国，进行中国特色的大国外交。新型大国不同于传统的大国，中国倡导"一带一路"不是要扩张，不是强制当地改变，不是独占当地市场，而是与当事国共谋、共商、共建，实现利益共享。共享，英文是"share benefit"，就是分享成果，分享没有比例的问题，而是强调大家都能从中受益。

"21 世纪海上丝绸之路"的内涵，不仅仅是建设海上通道、推动沿海经济带发展，同时还包括推进建设新型海洋合作秩序。传统的海洋秩序就是海洋霸权下的秩序，大国称霸海洋。"海上丝绸之路"倡导的，首先是海上航行自由，中国需要航行自由，但只有航行自由不够，还要有海上的安全与合作，这在反恐等问题上已经越来越深地反映出来，海上救助、反恐、反海盗这些问题，只能是大家来做。"海上丝绸之路"的海上安全合作，有别于追求海洋霸权的大国战略，推动的是海洋合作安全的新秩序建设。印度等一些国家质疑"海上丝绸之路"，认为中国追求海洋霸权，试图冲破或者霸占印度洋。这种担心完全没有必要。中国能霸占印度洋吗？霸占了有什么好处？中国所推动建设的是共同合作发展的海上大通道，即不光是通道，还要合作发展。

"海上丝绸之路"建设的一个重点是共建港口网络，把大港连起来。我们经常发现，没有港口网络，一船货运到非洲，回来的时候因为没有物流网络，往往空船回来。有了物流网络，就可以更有效地往返。另一个重点是港口产业园和港口经济区。海上丝绸之路的港口地区，不仅仅是一个港，还要在那里发展，建立园区，拉动那一片发展起来，并且不断扩展。例如在希腊，在巴基斯坦，中国与他们合作建的是港口经济区，而不是简单的运输港口，这样才可以使当地发展起来。海洋新秩序与港口发展相结合，体现了中国特色新型大国外交，通过"一带一路"做建设性大国，改变大国必霸、必战的铁律。对于中国在现行国际体系中的作用，我曾经比喻说，中国是"建庙、修庙、不拆庙"，"庙"是机制，不够用，就建一些，"庙"破了修一修，但不拆除现有的。亚投行、新开发银行等，都是新"庙"。中国不是通过扩张霸占的办法，而是通过共同合作、提供新发展动能的办法，在海上建立新型的开放发展合作的海洋新秩序的办法来为地区和世界做出新的贡献。

四 "一带一路"的认同与前景

"一带一路"倡议提出之后，产生了一种新的认同，对这一政策的理解逐步丰富。现在大家都认同，"一带一路"发展起来，对世界是有好处的。根据预测，到 2050 年，世界 80% 的增长将来自这个地区。中国最高时对世界经济增量的贡献达 40% 多，现在是 30% 多，"一带一路"沿线将成为世界经济新的增长区。

世界从不同的角度看待中国倡议"一带一路"，比如，新加坡的一家报纸就发表文章认为，"一带一路"是长远考虑，是中国战略的重新定位。何谓"重新定位"？中国西部不发展，中国的整体发展就不均衡，国家就不稳定。通过"一带一路"倡议，构建欧亚经济带，为西部开辟对外大通道和发展区，让西部地区融入大区域经济带中，成为连通中国与外部的地缘中心，就不一样了。我们看到，四川、山西、新疆等对参与"一带一路"建设很积极。成都已经开通了前往欧洲的铁路班车，结果出乎意料。过去，四川的货物出口欧洲，要走上海或者湛江两个大港，耗费时间很长，要两个月，铁路班车开通以后，从成都到欧洲只需要11天，一下解决了外部通道问题。新疆的霍尔果斯一下子由边缘小镇成为中亚－西亚－欧洲的连接中心。英国的一家报纸从另一个角度指出，"一带一路"是中国在世界的重新定位。显然，他们的视角更大，看到中国要在世界的发展中从加入到发挥引领作用，英文的引领是"leading role"，不是领导，而是引领大家一起干。我的一位韩国朋友告诉我，"一带一路"会让东方思想回归。何谓"回归"？自工业化以来，世界由西方主导，西方的思维方式、关系架构等，居于中心地位，其中，冲突、强制、主导的思想和方式成为定式。中国推出的"一带一路"则完全不同，出发点是共商、共建、共享，基于合作共赢，契合东方的"和合"传统思想，又体现了中国的和平发展当代思想，在实践中体现，得到认可，影响在扩大。我在访问伊朗的时候，与当地的教授座谈，他们提出，中国能给世界提供另一种选择，对伊朗有益，对世界有益。何谓"另一种选择"？冷战结束以后，美国学者提出"历史的终结"，即世界上只有一种制度最好，这样，世界的良性选择只有西方制度一种，选择它就是好的，不选择它就是不好的。中国的制度与西方不同，如果中国引领的方式成功了，就证明世界不仅有西方模式，其他的模式也能成功，也应该受到世界的尊重。中国倡导世界的多样性，多样性就是不仅有一种制度，"和而不同"，但不同不必然对抗，世界应由一元主导和独霸向多元、和谐、共存的世界新秩序发展。

"一带一路"的作用首先是地理优势的重建，我们可以畅想一下未来。例如，一船货物从上海运到阿姆斯特丹现在需要一个月，如果高铁网建成，上海到阿姆斯特丹只需要最多两天的时间，陆地网络成为最快捷高效的交通方式，将从根本上改变工业化以来构建的海上地缘主导方式。工业革命以来，谁靠近海谁就有优势，西班牙、葡萄牙因为有船，就能优先发展起来，成为"世界大国"，而陆地国家就落后了。将来，通过"一带一路"的战略重构，将大不一样。

"一带一路"要实现"五通"，即政策沟通、设施联通、贸易畅通、资金融通、民心相通，这样，各国将实现共同发展，实现多样并存下的开放交流，互容互鉴。这不就是人类命运共同体建设的蓝图吗！当然，这是一个理想的世界，实现的过程会很长，因此，我说"一带一路"建设是"百年工程"。工业化以来的两百年来发生了巨大的变化，如果用一百多年的时间能实现这些目标，那也很不得了。因此，"一带一路"建设不要太急，在项目上可以急一些，但在总体目标上不能太急，因为这是一个大的转变，"风物长宜放眼量"。

地缘重构不是全新的理念。20 世纪 90 年代初，马哈蒂尔就提出过建设欧亚大陆桥。为什么？设想一下，马来西亚的货物从海路运到中欧至少需要两个半月的时间，如果有欧亚大陆桥，几天的时间就能到达。这种地缘重构既有经济含义，还有很大的政治含义、安全含义、思想含义，值得深入研究。

"一带一路"是一项"百年工程"，要看到它的历史性意义。"一带一路"不光是中国在做，正越来越变成一个世界性的合作思想。在联合国决议中，阿富汗的重建也要联系上"一带一路"，为什么？因为这个方式好。"一带一路"在联合国层次上讨论，得到认可，就成了全球性的思维方式和理念。当然，要做好这件事并不容易，存在各种各样的困难和障碍。可能很多项目做了半截做不下去了，跨国性的网络建设，需要持续推进。这么多国家，认识也不一致，怀疑者也有，可以选择志同道合者先行，可行的先做起来。我们看到，迄今，合作共建协议签订得最痛快的是中东欧 16 国，因为它们与中国没有争端，共建能带来实际的好处，也不担心中国垄断。共建"海上丝绸之路"，东盟应是起点，但是进展慢，整体合作规划难产，因为有争端。在此情况下，可以用各个合作项目来推进，也不一定非要冠以"一带一路"的名称，如果对方不愿意，就不挂这个名称，目的是实现合作共建。

总之，"一带一路"提供了一个理念、一种方式、一个平台、一个前景，具体建设需要大家齐心协力。在建设上，没有谁规定具体应该怎么

做，需要创造，需要开拓，需要一步步往前走。有志者事竟成，做成这件
大事需要持续努力。

"The Belt and Road Initiative" and the
New Ideas for Development

Zhang Yunling

Abstract   The Silk Road Economic Belt has three major routes that extend
in three directions. Its northern route connects East Asia with the Europe through
Russia. Its middle route also extends to the Europe, through Central and West
Asia. Whereas its southern route meanders to the Maritime Silk Road via the
Southeast Asia. On the other hand, the 21st Century Maritime Silk Road has
two major directions. One direction is pointed westward to Africa through the
South China Sea and the Indian Ocean, while the other direction is oriented to-
wards the South Pacific region. Now the contour and the overall blueprint of
"the Belt and Road Initiative" (BRI) have been clearly defined, and tens of
thousands of projects are being constructed within in framework of BRI's grand
design. The most desired long-term design is to make the whole continent well
connected and integrated. In this way, the areas once linked by ancient silk road
may be transformed from their underdeveloped state that evolved all the way from
early modern history, and the glamorous honor of the ancient silk road may be
recreated. Therefore, it is proposed that a new strategic mentality should be crea-
ted for the BRI construction. More specifically, it is proposed that new ideas
shall be adopted to propel the development of China and relevant regions, such as
new type of cooperative development and new type of big power relations. It
should be pointed out that BRI is a "hundred-year-project" containing historical
implications. The BRI idea is developing from a Chinese plan into a worldwide
initiative for cooperation.

Key Words　the Belt and Road Initiative；New Type of Mentality for Development；New Type of Development Cooperation

Author　Zhang Yunling, Member of the National Committee of Chinese People's Political Consultative Conference, Member of the Academic Senate of the Chinese Academy of Social Sciences（CASS）and Director of the Academic Committee of International Relations of CASS.

试析"一带一路"建设与中美关系

赵明昊

【内容提要】美国虽并不位于"一带一路"沿线地区,却可对"一带一路"建设发挥牵制甚至阻碍性作用。随着"一带一路"建设进入稳步推进、深耕细作的阶段,需要更有效地处理大国战略博弈等难题,尤其是妥善应对美国因素的影响。美国战略界对"一带一路"的重视程度不断提升。为管控美国对"一带一路"的影响,需进一步梳理美国对"一带一路"的关切点,美国可能对中国实施干扰牵制的风险点,以及有助于中美扩大利益交融的合作点。

【关键词】"一带一路" 美国因素 中美关系

【作者简介】赵明昊,博士,中共中央对外联络部当代世界研究中心战略研究处副处长,亚太安全合作理事会(CSCAP)中国国家委员会委员。

随着"一带一路"建设进入稳步推进、深耕细作阶段,需要更有效地处理大国战略博弈等难题,其重要一环是准确分析、妥善应对美国因素的影响。在特朗普上台前后,其多名政策顾问对"一带一路"做出积极表态。① 美国主流智库对"一带一路"的关注度和研究投入也在上升,这一动向值得引起充分重视。这表明"一带一路"建设的进展对美国有所触动,并酝酿调整应对举措。未来一个时期,中美关系的构建将进入新阶段。特朗普政府倾向于从"零和博弈"视角看待中美关系,与中国争锋较

---

① James Woolsey, "Under Donald Trump, the US will Accept China's Rise – as long as It doesn't Challenge the Status Quo," *South China Morning Post*, November 10, 2016.

劲意识较强。① 在这种情况下，中国需要思考如何通过"一带一路"建设等，为推进中美新型大国关系寻求新的着力点和抓手。

一 美国智库对"一带一路"的主要认知

近年来，在南海争端、网络安全等问题的影响下，中美关系的竞争性有所上升，两国战略互信缺失依然突出。中国在亚太地区的外交更为积极主动，坚定捍卫领土主权权益。可以说，美国努力"重返亚太"，中国则努力立足亚太，走向全球。在这种情况下，美国方面愈加倾向于从两国战略竞争的视角看待和回应中国提出的外交倡议，包括"一带一路"。

随着"一带一路"建设的不断推进，美国智库和战略界人士对"一带一路"的重视程度有所提升。一是主要智库设立专门研究项目，对"一带一路"的相关进展和信息加以跟踪研判，比如战略与国际问题研究中心（CSIS）设立"连接亚洲"项目，全美亚洲研究局（NBR）设立"新丝路经济走廊"项目等。此类项目多得到美国大企业和实力较强的基金会的支持。二是陆续发布相关研究成果，对"一带一路"的认知进一步深化，并试图影响美国国内的相关政策讨论。彼得森国际经济研究所就"一带一路"撰写专题报告，深入分析其经济、政治和外交影响。兰德公司则围绕"一带一路"如何影响中国与中亚国家关系，以及中国在中东地区的角色变化等问题发布相关成果。三是美国智库推动与国外机构和个人开展合作研究，力图从"第三方"视角探析"一带一路"。它们不仅寻求与中国研究机构的合作，还邀请"一带一路"沿线国家人士参与其研究项目。比如，彼得森国际经济研究所邀请保加利亚前副总理兼财政部长德加科夫加入"一带一路"课题组，负责研究中国与中东欧国家的关系。

美国智库对"一带一路"的关注度上升值得引起重视。这表明"一带一路"建设的进展对美国有所触动，美方不得不做出政策反思，并酝酿调整相关应对举措。对于"一带一路"倡议，不少美国政策精英都表达了担心和疑虑。他们认为，"一带一路"倡议是中国的"马歇尔计划"，中国意欲借此将经济实力转化为地缘政治影响力，建立和巩固自身对欧亚大陆的

---

① Peter Navarro and Greg Autry, *Death by China: Confronting the Dragon*, Upper Saddle River, New Jersey: Pearson Education Inc. , 2011.

控制,并在国际秩序方面"另起炉灶",推动中国版的"全球化"。具体而言,包括以下几个方面的担忧。

第一,担心中国通过"一带一路"抗衡美国的"亚太再平衡"战略,进而将"美国的亚太"转变为"中国的周边"。布鲁金斯学会高级研究员杜大伟(David Dollar)等认为,中国提出"一带一路"倡议是对美国重返亚太的一种反制,"一带一路"建设如果成功实施,将进一步强化中国在地区经济发展中的"核心"作用,有助于中国编织以自身为中心的经济圈。美国国家利益中心学者凯尔·丘奇曼(Kyle Churchman)认为,地缘战略动机促使中国提出"一带一路"计划,设法突破美国在西太平洋的包围。"美国在中国西部地区的影响力远不如在中国东部沿海附近大,随着华盛顿将重心转移到亚太地区,这进一步促使北京'向西去'"。另一个地缘战略动机在于软实力,中国希望通过提供数十亿美元的基础设施项目资助,赢得"一带一路"沿线国家的好感。[①]

第二,担心中国以经济合作为先导,带动政治和安全领域的合作,打造"去美国化"的地区秩序。美国海军战争学院专家霍姆斯(James Holms)等称,中国不仅想要"条条大路通北京",还希望借助"海上丝绸之路"联通太平洋与印度洋,使中国海上力量进一步"西进"。外交关系委员会高级研究员易明(Elizabeth Economy)等表示,中国通过"丝绸之路经济带"计划加大与俄罗斯的合作,中俄有可能进一步排挤美国在中亚地区的存在,打造"新的反美轴心",进而削弱美国在整个欧亚大陆腹地的影响力。

第三,担心中国借助"一带一路"挖美国墙脚,拉拢美国的盟友和伙伴。战略与国际问题研究中心甘思德(Scott Kennedy)等人称,欧洲国家不顾美国劝阻加入亚投行,表明中国有能力在美国和其盟友之间打入楔子。布鲁金斯学会高级研究员波拉克(Jonathan Pollack)提出,在"一带一路"驱动下,欧洲国家正拉近与中国的关系,中国欲在欧洲实施"分而治之"策略,为了确保世界经济秩序不被中国所左右,美国和欧洲必须加强内部协商。[②] 美国全美亚洲研究局政治和安全事务高级项目主任罗兰

[①] Kyle Churchman, "Beijing's Boldest Plan Yet Faces West," *The National Interest*, January 12, 2016.

[②] Jonathan Pollack and Philippe Le Corre, "Why China Goes to Europe," The Brookings Institute, July 29, 2015, http://www.brookings.edu/blogs/order - from - chaos/posts/2015/07/29 - europe - engagement - china - pollack - lecorre.

（Nadege Rolland）称，"如果欧洲逐渐转向亚洲而不是关注大西洋，如果中国成功将自己与俄罗斯、中亚、东欧和中东更加紧密地联系在一起，美国政策制定者或许将被迫彻底地改变他们对这些地区甚至是整个世界的传统方略"。①

第四，担心"一带一路"会强化中美围绕国际规则和规范的竞争，甚至引发意识形态、发展模式方面的"较量"。在美国大西洋理事会高级研究员曼宁（Robert Manning）等人看来，中国并没有按照西方国家的期待成为"负责任的利益攸关方"，反而是通过"一带一路"、亚洲基础设施投资银行等打造"并行的机制"。② 斯坦福大学高级研究员福山（Francis Fukuyama）甚至提出，中国将利用"一带一路"倡议向其他国家出口自己的发展模式，一场历史性的发展模式之争正在中国与西方国家之间上演，而这会影响全球政治的未来。福山忧心忡忡地呼吁："如果我们不行动起来，就有可能将欧亚大陆以及世界其他重要地域的未来拱手让给中国以及中国的发展模式。"③

此外，一些美国智库专家还担心，"一带一路"建设如果出现严重问题，将对美国的利益造成损害。在中国经济增长放缓的背景下，中国难以保持"一带一路"建设的可持续性。一旦出现大规模金融风险等问题，或是中国难以处理好相关的环境、社会和安全风险，"一带一路"可能会对美国在相关国家的利益带来危害。基于上述多方面的担忧，有智库专家呼吁，美国应高度重视"一带一路"的深远影响，通过联手日本、扶持印度、重新定义基础设施标准等方式共同应对，制衡中国不断扩展的国际影响力。④

同时也需看到，随着"一带一路"建设在国际社会获得越来越多的关注和肯定，部分美国智库专家对"一带一路"的态度出现积极变化。一是认为美国不应该对"一带一路"反应过度。战略与国际问题研究中心高级

---

① Nadege Rolland, "China's New Silk Road," *NBR Commentary*, February 12, 2015, The National Bureau of Asian Research, http://nbr. org/downloads/pdfs/psa/rolland_ commentary_021215. pdf.

② Robert Manning and James Przystup, "How George Kennan Would Contend with China's Rise," *The National Interest*, June 30, 2015.

③ Francis Fukuyama, "Exporting the Chinese Model," *The Straits Times*, December 30, 2015.

④ Peter G. Cornett, "China's 'New Silk Road' and US – Japan Alliance Geostrategy: Challenges and Opportunities," *Pacific Forum CSIS Issues & Insights*, Vol. 16, No. 10, June 2016.

研究员张克斯(Christopher Johnson)等人呼吁,美国不应过度夸大"一带一路"的地缘政治意涵,需要认真对待这一将深刻影响中国内外政策的重要倡议,应深化对"一带一路"相关进展的分析,寻求更加坚实的信息基础和更为明智的应对之道。① 二是认为"一带一路"并不必然导致中美之间的"零和博弈"。彼得森国际经济研究所所长亚当·波森(Adam Posen)等称,美国国内有不少人对"一带一路"抱有"等着看它失败"的态度,但是"让中国失败"并不必然对美国有利,在促进地区发展等问题上,中美不完全是"你输我赢"的关系,不妨考虑"让中国成功"。三是认为"一带一路"可为中美两国扩展合作提供新的机会。曾供职于白宫国家安全委员会的南亚问题专家、美国进步中心高级研究员阿里拉·维耶赫(Ariella Viehe)称,"一带一路"与美国提出的"新丝绸之路计划"具有很多共同目标,两者如能实现"串联",可更好地完成相关大项目。②

二 中美围绕"一带一路"合作的可能性

无疑,"一带一路"倡议的顺利落地,有赖于更有效地处理大国战略博弈等难题,这必然包括如何应对美国因素。应该看到,不仅是美国,其他大国也倾向于从地缘政治视角看待"一带一路"倡议,担心中国以经济发展为"外衣",扩展在中亚、南亚等地区的安全存在和影响力。虽然中俄两国政府已就"丝绸之路经济带"与"欧亚经济联盟"对接达成初步协议,俄方也期待借此获得中国在资本、技术等方面的支持,但俄战略界仍对中国的"西进"抱持较大疑虑。③ 印度则对中国通过"海上丝绸之路"建设扩大在印度洋地区的影响力感到忧心。有印度专家称,"'海上丝绸之路'成为'珍珠链'战略的经济掩盖方式",中国通过在孟加拉湾、阿拉伯海沿岸地区经营港口、铁路等基础设施,以及推动中巴经济走廊建设,

---

① Christopher Johnson, "President Xi Jinping's 'Belt and Road' Initiative," Report of the CSIS Freeman Chair in China Studies, CSIS, March 2016.

② Ariella Viehe, "US and China Silk Road Visions: Collaboration not Competition," in Rudy de-Leon and Yang Jiemian, eds., *Exploring Avenues for China – US Cooperation on the Middle East*, Center for American Progress, July 2015.

③ Alexander Gabuev, "Eurasian Silk Road Union: Towards a Russia – China Consensus?" *The Diplomat*, 5 June 2015.

对印度构成战略围堵之势。[1] 欧盟则担心"一带一路"对其"东部伙伴关系计划""地中海伙伴关系计划""中亚伙伴关系战略"带来不利影响。

因此，面对美国方面对"一带一路"的战略疑虑，中国应当抱持"平常心"。中国提出"一带一路"国际合作倡议，并不像有些国外学者所言，是对美国"亚太再平衡"战略的反制。[2] 但不可否认的是，"一带一路"建设会对美国在相关国家和地区的利益带来一定影响。美国虽然并不位于"一带一路"沿线，却具有对"一带一路"建设形成牵制的能力。比如，在"一带一路"沿线国家中，有 20 多个国家有美国驻军或与美国存在军事同盟关系，美国 16 个"非北约盟国"中有 10 个以上处于该区域。[3] 随着"一带一路"建设不断向西拓展，将有不少项目涉及北约成员国，北约28 个成员国中有 13 个位于该区域。美国的确担心中国通过"一带一路"扩展地缘安全影响力。此外，"一带一路"也会对美国提出或推动的地区合作方案带来一定影响，如"新丝绸之路""印太经济走廊""亚太全面能源伙伴计划""湄公河下游倡议"等。[4] "一带一路"建设或将触动美国的敏感神经，相较于其他地区性大国，美国的反制将具有全局性特征，它将不仅在"海上亚洲"对中国进行压制，也会在"陆上亚洲"尤其是临近中国的中南半岛地区加大掣肘力度。[5]

虽然美国方面对"一带一路"存在疑虑，但在官方层面并未对其予以全盘否定。2015 年 3 月，美国常务副国务卿布林肯（Antony Blinken）在布鲁金斯学会就"中亚的长久愿景"发表演讲称，中国在中亚是一个非常

---

[1] Zorawar Singh, "Indian Perceptions of China's Maritime Silk Road Idea," *Journal of Defence Studies*, Vol. 8, No. 4, 2014.

[2] Yukon Huang, "Courting Asia: China's Maritime Silk Route vs America's Pivot," *The Diplomat*, April 25, 2014.

[3] 截至 2015 年 12 月，美国的"非北约盟国"包括澳大利亚、埃及、以色列、日本、韩国、约旦、新西兰、阿根廷、巴林、菲律宾、泰国、科威特、摩洛哥、巴基斯坦、阿富汗、突尼斯。

[4] Ernest Bower and Prashanth Parameswaran, "US Moves to Strengthen ASEAN by Boosting the Lower Mekong Initiative," *Commentary*, Center for Strategic and International Studies, July 24, 2012; "US – Asia Pacific Comprehensive Energy Partnership," http://www. state. gov/e/enr/c56576. htm; Fatema Sumar, "Shaping the Future of Trade and Connectivity in the Indo – Pacific," Remarks at CII Kolkata Business Luncheon, May 8, 2014, http://www. state. gov/p/sca/rls/rmks/2014/226364. htm; Richard Weitz, "US New Silk Road Initiative Needs Urgent Renewal," *The Central Asia – Caucasus Analyst*, Central Asia – Caucasus Institute, March 4, 2015.

[5] 赵明昊：《试析奥巴马政府第二任期亚太再平衡战略走向》，《国际论坛》2014 年第 3 期。

主要的参与者,中国的参与并非"零和游戏",有助于加强亚洲在陆上和海上的互联互通。① 同年 5 月,负责南亚和中亚事务的助理国务卿比斯瓦尔(Nisha Biswal)称,中亚不是进行"零和性的地缘战略对抗的空间",包括中国在内的每个国家都可以扮演建设性的角色,美国欢迎亚投行等新多边机制在遵守国际规则的条件下满足该地区国家的紧迫需要。② 助理国务卿帮办理查德·霍格兰德(Richard Hoagland)称,"中国在中亚地区开发的能源、道路和交通基础设施与美国的努力并不冲突且完全是互补的"。③

中方也明确表示"一带一路"倡议并不会刻意将美国排除在外。2015年 9 月,习近平主席在对美国进行国事访问期间曾强调"一带一路"是开放包容的,欢迎美国参与到"一带一路"的合作中来。2016 年 2 月 25 日,王毅外长在美国战略与国际问题研究中心发表演讲,其中围绕互联互通、产能合作等介绍了"一带一路"建设,并表示,"中国的国际产能合作计划是开放的,不仅跟所有有意愿的国家进行产能合作,也欢迎三方合作。如果把中国的先进装备、充足的融资和发达国家,比如美国的一些技术和关键部件结合起来,这种产能合作就将更加有效地推动各国经济发展,从而促进世界繁荣"。④

实际上,"一带一路"完全可以为中美关系带来新的合作机遇和空间。正如王缉思教授所言,中美两国在东亚的竞争已日益呈现某种"零和格局",但若"西进",中美在投资、能源、反恐、防扩散、维护地区稳定等

① Anthony Blinken, "An Enduring Vision for Central Asia," Remarks at the Brookings Institute, March 31, 2015, http://www.state.gov/s/d/2015/240013.htm.

② Nisha Biswal, "Central Asia in a Reconnecting Eurasia," Remarks at Center for Strategic and International Studies, May 12, 2015, http://www.traceca-org.org/en/traceca/.

③ "US Support for the New Silk Road," http://www.state.gov/p/sca/ci/af/newsilkroad/. Richard Hoagland, "Central Asia: What's Next," Remarks at Georgetown University, March 30, 2015, http://www.state.gov/p/sca/rls/rmks/2015/240014.htm. 另参见 Andrew Korybko, "The Hoagland - Blinken Doctrine is Washington's Updated Plan for Central Asia," *Oriental Review*, April 13, 2015, http://orientalreview.org/2015/04/13/the-hoagland-blinken-doctrine-is-washingtons-updated-plan-for-central-asia-i/; Marc Grossman, "Seven Cities and Two Years: The Diplomatic Campaign in Afghanistan and Pakistan," *Yale Journal of International Affairs*, summer 2013, http://yalejournal.org/wp-content/uploads/2013/06/YJIA-SUMMER-VOL8-ISSUE2-FINAL-A7-Grossman-Copy.pdf。

④ 王毅:《发展中的中国和中国外交——在美国战略与国际问题研究中心的演讲》,2016 年2 月 25 日, http://www.fmprc.gov.cn/web/wjbz_673089/zyjh_673099/t1343410.shtml。

领域的合作潜力都较大，而且几乎不存在军事对抗的风险。在维护阿富汗、巴基斯坦等国稳定的问题上，美国迫切希望中国提供帮助。① 2016 年12 月，兰德公司发布报告《中国在中东：小心翼翼的巨龙》称，中东战略是中国"西进"政策的一部分，也是"一带一路"倡议的一部分。虽然中国希望扩大地区影响力，但与美国抗衡不是其中东战略的核心推动力。中国在中东的行动十分谨慎，努力避免卷入地区紧张局势和争议问题。中国与中东地区主要国家的经济往来与安全合作，有助于建立一个比较稳定的区域环境，而不会影响美国在中东地区的重要利益。中东不稳定的局势可能为中美加强合作提供机会，这最终将有助于缓解两国在亚太的紧张关系。②

显然，"一带一路"倡议不仅对经济发展有直接的积极作用，也有望为地区和平与稳定带来助益，这符合美国的国家利益。"一带一路"首要针对的是那些长期处于全球经济体系边缘地带的国家，它们位于中亚、南亚、中东等地区，不仅经济欠发展，在政治和安全上也长期处于动荡之中，西方学者通常将这些国家称为"失败国家"或"失败中的国家"，并担心动荡向欧洲和美国等"外溢"。近年来，"阿拉伯之春"、利比亚政权更迭和叙利亚危机等正共同破坏中东地区本就极为脆弱的稳定，美国特朗普政府也将打击极端组织作为外交政策的优先事项。正如法国学者高大伟（David Gosset）所言，"欧亚大陆处于直接的本地化的恐怖主义威胁之下，这种恐怖主义用无人机是无法打败的……（中国提出的）新丝绸之路倡议将着力解决经济和社会进步的长期性需求，为铲除极端主义的根源创造条件"。③

从国际机制视角看，中美也可尝试在"一带一路"框架下扩展合作。为推动"一带一路"建设，中国倡议设立亚洲基础设施投资银行（亚投行）这一新的多边机制。基础设施建设可以在促进经济发展方面发挥"乘数效应"，而亚洲各国在基础设施项目融资等方面也面临巨大缺口。根据亚洲开发银行（ADB）的估计，2010 ~ 2020 年亚洲地区基础设施投资的资金需求约为 8 万亿美元，每年大约是 8000 亿美元。然而，亚洲开发银行和

---

① 王缉思：《"西进"：中国地缘战略的再平衡》，《环球时报》2012 年 10 月 17 日。

② Andrew Scobell and Alireza Nader, *China in the Middle East: The Wary Dragon*, RAND Corporation, 2016.

③ David Gosset, "China's Grand Strategy: The New Silk Road," *The World Post*, January 8, 2015.

世界银行加起来每年仅能为基础设施建设提供 600 亿左右美元的贷款,而且这两大机构更重视的工作是"减贫"。1966 年建立的亚洲开发银行由日本和美国共同主导,中国虽然是亚洲数一数二的大国,但它的出资额和表决权均不及日本和美国的一半。中国等国多次要求在亚洲开发银行中增加出资,并推动该行的改革,却遭到拒绝。

应该说,无论是从资金数量的角度,还是从工作优先领域的角度看,亚投行都不会与亚洲开发银行和世界银行形成"对抗"关系。亚投行的注册资本金为 1000 亿美元,其业务范围侧重于基础设施建设。虽然奥巴马政府对亚投行采取了"抵制"策略,时任美国财政部长雅各布·卢以亚投行达不到管理和贷款方面的"全球最高标准"等为借口,多次亲自劝说美国的盟友不要加入这一机制,但英国、德国、法国、韩国、澳大利亚等国不顾美国劝阻,选择成为亚投行的创始成员国。对此,曾供职于世界银行的英国《金融时报》首席评论员马丁·沃尔夫(Martin Wolf)称,美国真正担心的是中国建立的机制会削弱美国对全球经济的影响力,英国决定加入亚投行堪称对美国的有力冲击。沃尔夫直言不讳地指出,中国在经济上的崛起是有益的,也是不可避免的,世界需要新的机制,不会仅仅因为美国不参与就停止前进。① 2016 年 8 月,美国另一重要盟友加拿大也申请加入亚投行。

2014 年 10 月,首批 22 个意向创始成员国代表签署了《筹建亚洲基础设施投资银行备忘录》。2015 年 6 月,50 个意向创始成员国代表共同签署《亚洲基础设施投资银行协定》,另外 7 个国家随后在年底前先后签署。同年 12 月,《亚洲基础设施投资银行协定》达到法定生效条件,亚投行宣告成立。2016 年 1 月 16 日,该行正式开始运营。习近平主席在亚投行开业仪式的演讲中强调,亚投行应该奉行开放的区域主义,同现有多边开发银行相互补充,应该以其优势和特色给现有多边体系增添新活力,促进多边机构共同发展,努力成为一个互利共赢和专业高效的基础设施投融资平台,在提高地区基础设施融资水平、促进地区经济社会发展中发挥应有作用。②

---

① Martin Wolf, "A Rebuff of China's AIIB is Folly," *Financial Times*, March 24, 2015.

② 《习近平在亚洲基础设施投资银行开业仪式上的致辞》,2016 年 1 月 16 日,http://news. xinhuanet. com/politics/2016 - 01/16/c_1117796389. htm。

　　奥巴马政府虽然阻挠了亚投行的成立，但中方一直坚持亚投行对美国企业和人员采取开放态度。金立群多次强调，美国公司不会被排除在亚投行业务范围之外。曾经在世界银行任职近 30 年的美国律师娜塔莉·林奇斯坦（Natalie Lichtenstein）被聘为亚投行的顾问。2016 年 4 月，亚投行行长金立群在华盛顿与世界银行行长金墉签署了双方首份联合融资框架协议。这份协议可让这两个机构共同资助和开发基础设施项目。截至 2016 年 6 月，亚投行董事会已经通过批准了首批 4 个项目总计 5.09 亿美元的贷款，涉及能源、交通和城市发展等领域。这 4 个项目中，除孟加拉国的电力输送升级和扩容项目为亚投行独立提供贷款外，其余 3 个项目都是与世界银行、亚洲开发银行、欧洲复兴开发银行等其他多边开发银行联合融资。①

　　应当看到，奥巴马政府应对亚投行的策略受到美国战略界的广泛批评，美国本应以更为开放和明智的做法予以回应，美国对中国所提倡议的"过度反应"给中美关系发展带来了阻碍，也让美国在信誉度等诸多方面付出代价。美国学者福山称，有看法认为中国当前力推亚投行和"一带一路"意在同美国主导的 TPP 竞争，我认为事实未必如此，美日完全可以加入亚投行，从内部施加影响。中美应在金融贸易领域开展良性竞争与合作。美国要做的不光是抵制中国的崛起，也要防止因过度反应引发冲突战争，避免陷入"修昔底德陷阱"。② 2016 年 11 月，美国中央情报局前局长、特朗普国家安全和外交事务顾问詹姆斯·伍尔西（James Woolsey）公开撰文称，美国应支持中国在全球事务中寻求更大发言权，奥巴马政府反对中国倡导设立的亚投行是一个"战略性错误"，希望特朗普政府对"一带一路"做出"热烈得多的"回应。③

---

① 这 4 个项目具体包括：孟加拉国电力输配系统升级扩建项目，贷款额度 1.65 亿美元；印度尼西亚国家贫民窟改造升级项目，贷款额度 2.16 亿美元；巴基斯坦国家高速公路 M－4 的 Shorkot－Khanewal 路段，贷款额度 1 亿美元；杜尚别－乌兹别克斯坦边界道路塔吉克斯坦境内路段改善项目，贷款额度 2750 万美元。

② 日本《读卖新闻》对福山的采访，题为《中国崛起对世界稳定影响极大》，2016 年 1 月 18 日。

③ James Woolsey, "Under Donald Trump, the US will Accept China's Rise － as long as It doesn't Challenge the Status Quo," *South China Morning Post*, November 10, 2016.

三 中美"丝绸之路"发展方案的对接

可以从"新丝绸之路"与"一带一路"对接的角度，思考中美之间如何扩展合作。早在克林顿总统执政时期，美国政府就提出过"丝绸之路"计划。1999 年 5 月，美国国会通过了《丝绸之路战略法案》（Silk Road Strategy Act），旨在帮助冷战后新独立的中亚和南高加索地区国家强化与外界特别是欧洲的经济联系。2011 年 9 月，时任美国国务卿希拉里·克林顿正式提出"新丝绸之路"（New Silk Road）计划，旨在推动中亚和南亚国家之间的经济一体化进程，并为应对阿富汗问题增添更多的经济动力。希拉里生动地描绘了"新丝绸之路"的愿景："土库曼斯坦的气田将能满足巴基斯坦和印度不断增长的能源需求，并为阿富汗和巴基斯坦提供可观的过境收入。塔吉克斯坦的棉花将运往印度织成棉布。阿富汗的家具和水果将出现在阿斯塔纳、孟买甚至更远地方的市场。"[1]

"新丝绸之路"计划主要包括两类项目，一是能源、交通、基础设施等方面的"硬件"建设，二是推动跨境贸易便利化等一揽子"软件"项目，目标是大力深化中亚和南亚国家业已存在的经济联系。[2] 正如里德·斯坦迪什（Reid Standish）所言，"新丝绸之路"计划是要"将油气资源丰富的中亚国家与南亚大约 16 亿消费者联系起来，让发挥桥梁作用的阿富汗从中受益"。[3] 该计划之下，跨境电力合作是非常重要的项目，即"中亚－南亚输电项目"（CASA－1000），该项目由美国国际开发署、世界银行和伊斯兰开发银行等多个机构共同支持，旨在将塔吉克斯坦、吉尔吉斯斯坦的多余电力向南输送至阿富汗和巴基斯坦。[4]"新丝绸之路"计划下的另一重要能源项目是连接土库曼斯坦、阿富汗、巴基斯坦和印度的天然气输送

① Hillary Rodham Clinton, Remarks at the New Silk Road Ministerial Meeting, New York City, September 22, 2011.

② 关于新丝绸之路计划正式提出前美国促进与中亚经济联系的考虑，见 William Burns, "Silk Road Trade and Investment: New Pathways for U. S. – Central Asia Economic Ties," Remarks at US Chamber of Commerce, October 7, 2009。

③ Reid Standish, "The United States' Silk Road to Nowhere," *Foreign Policy*, September 29, 2014.

④ 土库曼斯坦与阿富汗的电力贸易始于 2002 年，土马雷电厂与阿北部边境城市间有 500 千伏高压输变电线，土方每年以每度电 2 美分的优惠价格向阿北部省份供电，每年供电量为 2 亿～4 亿度。

管道（TAPI）建设项目。这一项目自 20 世纪 90 年代提出以来一直未能取得实质性进展，2011 年在美国"新丝绸之路"计划下被重新激活。

到了 2014 年，"新丝绸之路"计划进一步聚焦四个主要领域，即发展地区能源市场、促进贸易和交通、提升海关和边境管控、加强商业和人员联系。从理论上讲，"新丝绸之路"计划与中国提出的"丝绸之路经济带"构想有不少相近之处，两者存在对接、相互促进的可能性。①

美国进步中心研究员阿里拉·维耶赫认为，"如果'一带一路'倡议和'新丝绸之路'相互补充而不是为同样的资源而竞争，那么，它们就更有可能取得成功"。中美双方可在很多方面尝试开展合作，比如共同支持地区性的职业培训中心和劳动力市场、扩展电网等基础设施建设、简化通关手续、升级边境和口岸设施、推动过境贸易协定谈判等。中美还可以在"中亚区域经济合作"（CAREC）等多边框架下合作推动地区经济发展。②值得注意的是，中美两国政府已经就此合作开始进行接触。2015 年 6 月，美国助理国务卿帮办理查德·霍格兰德（Richard Hoagland）来华与中国发展改革委官员商讨如何使"新丝绸之路"计划与"丝绸之路经济带"建设互为补充，探索中美在第三国合作的具体形式。

"新丝绸之路"计划的核心目的之一是为阿富汗创造经济发展机遇，而阿富汗也迫切希望参与"一带一路"建设。阿富汗位于中亚、南亚和西亚这三大亚洲次区域的连接点，处于欧亚大陆的中心地带，被视为"亚洲的十字路口"和"亚洲的心脏"。中国新疆经由东西长 120 公里、南北宽60 公里的瓦罕走廊与阿富汗接壤。随着美国正式结束阿富汗战争、北约国家撤出军事力量，长期盘踞在阿富汗以及阿富汗 - 巴基斯坦边境地区的恐怖主义、极端主义势力将对中国国家安全和边境地区稳定构成直接威胁。来自阿富汗及"金新月"地区的毒品贩运和其他跨国有组织犯罪活动也会危及中国。此外，中国在阿富汗拥有重要经济利益，包括中国冶金集团的

① Erica Marat, "Following the New Silk Road," *The Diplomat*, October 22, 2014; Reid Standish, "The United States' Silk Road to Nowhere," *Foreign Policy*, September 29, 2014; Kathleen Collins, "The Limits of Cooperation: Central Asia, Afghanistan, and the New Silk Road," *Asia Policy*, January 2014.

② Ariella Viehe, "US and China Silk Road Visions: Collaboration not Competition," in Rudy deLeon and Yang Jiemian, eds., *Exploring Avenues for China - US Cooperation on the Middle East*, Center for American Progress, July 2015.

埃纳克铜矿项目和中石油的阿姆达利亚（Amu Darya）项目等。如果阿富汗局势在"后撤军"时期进一步恶化，势必对中国提出的"中巴经济走廊""丝绸之路经济带"等的落实带来负面影响。因此，维护阿富汗的稳定并帮助阿富汗实现自主的、可持续的发展，符合中美双方的利益。

中美可以通过在阿富汗事务上扩展协作，为双方在"一带一路"框架下的合作积累经验。2014 年以来，阿富汗政府提出了一系列旨在增强本国对外经济关系的构想，比如，开发经中亚国家和土耳其直抵欧洲的贸易通道（Azure Route），通过伊朗的恰巴哈尔港大幅增加与印度的贸易，设计修建联通塔吉克斯坦、阿富汗和土库曼斯坦的铁路。此外，阿富汗－土库曼斯坦－阿塞拜疆－格鲁吉亚交通运输走廊规划也在讨论之中。阿方认为中国提出的"一带一路"倡议为实现阿富汗自身的经济发展目标带来了新的重大机遇。阿富汗总统加尼多次表示，阿富汗是古代丝绸之路上的重要国家，热切期待参与中国提出的"一带一路"倡议，加强与中方在基础设施建设、水利、能源领域的合作，阿富汗还希望早日加入亚洲基础设施投资银行。

实际上，中美围绕阿富汗事务展开的合作已经取得了不少成就。2012 年，中美联合开展阿富汗青年外交官培训项目，阿青年外交官分别在北京和华盛顿参加培训课程，培训内容包括地区和国际形势、中美阿富汗政策、中美关系、公共外交、谈判技巧等。2013 年 9 月，王毅在美国智库布鲁金斯学会就中美构建新型大国关系发表演讲时表示，"阿富汗局势已进入一个关键转折期，能否顺利推进国内和解与重建进程，涉及中美以及本地区各国的共同利益。双方在这一问题上的合作刚刚开始，潜力和空间还很大。只要我们发挥各自优势，相互配合，阿富汗问题完全有望成为两国合作的新亮点"。[①] 2015 年 9 月，中国外交部长王毅、美国国务卿克里、阿富汗首席执行官阿卜杜拉共同主持了阿富汗和平发展与区域合作高级别会议。同年 12 月，"伊斯坦布尔进程"外长会在巴基斯坦首都伊斯兰堡举行。会议期间，中国外交部长王毅在会见美国常务副国务卿布林肯时表示，中美在阿富汗问题上的合作是中美全球战略合作的组成部分，符合双方共同战略利益。2016 年年初，在巴基斯坦、阿富汗、中国、美国等国的

---

① 王毅：《如何构建中美新型大国关系》，2013 年 9 月 20 日，http：//www. china. org. cn/chinese/2013 - 09/23/content_30101644_2. htm。

努力下，关于阿富汗问题的四方协调机制启动，至今已经进行了多轮对话，在推动塔利班参与阿国内和平进程等方面有望发挥独特作用。应该说，中美在阿富汗事务上的合作，是促进中美关系与中国周边外交形成良性互动的一种积极探索。①

未来一个时期，中美可考虑扩大在阿富汗的合作。首先，促进阿富汗经济发展的自主性，尤其是帮助阿提升开发矿产资源的能力。根据美国机构的估测，虽然阿富汗的土地面积仅相当于美国得克萨斯州大小，但其石油、天然气和矿产等储备价值 3 万亿美元，阿富汗还拥有至少 6000 万吨煤矿以及 22 亿吨铁矿和铝矿。阿富汗的锂储备（约 5400 万吨）仅次于玻利维亚。该国还拥有镨、铈、钐等稀有金属，在特种玻璃、改善合金属性、太空技术、磁载体等多方面具有极大的商业价值。但是这些资源至今都未能得到有效开发利用，主要是因为缺乏外部投资，经济项目的开展缺少安全保障，同时也缺乏专业技术和必要的基础设施条件。② 针对这些难题，中美可以在对阿富汗提供经济援助方面加大协调力度。其次，中美可以合作增进对阿富汗的人力资源培训，提供更多的职业教育和技术培训项目，特别是在安全、公共卫生、农业、新闻媒体等领域。过去几年来，中国为阿富汗培训了 1000 多名医疗、水利等领域的专门人才。中美两国也已经连续多年联合举办阿富汗外交官培训班，积累了有益的经验。两国未来应当将这类合作扩大到农业技术、医疗等领域。此外，美国是"伊斯坦布尔进程"的支持国，还是"中亚区域经济合作"（CAREC）③ 与美欧日三方合作机制（"CAREC + 3"）的成员国，中国也是这些机制的重要参与者，中美应加强基于地区多边机制的阿富汗事务合作。

总之，"一带一路"建设需要重视应对美国因素。这里的美国因素，不仅指美国政府针对"一带一路"采取的相关政策，也涉及相关国家和地

---

① Zhao Minghao, "Afghanistan and China – US Relations," *Exploring the Frontiers of US – China Strategic Cooperation*, November 2014, Policy Report, Center for American Progress.

② Donald McNeil, "Next for Afghanistan, the Curse of Plenty?" *New York Times*, June 9, 2011; Xenia Dormandy and Michael Keating, "The US and Afghanistan: A Diminishing Transactional Relationship," *Asia Policy*, January 2014, 9.

③ CAREC 机制于 1996 年由亚洲开发银行发起成立，是中亚区域重要的经济合作机制之一，现有成员包括中国、阿富汗、阿塞拜疆、哈萨克斯坦、吉尔吉斯斯坦、蒙古国、巴基斯坦、塔吉克斯坦、土库曼斯坦和乌兹别克斯坦。2015 年 3 月，中亚区域经济合作学院（简称"中亚学院"）在新疆乌鲁木齐市正式设立。

区组织与中国围绕"一带一路"互动进程中的美国影响。很多"一带一路"沿线国家和部分地区组织在与中国开展合作时,也十分重视美国因素的影响,甚至从中美战略竞争视角看待"一带一路"。随着"一带一路"建设向纵深推进,美国因素越发不容忽视。特朗普上台给中美关系带来了新的挑战。中国方面需要思考如何通过"一带一路"建设等,扩大与美国的共同利益,将中美新型大国关系与中国的"大周边外交"协同推进。与此同时,中国也应与相关国家深化沟通,既要防范"美国因素"对合作造成干扰,也要警惕相关国家利用"美国因素"制造麻烦。

从下一步深化研究的角度而言,需要细致梳理美国各方面对"一带一路"的"疑虑点"、美国可能对中国实施干扰牵制的"风险点"、"一带一路"相关国家对美国因素的"关切点"以及有助于中美扩大利益交融的"合作点"。可从"一带一路"建设中的美国因素切入,围绕中美"竞争性共存"关系、大国地缘经济竞争、多元主体与新型国际合作模式等,提出若干规律性认识,深化对中美关系与中国"大周边外交"互动机理的理论构建。

"The Belt and Road Initiative" Construction and the China-U. S. Relations

Zhao Minghao

Abstract The United States is not located within the areas covered by "the Belt and Road Initiative", but it may restrain or even impede the BRI construction. Therefore, it is necessary to handle the difficult issues related to the gaming between big powers in a more effective way, as the BRI is now carried forward steadily and its projects are constructed in details. Particularly, as the U. S. community of strategic studies is paying more and more attention to BRI, more appropriate means should be adopted to deal with its role and influence. In order to monitor and manage the influence of the U. S. on BRI, there is a need to sort out the various strategic concerns of the U. S. on BRI, the specific risks that might be brought by the U. S. once it adopts some measures to restrain China's maneuver for BRI, and the points of possible China-U. S. cooperation for expanding common interests.

Key Words   the Belt and Road Initiative; the Role and Influence of the U. S. ; the China-U. S. Relations

Author   Zhao Minghao, Ph. D. , Deputy Chief of the Section of Strategic Studies of the Center for Contemporary World Studies, the Department of Foreign Liaisons of the Central Committee of the Chinese Communist Party, Member of China's National Committee for the Council for Security Cooperation of the Asia-Pacific.

"一带一路"框架下中国对印尼的投资分析

吴崇伯

【内容提要】印尼的"全球海洋支点"战略与中国共建"21世纪海上丝绸之路"的倡议高度契合、相得益彰，为两国经贸合作的发展提供了广阔的空间。随着中国"一带一路"倡议从构想走向实践，作为海上丝绸之路重要战略支点，印尼对中国企业的投资吸引力越来越强，中国对印尼的投资大幅度飙升。尽管存在诸多困难与挑战，但总体而言，处于人口红利期的印尼市场前景看好，政府努力改善营商环境、国际评级机构相继提高印尼主权信贷评级等因素，将使中国对印尼不断掀起投资热潮。预计中国企业投资印尼在基础设施、电力、信息技术、农业与粮食安全、旅游业等领域将有较好的投资前景。

【关键词】中印尼经济关系 中国对印尼投资 一带一路

【作者简介】吴崇伯，厦门大学南洋研究院教授、博士生导师。

2013年，中国国家主席习近平在访问印尼时提出建设"21世纪海上丝绸之路"的倡议，此后不久上任的印尼总统佐科·维多多则提出了建设"全球海洋支点"战略，两者在加强经贸、投资合作方面有着强烈的战略共鸣。印尼海洋强国战略与中国共建"21世纪海上丝绸之路"的倡议高度契合、相得益彰，为两国经贸合作的发展提供了广阔的空间。随着中国"一带一路"倡议从构想走向实践，作为海上丝绸之路的重要战略支点，印尼对中国企业的投资吸引力越来越强，中国对印尼的投资大幅度飙升。

一　中国对印尼投资不断增长

中国在印尼的投资持续快速增长，已成为印尼的主要投资来源国之一，印尼是中国在东盟的第一大基础设施合作伙伴和第二大投资目的地。根据印尼方面的统计，2005 年至 2009 年间，中国对印尼投资 5.68 亿美元，在十大东盟国家中居第三位。1000 多家中资企业在印尼的总投资额达到 60 亿美元，投资领域主要是基础设施和能源。中资企业的大规模投资不仅拉动了印尼的经济增长，同时还为印尼创造了 3 万个工作机会，解决了大批劳动力的就业问题。

根据相关资料，中国在印尼投资逐年增加，2011 年和 2012 年为 1 亿美元，2013 年为 3 亿美元，2014 年中国对印尼非金融类直接投资达 10.5 亿美元，累计投资达 38.4 亿美元。中国大陆从 2015 年开始大幅增加对印尼的投资。根据印尼方面的统计，从协议投资金额看，2015 年中国是印尼最大的投资来源国，但由于中国对印尼投资到位率比较低，不到 10%，因此，从实际投入额看中国仅是印尼第九大投资来源地。中国投资者在印尼申请的计划投资额达 278 万亿印尼盾（约合 200 亿美元），占印尼外国计划投资总额的 23%，同比上涨了 67%。中国投资者主要投资领域为基础设施，最大投资领域是电力行业，占中国投资计划总额的 54%，其次是铁路运输行业占 27%，金属工业领域占 6%，房地产与工业园等领域占 13%[①]。根据印尼投资协调委员会的数据，从 2010 年至 2015 年，中国工商界人士在印尼实际投资额达到 21 亿美元，增长了 60.8%；意向投资方面，2010 ~ 2015 年来自中国的投资达到 450 亿美元。而据中方统计，截至 2015 年底，中国对印尼实际投资超过 80 亿美元，中国在印尼的投资主要集中在电站和矿产冶炼等领域。

根据印尼投资协调委员会公布的 2016 年印尼吸引外资情况，2016 年，印尼吸收外国投资 297.5 亿美元，同比增长 8.4%。新加坡和日本仍分别为第一和第二大投资国，投资额分别为 91 亿美元和 54 亿美元，中国投资额 26.65 亿美元，与 2015 年相比增幅高达 313%，名次从 2015 年第九大投

---

① 《2015 年中国成为印尼最大投资来源国》，《国际日报》2016 年 1 月 26 日。

资国跃居第三大投资国，① 投资主要集中在镍和铝矾土等矿产冶炼、电站建设，以及水泥、汽车和钢铁等行业，也有些进入房地产、农业和酒店部门。② 印尼投资协调委员会主任托马斯表示，中国对印尼投资大幅上升在于其持续推动企业对外投资，与其在亚太地区投资大幅上升相一致，中国已成为区域内数国最大投资国，未来对印尼投资潜力仍然很大。

工程承包方面，印尼一直是中国企业十大海外承包工程市场之一，是东南亚最大的承包工程市场。③ 截至 2014 年年底，中印尼双方累计签署工程承包合同 432.4 亿美元。④ 印尼的建筑行业蓬勃发展，随着基础设施建设对工程机械和设备的需求，政府用于公路、铁路、港口、机场、发电站等项目的投资共计 2300 亿美元。公寓、购物中心以及写字楼的建设以363% 的速度在增长。中国的工程机械产品在印尼市场优势明显。一是业务领域广，中国工程机械产品专业领域齐全，尤其在各类房建、交通运输、水利电力、通信等方面更具有特别的专业优势。二是承揽和实施项目的能力强，承包方式多样化。表现在工程施工能力和配套能力上，承揽大型项目的能力有了大幅度提高，如巨港电站、泗水－马都拉大桥都是上亿美元的特大项目。承包方式则逐步转向 EPC、BOT、BOOT 等总承包方式，如对巨港电站的承包采用 BOOT 方式，对阿萨汗水电站的承包主要采用EPC 方式。中国工程承包队伍继续在印尼承包各种工程项目。2017 年初，由中国企业参与投资建设的印度尼西亚单体装机容量最大火力发电项目爪哇 7 号项目在万丹省西冷地区举行桩基工程开工仪式，标志着项目正式进入施工建设阶段。爪哇 7 号项目的总装机容量为 2×10^5 万千瓦，是印尼国家电力公司面向全球公开招标的独立发电商（IPP）项目，由中标人以"建设－拥有－运营－移交"（BOOT）方式进行投资建设。2015 年 12 月，由山东电力工程咨询院有限公司（山东院）和中国能源建设集团浙江火电建设有限公司（浙江火电）组成的联合体配合中国神华，在全球 36 个竞争对手中脱颖而出，成功中标。爪哇 7 号项目拥有 2 台百万千瓦超临界燃

---

① 《中国内地成为印尼第三大投资来源地》，《人民日报》2017 年 1 月 26 日。

② 《中国对印尼贸易和投资不断增加》，〔印尼〕《印华日报》2017 年 1 月 26 日。

③ 顾时宏：《综述：印尼对外资吸引力持续加强》，中国新闻网，2016 年 12 月 7 日，http://www.chinanews.com/gj/2016/12－07/8086772.shtml。

④ 《一带一路：印度尼西亚投资风险分析》，走出去智库网，2015 年 12 月 28 日，http://www.cggthinktank.com/2015－12－28/100074927.html。

煤蒸汽发电机组，是中国第一个海外百万千瓦级 IPP 火电项目，也是印尼目前单机容量最大的机组。由神华国华印尼爪哇发电有限公司与印尼国家电力公司子公司共同投资开发，山东院和浙江火电组成联合体进行工程总承包。爪哇 7 号项目是印尼电力发展计划的重点项目，也是中印尼两国大型国企全面合作的国际示范项目。项目的尽早完工将为印尼经济发展带来洁净优质电能。电站总投资约 20 亿美元，由中国国家开发银行提供贷款。电站预计 2020 年中期正式商业运营，运营期 25 年[①]。

中印尼双方在农业、金融、能源、金融产业园区等领域的务实合作也取得了长足进展。目前，中国商务部与印尼工业部已经签署两国政府关于中国-印尼综合产业园区的协定。除了官方的产业园之外，中国的民营企业也联合起来在印尼建设产业园，如中民投与印中商务理事会签署协议，数十家国内民企将共同在印尼投资 50 亿美元建设中民印尼产业园；国内诸多省份积极参与印尼经济特区、工业园区建设，打造以我为主的经济特区、工业园区等。

二 中国对印尼投资大幅增长原因分析

印尼作为世界第四大人口国，同时是东盟最大的成员国，在地区政治事务和经济发展方面有重要影响力。印尼的人口、国土面积以及国内生产总值，均占东盟十国的 40% 以上，庞大的中产阶级、旺盛的内需，以及优越的人口红利，使印尼有广阔的发展前景。

（一）两国高层领导高度重视成为战略对接的重要推动力

中印尼双方领导人在不到两年时间里先后五次会面，两次通话，贯穿始终的主题就是对接中方"21 世纪海上丝绸之路"倡议和印尼"全球海洋支点"战略，深化和拓展各领域务实合作。两国元首就全面对接发展战略、全面推进务实合作达成重要共识。两国分别在政治安全、经贸投资、人文交流领域建立了三个副总理级对话机制。在中国布局"十三五"规划的同时，印尼也提出了 2015～2019 年中期发展规划，这将为两国经贸合作提供更多机会，对吸引中资企业到印尼投资、进一步深化双方战略合作伙

---

① 《中企参与投资的印尼最大电站项目正式开工》，〔印尼〕《印度尼西亚商报》2017 年 1 月 17 日。

伴关系具有重要意义。

（二）打开门户，吸引更多海外投资

为吸引国外投资、提振陷入疲态的经济，印度尼西亚政府对经济采取了一系列"松绑"措施。2016 年 6 月初，总统佐科签署总统令，宣布放宽包括旅游、电影、交通等近 50 个行业的外商投资限制，进一步吸引外国投资、提振经济。这是印尼自 2014 年来首次修改其"负面投资清单"，该举措被舆论称为"爆炸式变革"。根据新规，政府将为高速公路、餐饮、电影、冷藏、废物处理、大中型电子商务等行业全面"松绑"，允许外国企业全资进入印尼。在通信服务、会展、卫生保健、机场服务等行业，外资占股上限由之前的 49% 调高至 67%。此外，外国企业若在印尼购物中心内开设面积超过 400 平方米的百货商店，也能持有最多达 67% 的股份。此次放宽限制的行业不少是首次获准外资进入，对于投资者而言不失为良机。分析认为，这是印尼近 10 年来最大的经济开放动作。此外，佐科·维多多上任以来，明显加强了对外招商的力度，在市场准入、财政税收、投资便利化等方面做出了显著的政策调整。印尼政府自 2015 年 9 月以来陆续公布 16 套经济刺激政策，开放 8 个经济特区和 13 个工业园，简化投资手续和给予税务优惠等，吸引更多外资，包括中国的资本进入印尼。

（三）量身对华招商，中资投资印尼高潮迭起

2016 年 7 月，印尼投资协调委员会在广州启动了旨在吸引中资的一系列宣介活动，委员会主席弗兰基·斯巴拉尼与近百位中国企业家积极对接，充分阐述了印尼政府希望中方加大赴印尼投资的意愿和配套推出的"经济刺激政策包"，"这些投资利好政策包括劳动力密集型项目的税收优惠、投资审批期限缩短、负面清单修订、投资服务便利化等，这些政策旨在改善印尼的整体投资环境，更多地吸引中资，以帮助印尼实现各岛屿的跨越式发展"。印尼协调委员会正在全国推行投资一站式服务，对重大投资项目给予三小时的服务，缩减负面清单，放宽私人投资者准入，对工业发展提供财税支持等一系列措施，为中国企业进入印尼创造了良好的环境。为吸引更多的中国企业赴印尼投资，印尼投资协调委员会已设立中国投资服务小组，协助解决中资企业在印尼投资过程中遇到的问题、消除障

碍，这是为中国工商界提供量身定制的服务。此外，印尼投资协调委员会还加强了与各方的沟通协调。首先，得到中国驻印尼使馆的支持，双方讨论中国企业在印尼投资可以得到相应的咨询服务和建议；其次，在印尼和中国商会形成一个定期会晤机制；此外，和中国银行界保持密切合作关系。这些都是为了保证中国投资商和印尼政府，尤其是投资协调委员会之间能有良好的沟通和协调机制。

（四）佐科总统引导印尼的"东部大开发"，大力发展相对落后的外岛经济，为中国投资者提供了新的机遇

印尼是全球最大的群岛国家，爪哇岛以外的各岛以及偏远岛屿发展任务重、潜力大，各领域发展需求强烈。印尼各岛屿之间发展极不平衡，爪哇岛仅占印尼陆地面积的不到7%，但集中了印尼的主要城市，人口稠密，经济较为发达，印尼的广大东部岛屿则较为落后。2016年，爪哇岛仍是经济增长的主要动力，贡献率达58.49%；苏门答腊岛为22.03%；加里曼丹岛仅为7.85%。佐科上任以来，为实现发展成果惠及全国人民，一直致力于推动爪哇岛以外其他印尼大岛的发展，将更多的发展机会和资源向外岛倾斜，尤其是在机场、港口、铁路、公路、海上高速公路等基建领域，以及兴建工业园区、经济特区以改善其商业和投资环境等方面。截至2017年，印尼政府将加速基础设施建设，并已制定五项超大工程建设计划：西爪哇省苏邦（Subang）巴丁班（Patimban）港口，为国家战略项目；3500万千瓦电力项目；雅加达–泗水中速列车项目；印尼东区新海港，将在印尼东区建设巴布亚梭隆（Sorong）港口和西加省基京（Kijing）港口；贯通苏拉威西铁路项目，苏拉威西岛锡江–巴列巴列（Pare–Pare）铁路线总长146公里。几乎一半项目将落地东部边远落后地区，上述地区一旦发展起来，对印尼振兴经济、促进全国均衡发展具有重要意义，也对中印尼强化战略合作尤其是深化经贸合作提出了新要求，为中国企业的投资提供了新机遇。

三　中国企业对印尼投资面临的主要问题与挑战

（一）大国博弈加剧，印尼实施大国平衡战略，在与我国合作中要价不断提高，在一定程度上对中国在印尼的投资活动起阻碍作用

近年来，印尼经济发展迅速、社会稳定、民族和睦，印尼的GDP是东

南亚第二大经济体泰国的 2.5 倍，是东盟和二十国集团（G20）的重要成员，在国际事务中也发挥着越来越重要的作用。尤其是印尼在美国亚太战略中的地位至关重要，美国在佐科于 2014 年 10 月提出"全球海上支点"战略后，率先回应，表示该战略是美深化与印尼合作的契机。美国是印尼最大的贸易伙伴和投资国之一，大宗商品对美出口和吸引美方投资对印尼经济增长具有举足轻重的意义。特朗普当选美国总统后，佐科向特朗普致贺电时指出，印尼已做好准备，继续深化与美国的互惠关系，而特朗普对投资印尼基建、地产、港口等领域一直抱有高度兴趣。日本也与印尼建立了非常紧密的经贸合作关系，日本是印尼重要的投资来源国。2016 年，日本企业向印尼直接投资高达 45 亿美元，为新加坡之后的印尼第二大投资来源国。① 日本的经济活动遍布印尼各地，印尼国内汽车市场的 90% 由日本六大品牌占领。日本给印尼提供大量贷款，过去 40 年一直是印尼最大债权国。② 佐科上台以来，日本与印尼签署防务合作备忘录，强化海上防务与情报共享合作，并加大对印尼电力、海事、农业、劳动密集型产业的投资。2015 年 12 月，日本邀请印尼在东京举行首轮"2 + 2 外长与防长磋商"，凸显日本对印尼的重视。2017 年初，日首相访印尼，安倍带着 30 位大企业家，涵盖金融、石化、房地产、建筑、能源、交通、钢铁等领域，并拿到了一些大项目。比如价值 120 亿美元的电力基础设施建设项目，价值 30 亿美元的西爪哇巴丁班港口工程，价值 250 亿美元的马瑟拉油气田建设项目，雅加达 - 泗水中速铁路前期可行性研究项目等。安倍承诺将向印尼提供约 740 亿日元（约合人民币 45 亿元）的日元贷款用于灌溉项目和海岸保护项目，并将支援南海的纳土纳群岛等"离岛"开发。③ 同时，从地缘政治的角度考虑，澳大利亚长期把地域接近、人口众多、军事力量相对较强的印度尼西亚作为其地区外交政策的重点。澳不断加大对印尼的援助，加大对印尼的海洋合作和基础设施建设的支持力度，积极拉拢印尼在南海进行联合海军巡逻。美日澳等积极拉拢印尼给其施展大国平衡和实用主义外交提供了重要的外部环境。佐科的对华政策采取务实的大国平衡战

---

① 《日本首相安倍将访问印尼，重点强化经贸合作》，中国驻印度尼西亚大使馆经济商务参赞处，http://id. mofcom. gov. cn/article/jjxs/201701/20170102505971. shtml。

② 《日本应积极投入印尼基础设施建设》，〔印尼〕《印华日报》2017 年 1 月 10 日。

③ 《许利平：安倍热衷访问东南亚背后的"紧迫感"》，环球网，https://m. huanqiu. com/r/MV8wXzk5NzM1NjJfMzA5XzE0ODQ3OTE4MDA = ？ _from = cambrian。

略，一方面希望搭乘中国经济发展快车，从与中国经济合作中受益，但另一方面又对中国保持谨慎和怀疑态度，同时积极利用与美日等国的经济合作来平衡中国可能带来的影响。

（二）法制不健全，朝令夕改

印度尼西亚虽然是一个法治国家，但是法律尚不健全，经常出现自相矛盾和频繁变更的情况，直接导致中国企业利益受损。当前中国企业到印尼投资兴业面临的主要困难是，印尼的有些政策从颁布到正式实施过渡时间过短，还有一些政策变更过于频繁，给中国企业带来了巨大经济损失。例如，2015 年 7 月，印尼实行本币结算，导致一些已签订合同的中资企业面临汇率变化带来的损失。原矿出口政策的摇摆和巽他海峡大桥等重大规划的变更，让许多中资企业遭受经济损失。2014 年，印尼政府开始实施矿石出口禁令以刺激附加值较高的金属加工业，提振了印尼冶炼行业。但印尼政府正在起草有关放松原矿和粗加工矿产品出口的条例，该条例一旦通过，将再次推翻 2009 年颁布的有关全面禁止原矿出口的条例。这一政策的突然改变将使在印尼投入大量资金的中国企业进退两难：当它们进行了大量投资建立起冶炼厂后，印尼政府却开始松绑矿石出口禁令。在中国与印尼的渔业合作中，也曾因印尼出台新的条例而单方面废止渔业合作协议。

（三）中企在印尼投资和承包大型工程普遍面临征地难题

印尼现行的政策是土地房产私有制，国家重大基础设施建设、城乡公共项目、企业投资建厂等工程因此无法解决征地问题，或无法顺利施工，一些工程因征地问题而建设受阻，这也是印尼基础设施建设严重滞后的一个重要原因。征地困难必将导致企业难以按期完工，给中印尼双方企业都会造成巨大损失。据统计，2016 年 1 至 9 月，中资企业跟踪的项目共计120 多个，其中电站 60 多个，还有油气管道、桥梁、轻轨、铁路、公路、房屋建筑等，这些项目基本都面临征地难题。[1]

---

① Muhammad Faiz Aziz, "Indonesia Should Make Land Acquisitions More Transparent and Participative," *The Jakarta Post*, December 18, 2016.

（四）印尼许可证审批仍障碍重重，工作签证难以办理

耗时长、效率低、费用高、手续多是许多中企办理工作签证面临的问题，不能及时足额获得工作签证严重影响项目进展，也影响企业投资及合作。2015 年 1 月，印尼总统佐科·维多多推出了一站式服务政策，将 22 个部门或机构的 134 项审批权限转至印尼投资协调委员会。尽管印尼政府推出了一站式服务政策以加快许可证审批速度，但印尼主要城市的许可证审批程序复杂、耗时过长。根据亚洲发展银行区域自治观察机构（KP-POD）对雅加达、泗水、望加锡、巴里巴板、棉兰 5 大主要城市的研究，在雅加达开展商务活动，需要经历超过 10 个不同程序审批，并耗时超过 48 天。在泗水和望加锡分别需经历 9 个和 8 个不同程序审批，分别耗时 27 天和 25 天。其中，由贸易部签发的"公司注册证书"（TDP）和"永久贸易证书"（SIUP），根据一站式服务规定应在 3 天内签发，而在雅加达和泗水分别需要 14 天和 7 天才能完成。泗水是印尼第二大城市，也是印尼唯一没有一站式服务的城市。泗水设立了综合服务机构（UPTSA）和单一审批窗口，以提升许可证审批过程的透明度，但审批过程和许可证签署仍由各有关部门和机构负责。雅加达和泗水有关部门尚未将"建筑许可证"（IMB）的签发权转移给一站式服务机构，也导致了一定的拖延。在 2015 年世界银行商业经营报告中，印尼"地方政府的审批权重叠"问题，在调查的 189 个国家中排第 114 位。①

四　中国企业赴印尼投资前景

尽管存在诸多困难与挑战，但总体而言，印尼市场前景看好，政府努力改善营商环境等因素，是中国近两年掀起对印尼投资热的主要因素之一。中印尼合作外部环境良好，印尼欢迎中国企业投资设厂，中国政府也鼓励和支持中国企业赴印尼投资兴业，双方采取积极措施对接两大战略，为中国企业提供了巨大的投资空间。

---

① 《印尼许可证审批仍障碍重重》，商务部网站，2015 年 9 月 3 日，http://id. mofcom. gov. cn/article/slfw/hzjj/201509/20150901103206. shtml。

（一）印尼对外资吸引力持续加强的因素

1. 经济增长前景看好，投资环境持续改善

印尼是东南亚最大经济体，经济长期保持约 5% 的年增速。为进一步刺激经济增长，印尼政府制定了 2015～2019 年经济发展规划，推出 14 套经济改革措施，并积极改善营商环境。为了提振经济，佐科政府推出各项措施稳定经济，包括削减电费、下调油价、简化投资程序、降低利率等。在世界银行 2016 年 10 月底发布的一项报告中，印尼的营商环境排名从第 106 位上升至 91 位，跻身全球营商环境改善最大的十个经济体之列。[1]

2. 处于人口红利期，市场前景广阔

印尼人口约为 2.5 亿，是世界第四人口大国，而且一半人口在 30 岁以下，同时中产阶级人口数量不断增加。由于印尼经济属于消费驱动型经济，消费对 GDP 的贡献率为 55%～60%。2016 年，印尼人均国民收入站上 3600 美元关口，只要消费水平能保持稳步提高且通货膨胀率在可控范围，市场需求将持续增长。2016 年，印尼经济增速为 5.02%，较 2015 年的 4.88% 有显著提高，其中消费对经济增长的贡献率为 56.5%，固定资产投资为 32.57%，出口则下降至 19.08%。此外，印尼的电力、制造、房地产、高科技以及农业等多个行业还有很大发展空间，市场前景广阔。

3. 政府拟实施多项措施促进经济更快发展

印尼政府近年来实施的经济措施包括继续加大基础设施建设力度、推动工业化特别是资源下游产业发展，以及积极开拓非洲、印度和中东等新兴市场，提高人力资源培训和教育水平等。2016 年，印尼投资增长 4.48%，政府将继续推出经济刺激配套措施，进一步推出改善投资环境举措，持续促进投资落实，吸引更多国内外投资。政府还将积极推动私营企业以公私合伙方式参与基础设施建设，并积极开拓新的投资来源地，除继续促进美国、中国和日本等传统投资国投资外，也加大了吸引印度和中东国家等的投资的力度。

4. 穆迪提高印尼主权信贷评级，印尼的投资前景将更加乐观

继惠誉国际评级机构将印尼信贷主权展望评级从"稳定"提升为"投资"级之后，穆迪国际评级机构也将印尼主权信贷展望从"稳定"提升为

---

[1] 《印尼对外资的吸引力持续加强》，印尼《千岛日报》2016 年 12 月 10 日。

"正面发展",同时肯定了其"Baa3"投资级别。穆迪此次提高印尼主权信贷评级主要基于两方面理由:一是抵御外来风险的能力提高,包括经常项目赤字减少、外汇储备增加以及私营部门外债增幅放缓等;二是政策的有效性进一步提高,包括增强宏观经济的稳定性和严格财政纪律,经济、财政和监管的结构性改革等。穆迪认为,印尼的经济增长率将超过大部分"Baa"级国家。在当前全球市场中各种不利因素阻碍经贸发展的情况下,印尼宏观经济仍维持稳定发展,金融机构也能配合营造良好的投资环境,在惠誉、穆迪提高印尼主权信贷评级后,印尼的投资前景将更加乐观。

(二) 中国企业在印尼投资看好的行业或领域前景

1. 基础设施

基础设施是中印尼双方近年来合作较为集中的领域,作为"一带一路"倡议在印尼的具体体现,一系列由中方承建或投资、象征着中印尼合作成果的基建合作项目近年来在印尼逐一落地,包括西爪哇加蒂格迪大坝、泗水-马都拉大桥、新近竣工的加里曼丹塔扬桥项目等。印尼将大规模升级基础设施,包括道路、桥梁、发电设施,以及软性基础设施,如通信设施等。印尼正在集中建设 3500 万千瓦发电厂、24 个海港和苏门答腊至苏拉威西与巴布亚的高速公路。印尼将建设 2650 公里公路、1000 公里高速公路、3258 公里铁路、24 个大型港口、60 个轮渡码头、15 个现代化机场、14 个工业园区、49 座水库、33 座水电站,并为约 100 万公顷农田建立灌溉系统,预计所需资金约 4245 亿美元。缺少资金、技术和工程支持的印尼,急需中国的帮助。印尼期待中国企业参与上述基础设施工程投资。港口、码头、铁路、公路等基础设施及相关产业链、地热等新能源产业均存在投资机会。

2. 电力合作

电力合作是中印尼合作的典型代表。印尼人口众多,经济发展迅速,电力需求旺盛,但电力总装机容量 5358.5 万千瓦,人均装机容量仅为 0.21 千瓦,面临严峻的电力紧张局面,全国仍有 20% 的人口尚未用上电。突出的电力供需矛盾和巨大的电力潜在需求已经引起了政府的高度重视,印尼已出台 2015 年至 2019 年的电力发展规划,计划到 2020 年新建装机容量为 3.5 万兆瓦的电站项目,全国电力普及率达到 99%。在努力开发国内电力投资能力的同时,印尼政府积极拓宽融资渠道,引入外资,力求在短期内扭转电力供需失衡的局面。印度尼西亚是中国对外承包工程的主要市场。电力工程是中国企业在印尼的重要业务领域。中国企业从 20 世纪 90 年代进入印尼市场，在拓展印尼市场方面已有所斩获，并得到了当地的认可，承建了印尼第一批 1000 万千瓦电力快速发展计划 90% 以上的项目。目前印尼正在实施的 3.5 万兆瓦电站建设规划中，46% 的项目由中资企业或与印尼方合作承建。① 经过多年努力，中国企业已逐渐熟悉印尼市场，树立了企业的品牌形象，积累了宝贵经验，培养了一大批施工和管理人才，为进一步开拓印尼电力市场打下了良好基础。印尼期望与中国在电力领域加强合作，2019 年前，中国企业可继续参与印尼政府雄心勃勃的 3.5 万兆瓦发电项目。

3. 信息技术产业

作为当前全球创新最活跃、带动性最强、渗透性最广的领域，近年来信息技术产业加快向网络化、服务化方向发展，云计算、大数据、移动互联网、物联网等新技术新业态迅速兴起，未来增长空间极大。印尼已是东南亚最大的信息技术消费国，该国通信部数据显示，印尼人口中约34% 能够接通固定互联网，2.6 亿移动终端用户意味着平均每人持有超过 1 部手机；随着人口的年轻化、消费阶层的勃兴、基础设施的完善，这一数据还将不断攀升。同时，印尼通信行业尚在起步阶段，迫切需要大量掌握最新技术的专业人才。中国和印尼两国 2010 年就签署了通信信息领域双边长期合作协议。印尼计划在 2017 年前完成广播电视数字化改革，印尼政府正出资鼓励进行连接印尼大小岛屿的通信电缆建设。发展以广播电视信息产业融合为代表的创意产业。印尼 ICT（信息、通信和技术）基础设施建设目前还很薄弱，行业发展前景非常广阔。印尼政府未来 5 年规划中的重点是提升印尼网络普及率并在各行业推动 ICT 的应用，未来 ICT 创新将面临极大的市场需求。目前在印尼有 3548 万 Facebook 用户、近 50 万 Twitter 用户。互联网覆盖率约为 12.5%，移动互联网则约为 50%。印尼的宽带覆盖率在东盟国家中是最低的，因此也具有巨大的成长潜力，印尼政府也致力于网络全国普及。在发展电商方面，印尼相对其他东南亚国家有些滞后，网购行业的障碍主要在于网络基础设施：家庭网络网速慢、收费高。另外，交通不畅、地图错误、地址不清、快递不可靠等都给商品配送造成了

---

① 《中国企业已获印尼 3500 万千瓦近半电站项目》，《国际日报》2016 年 3 月 23 日。

很大问题。中国被认为在数字经济，尤其在电子商务和金融技术方面有强大创新能力，印尼工商界希望与中国合作发展印尼的电子商务行业。印尼政府邀请马云出任其电子商务指导委员会顾问，该委员会由 10 名部长和政府机构负责人组成，负责发展印度尼西亚新生的电子商务生态系统，旨在帮助印度尼西亚的 800 万中小企业在 2020 年实现电商化。华为是全球领先的 ICT 公司，印尼通信部与华为技术投资有限公司（华为印尼）2015 年 5 月签署 ICT 创新中心合作谅解备忘录，宣布未来将联合打造印尼创新中心，共同推动行业发展。备忘录内容包括：打造联合创新中心，为印尼本地提供行业创意平台和资源；培养信息通信技术人才，促进当地人才发展；基于当地监管政策，与本地联合开展创新研究，以及华为利用先进的技术和全球经验提供顾问咨询，共同推动和完善行业法规。中方期待继续与印尼携手合作，深化包括信息通信等基础设施建设方面的合作，中国政府也将继续鼓励中资企业参与印尼信息通信基建工作。

4. 农业与粮食安全合作

海上丝绸之路曾是中国与沿线国家农业技术交流的重要通道，而今，建设新"海上丝绸之路"倡议的提出，为新时期中国农业重走丝路提供了更为广阔的舞台。农业是两国合作的重要组成部分，双方建立了农业联委会机制，在科技交流、技术示范、农产品贸易、农业投资、国际粮农事务等方面开展了广泛合作。印尼土地等自然资源得天独厚，适宜开发，中印尼农业合作潜力巨大。双方农业合作的主要领域包括农业基础设施建设、粮食生产、养殖业、农产品加工和储运等，也可进行种植业、养殖业、渔业等农业实用技术培训交流和转让。具体合作包括种植和产品加工，中国可以专家、技术、种子、农机作为投入，帮助印尼进行农业作物示范种植、推广和产品加工，其产品或返销我国或在当地销售。印尼将安排 200 万公顷土地发展畜牧业、玉米、蔗糖，愿与中方开展政府间合作，建立农业园区。我国可以采用租用土地的形式，向印尼购租宜农地，进行种养殖业开发合作，建设示范农场或农业中心，通过培育水稻良种、推广现代农业技术提高稻谷单位面积产量。印尼希望中方协助开发和建设农业用地，发展农业种植产业，以及在边远地区建设新型畜牧场。

5. 旅游业

印尼政府高度重视旅游业对经济发展的促进作用，自 2014 年起，旅游业同基建、海洋、食品、能源一起成为印尼五大优先发展的支柱产业。

2016 年，印尼共吸引国际游客 1151.9 万人次，比 2015 年增长 10.69%。近年随着中国与印尼双边关系的不断升温，赴印尼旅游的中国游客数量连年递增。为了吸引中国游客，印尼除了开通更多两地直飞航班外，还扩大在中国的宣传推广，并加大与中国旅游业界的合作力度。目前旅游业亦成为印尼政府投资重点，除巴厘岛外，政府将建设 10 个新的旅游目的地，鼓励中国企业投资，包括旅游交通、旅游饭店、旅行社相关服务、旅游区的开发建设、主题公园、时尚和购物中心等。

结　语

"21 世纪海上丝绸之路"和印尼"全球海洋支点"战略全面对接，两国经济合作不断深化，印尼已成为中资企业"走出去"最为集中的国家之一。尽管大国博弈加剧，增加了中国对印尼投资的难度；印尼法制尚不健全，且存在朝令夕改现象；征地、工作签证办理耗时长、效率低，更是许多中企在印尼面临的难题，但与东盟其他国家相比，印尼拥有经济增长前景看好，投资环境持续改善；处于人口红利期，市场前景广阔；政府拟实施多项措施促进经济更快发展；国际信用评级机构提高印尼主权信贷评级，印尼的投资前景更加乐观等比较优势，因此，可以预见，中印尼在经贸、金融、制造业、教育等各领域合作潜力巨大，尤其在基础设施、电力、信息技术、农业与粮食以及旅游等行业有较好的投资前景。

China's Investment in Indonesia within the Framework of "the Belt and Road Initiative"

Wu Chongbo

Abstract　Indonesia's strategy of "global maritime pivot" shares many common points with China's initiative for constructing a 21st Maritime Silk Road, so these two grand plans may benefit each other and jointly provide a broad space for the Indonesia-China bilateral cooperation on economy and trade. As a matter of fact, Indonesia becomes increasingly attractive to Chinese businessmen and Chinese investment in Indonesia is growing at very high speed, in the process of transforming China's "the Belt and Road Initiative" from blueprint into actions. This trend can be attributed to Indonesia's geographical location that may be interpreted as an important strategic pivot for the maritime silk road. Supported by the maturing of the population dividend, the Indonesian market enjoys a very promising future, although it is still faced with many difficulties and challenges. Furthermore, Indonesian government is taking an effort to improve its business environment, and those international rating agencies are uplifting their rating on Indonesian sovereign debts. All these factors help to raise new waves of investment from China. It is estimated that the following sectors of Indonesian economy may offer Chinese investors good chance of earning substantial profits: infrastructure, electricity, information technology, agriculture and food safety, and tourism.

Key Words   The China-Indonesia Economic Relations; Chinese Investment in Indonesia; the Belt and Road Initiative

Author   Wu Chongbo, Professor and Ph. D. Tutor of the Research Institute for Southeast Asian Studies, Xiamen University.

周边外交综论

《中国的亚太安全合作政策》的
基本内容和时代意义

石源华　肖　阳

【内容摘要】 2017 年 1 月 11 日，中国国务院新闻办公室发布了《中国的亚太安全合作政策》白皮书，这是中国政府首次就亚太安全合作政策发表白皮书。白皮书以"安全合作"为主题，涵盖了当前亚太安全的主要议题，阐释了中国在亚太事务上的政策主张，表明了中国在地区热点问题等敏感问题上的立场，旨在让国际社会更加清晰准确地了解中国的亚太安全合作政策。白皮书共分为中国对亚太安全合作的政策主张、中国的亚太安全理念、中国与地区其他主要国家的关系、中国在地区热点问题上的立场和主张、中国参与亚太地区主要多边机制、中国参与地区非传统安全合作六部分。白皮书发表后，迅速引起了海内外媒体和智库的广泛关注和热议，将对当前复杂多变的亚太局势、中国周边外交、亚太安全合作以及"一带一路"建设等多方面产生重大而深远的影响。

【关键词】 中国　亚太安全合作　白皮书

【作者简介】 石源华，复旦大学国际问题研究院中国与周边国家关系研究中心主任、中国国家领土主权与海洋权益协同创新中心副主任兼复旦大学分中心主任，教授；肖阳，武汉大学中国边界与海洋研究院 2016 级博士生。

2016 年，国际形势动荡多变，乱象纷呈，一系列地区性热点问题持续发酵，对亚太地区安全的未来走向造成重大影响。2016 年 11 月，特朗普赢得美国大选，亚太地区不确定性风险进一步加大，地缘政治冲突可能加剧，亚太安全形势正处于出现"冷战新危险"还是维系既有平衡态势的十字路口。作为亚太地区的重要大国和全球第二大经济体，中国对于亚太地区安全形势的看法、在热点问题上的立场以及中国政府的亚太政策备受国际社会关注。

　　2017 年 1 月 11 日，中国国务院新闻办公室发布《中国的亚太安全合作政策》，这是中国政府首次就亚太安全合作政策发表白皮书。白皮书以"安全合作"为主题，涵盖了当前亚太安全的主要议题，阐释了中国在亚太事务上的政策主张，表明了地区热点问题等敏感问题上的中国立场，旨在让国际社会更加清晰准确地了解中国的亚太安全合作政策。白皮书发表后，迅速引起了海内外媒体和智库的广泛关注和热议，将对当前复杂多变的亚太局势、中国周边外交、亚太安全合作以及"一带一路"建设等多方面产生重大而深远的影响。

一　国外舆论对白皮书的反应

　　中国政府首份亚太安全合作政策白皮书发布后，迅速引起了多国的高度关注。面对亚太地区日益复杂的安全局势，美国、俄罗斯、日本、印度、英国、东盟等的政府、智库和专家纷纷对白皮书进行解读，多角度剖析中国未来的亚太安全构想，从自身立场出发评判中国亚太安全合作政策，非常值得关注和研究。

　　美国　在竞选期间，特朗普对奥巴马的"亚太再平衡"政策予以否定，但表示美国将继续履行对盟友的安全承诺，并以海军建设为重点，加紧扩充军备，实现其"以实力求和平"的亚太观。[①] 2017 年 1 月 9 日，美国国防部发布美国新海军水面舰艇部队战略白皮书《重返海洋控制》（*Return to Sea Control*），欲重回冷战结束后美国独霸海洋的态势。多数美国媒体和专家认为，中国此时发布亚太安全合作白皮书，是对特朗普上台后插手亚太事务的警告和挑战。

---

① Gray A., Navarro P., "Donald Trump's Peace Through Strength Vision for the Asia – Pacific," *Foreign Policy*, 7, 2016.

1 月 17 日，以关注亚太地区动向为主的美国《外交家》（*The Diplomat*）杂志编辑、安全事务分析专家安奇特·潘达（Ankit Panda）发表了以《中国眼中的亚太安全架构前景》为题的文章，认为中国的白皮书吸引了世界的广泛关注，展现出中国未来几年在可能推行的亚洲地区外交政策上一根重要而且清晰的主线。他强调这份白皮书值得密切关注，指出应特别考虑特朗普上台后，美国将推卸其二战以来主导地区规则秩序责任的可能性。① 2 月 6 日，兰德公司中国问题专家何天睦（Timothy Heath）撰文称，中国发布亚太安全合作白皮书，表明中国加强了在亚洲作为领导地位的力量，来削弱美国的影响力。中国正以国家经济实力为基础，挑战美国在亚洲的安全势力。相比较过去发布的一系列白皮书，这份白皮书关注更广泛的战略问题，即如何确保亚太地区的安全问题。因此，这份白皮书是用来表明中国在亚洲的领导地位的。何天睦表示，采取军事对抗政策，不仅会刺激中国加倍努力，使美国边缘化，还会导致中美为争夺地区影响力而升高地区安全风险，并导致历史悲剧重演。中国的崛起是不可否认的，以中美合作为特色的复合安全架构，很可能是今后弥合分歧、避免战争的唯一方案。②

1 月 12 日，美国之音中文网（VOA Chinese）以《中国亚太安全白皮书警告中小国家不要选边站》为题从另一角度进行了报道，称这是中国当局首次就亚太安全政策发布白皮书，是对中小国家的警告。③ 美国华盛顿智库新美国安全中心助理研究员艾小磊（Alexander Sullivan）当天接受连线采访时也表示，中国这份白皮书主要的受众不是美国，而是其他的亚太国家，尤其是东南亚国家。④

俄罗斯 俄罗斯是亚太地区的政治军事大国，但是冷战结束以来一直在本地区充当边缘化角色。美国战略东移后，俄罗斯学者建议俄罗斯在中

---

① "The Future of the Asia-Pacific Security Architecture, as Seen by China,"《外交家》网站，http://thediplomat.com/2017/01/the – future – of – the – asia – pacific – security – architecture – as – seen – by – china/。

② Timothy Heath, "China Intensifies Effort to Establish Leading Role in Asia, Dislodge U. S.," *China Brief* 17, 2017, pp. 13 – 19.

③ 《中国亚太安全白皮书警告中小国家不要选边站》，美国之音中文网，http://www.voachinese.com/a/china – white – paper – 20170111/3672548. html。

④ 《中国发布首篇亚太安全白皮书》，美国之音中文网，http://www.voachinese.com/a/3673412. html。

美之间实行平衡战略，适度参与亚太地区的竞争，但避免卷入亚太政治和安全纠纷，从而为自己谋得有利地位和最大利益。2016 年 11 月 30 日，普京批准了新版《俄罗斯联邦对外政策构想》，详细阐述了俄罗斯外交政策立场和优先次序，指出亚太虽非俄优先考虑对象，但俄愿参与建立透明和平等的亚太安全与合作体系，并认为中俄两国在解决世界政治中的关键问题上保持立场的一致性，是保障地区及全球稳定的一个基础性因素。① 因此，俄罗斯媒体对于中国发布亚太安全合作白皮书大多表示理解和支持。

1 月 11 日，俄罗斯《生意人报》称，这份白皮书表明中国将继续坚持走和平发展道路，奉行互利共赢的开放战略，在和平共处五项原则的基础上努力保持同所有国家发展友好关系，2017 年，北京将继续与莫斯科展开积极合作。② 俄塔斯社（TACC）同日报道，白皮书阐述了中国政府的立场和方法，以及对地区安全现有国际合作机制的认知，认为中国将致力于促进区域的和平与稳定。③ 1 月 16 日，俄罗斯卫星通讯社（Sputnik）认为，中国发布的这份白皮书是第一份详细阐述中国有关确保世界与地区稳定问题观点的文件。俄罗斯军事专家瓦西里·卡申（Vasily Kashin）指出，发布如此详细的文件，可以认为中国已经做好在确保地区安全中承担领导角色的准备，凭借近年来获得的实力和影响力来制定亚洲的游戏规则。由此可见，此份白皮书是中国在努力成为世界强国的过程中迈出的重要一步。④ 1 月 18 日，俄罗斯战略科学院亚洲地区高级研究员伊维塔·尤里耶夫娜·弗罗洛娃（Иветта Юрьевна Фролова）表示，中国在白皮书中提出了区域安全合作概念，反映出中国日益自信的领导地位和国际声誉，再次证明中国将在国际关系体系变革中发挥更大作用，并希望成为"负责任的全球大国"。随着中国军队现代化的进展和军事支出的增长，中方将积极参与亚太区域安全合作。⑤

---

① 黄登学：《从〈俄罗斯联邦对外政策构想〉看俄外交的地区优先次序》，《世界知识》2017 年第 2 期，第 33 页。

② Китай опубликовал первую Белую книгу по сотрудничеству в сфере безопасности в АТР，俄罗斯《生意人报》，http://www. kommersant. ru/doc/3188400。

③ Китай опубликовал первую Белую книгу по политике в сфере безопасности в АТР，俄塔斯社，http://tass. ru/mezhdunarodnaya – panorama/3931586。

④ 《中国愿在确保亚太安全中承担领导角色》，俄卫星通讯社中文网，http://sputniknews. cn/opinion/201701161021618197/。

⑤ Иветта Юрьевна Фролова：Руководство КНР представило концепцию регионального сотрудничества в сфере безопасности，https://riss. ru/analitycs/38296/。

日本　日本在亚太区域安全合作问题上是美国的追随者。近年来，在美国推行"重返亚太"战略和中国崛起的大背景下，日本安倍政府一方面大肆渲染"中国威胁论"，趁机"修宪"扩军，以美日同盟为依托，制衡中国；另一方面加强与东盟和印度的合作，扩大在亚太多边合作机制化过程中的发言权，意欲成为地区安全合作的主导者。特朗普赢得大选后，日本急于强化日美同盟关系，并视之为"亚太地区的和平与繁荣的基石"，[①]这些举动给亚太地区安全带来了破坏性的负面影响，也决定了日本对中国发布亚太安全合作白皮书持消极态度。

1月12日，日本朝日电视台报道称，中国在特朗普总统就任前发表白皮书，反映出中美之间在亚太安全合作问题展开激烈的心理战。[②] 日本《产经新闻》（*Sankei*）也持同样立场，称中国国内日益担心20日即将就任的美国总统特朗普将在安保方面继续强化奥巴马政府"亚太再平衡"战略，对中国采取更为强硬的态度。中国发布这份白皮书是为了避免与美国等国的尖锐对立，营造对话氛围。[③] 日本《日经新闻》（*Nikkei*）则将近期中国"辽宁"号航母及军机动态与白皮书发布联系起来，认为中国的目的是想牵制美国下任总统特朗普的对华政策。[④] 日本《每日新闻》也称由于目前还无法预计美国特朗普政权对亚太地区安保局势的影响，中国很可能展示自己在亚太地区的大国地位，并试图扩大地区影响力。[⑤] 2月20日，日本21世纪中国综合研究所研究员冈田充撰文称，日本政府越是不断强调"不可动摇的日美同盟基轴"，越是反映出其正在动摇的现实。中日在亚太地区影响力的差距正在拉大，中国发布的白皮书将日本放在第4位，从中国白皮书中描绘的亚太地区安全框架来看，几乎没有日本单独发挥作用的空间。中国主张对周边国家以"亲""诚""惠""容"四个字为方针，强调了要关注对方国家的情绪和抓住人心。尽管日本也是中国的邻国，但是

① 「日米首脳会談」，日本外务省，http://www.mofa.go.jp/mofaj/na/na1/us/page1_000297.html。
② 「空母が台湾海峡を航行　中国『正常なことだ』と強調」，朝日电视台网，http://news.tv-asahi.co.jp/news_international/articles/000091930.html。
③ 「中国が異例の『アジア太平洋安全白書』トランプ氏就任前に初公表」，〔日本〕《产经新闻》，http://www.sankei.com/world/news/170111/wor1701110038-n1.html。
④ 《辽宁号绕台湾一周牵制特朗普?》，日经中文网，http://cn.nikkei.com/china/cpolicssociety/23241-2017-01-12-00-40-55.html。
⑤ 「『アジア太平洋政策』白書　米と安保協力主張」，〔日本〕《每日新闻》，https://mainichi.jp/articles/20170112/ddm/007/030/133000c。

谁都知道中国对日本并非如此，安倍政权应该停止鼓吹"中国威胁论"，认真摸索如何走出自我孤立之路。①

印度　印度总理莫迪上任后，将印度已经实施了 20 多年的"东望政策"（Look East Policy）强化为"东进政策"（Act East Policy），除了继续重视发展与东南亚的政治经济关系外，更加强调发展与东北亚包括日本在内的政治军事关系，重视发挥在南中国海的大国平衡作用，凸显印度加大参与亚太地区事务的意愿与决心。② 中国亚太安全白皮书发布后，引起了印度国内多家媒体和智库的密切关注和警惕。

1 月 14 日，《印度时报》（*The Times of India*）认为，中国发布白皮书对印度试图深化与越南和日本等国的安全与防务关系非常重要。③ 印度最大的网络新闻网站之一 ZeeNews 报道称，白皮书回避了印度申请加入核供应国集团（NSG）以及阻挠印度在联合国提出的把穆罕默德军（JeM）首领马苏德·阿兹哈尔（Masood Azhar）列为全球恐怖分子的提议等有争议的问题。④ 亚洲新闻联盟（ANN）援引印度《政治家报》报道称，白皮书全文中至少 15 次提及印度，这是北京迄今所提出所有白皮书中最多的一次，它对近期中国提出的与印度签署友好合作条约的提议具有重要意义，但白皮书忽视了中巴经济走廊项目（CPEC）经过巴控克什米尔地区会引起印度的极度不满。⑤ 同日，印度媒体《电报网》（*The Wire*）刊登了印度观察家研究会杰出研究员马努基·乔希（Manoj Joshi）的评论文章，认为中国亚太地区安全合作白皮书首次涉及该地区，表明了中国希望给该地区的安全秩序打上自己的标签。白皮书说 2015 年以来中印面向和平与繁荣的战略合作伙伴关系进一步深化，虽然很多印度人并不认同这种构想，但这

---

① 「岡田充：日中均衡に配慮したトランプ安保白書に見る中国の意図」、http://www.21ccs.jp/ryougan_ okada/ryougan_77. html。

② 赵洪：《印度的"东向行动政策"及其影响》，〔新加坡〕《联合早报》2015 年 10 月 17 日。

③ "As India Looks East, Comes a Chinese Warning," 《印度时报》，http://timesofindia. indiatimes. com/india/as - india - looks - east - comes - a - chinese - warning/articleshow/56530580. cms。

④ "China Releases Policy Document on Asia - Pacific Security - Here's What It Says about India," http://zeenews. india. com/asia/china - releases - policy - document - on - asia - pacific - security - heres - what - it - says - about - india_1966396. html。

⑤ "China White Paper Talks of Better Ties with India; Ignores Tricky Issues," 亚洲新闻联盟（ANN），http://annx. asianews. network/content/china - white - paper - talks - better - ties - india - ignores - tricky - issues - 38607。

的确是一份外交文件的应有之义。①

2 月 6 日，印度地面战争研究中心（CLAWS）军事专家巴坦杜·辛格（Bhartendu K Singh）撰文认为，中国在亚太安全白皮书中清晰表明中国对外行为主张的意义，仅从表面上来理解是远远不够的。中国从来没有也永远无法与印度结成战略伙伴关系。印度应该对中国在白皮书中的隐喻保持警惕，以免它们破坏印度整个对华政策。② 印度著名智囊组织"南亚分析集团"（SAAG）研究员巴斯卡尔·罗伊（Bhaskar Roy）1 月 16 日撰文批评中国的白皮书暴露出地区霸权的企图，称白皮书中提出一个关键语句"中国将建设一支与中国国际地位相称的军队"，符合一个超级大国的追求，还要将世界由中美两国分治。③ 印度国防研究与分析研究所（IDSA）研究员阿贝·库马尔·辛格（Abhay Kumar Singh）1 月 19 日撰文认为，通过不定时发布白皮书，中国在声明条款中已确认其地区野心和塑造亚太地区安全进程的目标。④ 副研究员普拉蒂巴（M. S. Prathibha）3 月 29 日称，白皮书将印度作为仅次于美国和俄罗斯的第三大国。以这种不对称要求保持地区力量的平衡，在某种程度上，中国需要将巴基斯坦和印度放在同等地位。⑤

英国　近年来，英国强化传统的"仗剑行商"理念，加大了在亚太地区的安全投入和军事合作，积极介入菲律宾南部和缅甸的国内和平进程，不断加强与印度尼西亚和马来西亚的合作，扮演着亚太地区安全的主动参与者角色，意欲提前进行战略布局，争取在亚太地区的战略主动权。⑥

---

① Manoj Joshi, "White Paper on Asia – Pacific Security Reveals China's Regional Ambitions,"《电网报》, https://thewire. in/99542/china – watch – white – paper – on – asia – pacific – security – reveals – chinas – regional – ambitions/。

② Bhartendu K. Singh, "The Chinese White Paper on Asia – Pacific Security and the Problem of Reliability," http://www. claws. in/1702/the – chinese – white – paper – on – asia – pacific – security – and – the – problem – of – reliability – bhartendu – k – singh. html.

③ Roy Bhaskar, "Why India – Vietnam Military Relation Disturbs China," http://www. southasiaanalysis. org/node/2109.

④ Abhay Kumar Singh, "China's White Paper on Asia Pacific Security Cooperation: An Assessment," http://www. idsa. in/issuebrief/china – asia – pacific – security – cooperation_ aksingh_ 190117。

⑤ M. S. Prathibha, "India and China Need to Move Past Tensions," http://www. idsa. in/idsacomments/india – and – china – need – to – move – past – tensions_ msprahibha_ 290317。

⑥ 王登科：《英国欲借"英版亚太再平衡"战略重塑大国地位》, 中国军网, http://www. 81. cn/jwgz/2016 – 04/09/content_6998143. htm。

2016 年 3 月 15 日，英国外交部亚太司司长李丰（Stephen Lillie）在出席卡内基国际和平基金会的研讨会时表示，英国在亚太地区拥有广泛战略利益，英国应该像美国一样关心亚太局势并实行"再平衡"。① 英国也对中国发表白皮书表示高度关注。

中国亚太安全白皮书发布后，英国皇家三军联合国防研究所（RUSI）亚洲计划负责人暨研究员温丽玉（Veerle Nouwens）认为，中国在特朗普上台之前发布白皮书，时机是非常完美的。白皮书虽然宣称中国对亚太地区安全的贡献，但并没有减弱中国在这一地区的勃勃野心。伴随解决地区争端以及坚持用自己的方式处理问题上的自信，中国的白皮书掩盖了中国演变成大国的根本问题，大大损害了地区信任，也违背中国政府奉行"双赢"谈判解决方案的承诺。②

1 月 16 日，英国著名军事情报网站 SHEPHARD 报道称，中国亚太安全白皮书涉及朝鲜、南海和韩国"萨德"导弹系统等热点问题，但明显将台湾地区排除在外。SHEPHARD 还援引《红星照耀太平洋》（*Red Star over the Pacific*：*China's Rise and the Challenge to U. S. Maritime Strategy*）一书的作者、美国海军战争学院教授吉原恒淑（Toshi Yoshihara）的话说，中国希望在现有的亚洲安全的规则、规范和架构中拥有发言权，这也意味着要享有修改、改变甚至否决这些规则和规范的权力。华盛顿方面必须谨慎地接受、承认或甚至公开重复使用"新型大国关系"这个词，以免对中国的利益给予合法性或无意默认。③

新加坡 作为东盟整合的积极推动者，新加坡凭借自己的经济影响力和娴熟的外交手腕在东盟内部具有巨大的影响力，并赢得了"东盟军师"的绰号。④ 在 2008 年的香格里拉对话会上，新加坡作为东道主提出东盟要

---

① "The United Kingdom and the Asia – Pacific Region," 英国政府官网，https://www.gov.uk/government/speeches/the – unite。

② Veerle Nouwens，"A Benign China in Asia – Pacific? Not So Fast," https://rusi.org/commentary/benign – china – asia% E2% 80% 93 pacific – not – so – fast。

③ "China's Security White Paper Ignores Taiwan," https://www.shephardmedia.com/news/defence – notes/chinas – security – white – paper – ignores – taiwan/。

④ 薛力、刘立群：《新加坡为何在南海问题上选边站？》，FT 中文网，http://www.ftchinese.com/story/001068987。

在亚太安全架构中发挥主导作用，并逐步建立"东南亚安全架构"。① 新加坡对于中国日益崛起一直保持疑虑和防范，中国亚太安全合作白皮书发布后，新加坡多家媒体和智库都保持了谨慎的态度。

1月11日，新加坡《今日报》报道称，中国发布白皮书承诺对区域和全球安全承担更大的责任，包括增加军事力量，并警告该地区的中小国家避免在大国之间选边站队。② 1月12日，新加坡《海峡时报》（The Straits Times）称"中国第一次就亚太安全合作政策提出了一份白皮书，其中反映出它对重塑区域安全秩序日益浓厚的兴趣"。③ 1月25日，新加坡《联合早报》发表社论称，"无论如何，中国的崛起，意味着它在区域安全架构中，最终将扮演重要的角色。不过，在现阶段，美国在本区域的军事存在，对区域的稳定还继续发挥作用。美国在本区域的军事承担一旦动摇，将导致区域权力格局的失衡。日本及韩国可能在军备上做出更大的投入，而区域国家之间的新仇旧恨并发，也可能根据丛林法则解决"。④

菲律宾 近年来，中菲关系由于"南海仲裁案"降至冰点，域外国家强力介入南海问题，给地区安全带来了巨大冲击。随着菲律宾内部政权更迭和杜特尔特访华，中菲关系开始出现转机，并就解决南海有关争议达成共识，但菲律宾对中国的举动仍保持谨慎态度。

1月15日，中国亚太安全合作白皮书发表后，菲律宾政治评论家罗慕礼示（Babe Romualdez）在《菲律宾星报》发表评论文章称，北京发布白皮书似乎意图"重塑"区域安全架构。"正如我向华盛顿特区的朋友所建议的那样，让日本在维护美国与菲律宾等传统亚洲盟友的关系中发挥主导作用是明智的。毕竟，日本和美国在亚太地区有着相同的目标：保持权力的平衡，维护和平、稳定与安全。"⑤

---

① 刘学成：《形成中的亚太安全架构与中国的亚洲外交》，《当代亚太》2008年第6期，第89页。

② "In releasing Asia – Pacific Security White Paper, Beijing Sounds Warning to Small Countries to Avoid Taking Sides," 《今日报》，http：//www. todayonline. com/world/releasing – asia – pacific – security – white – paper – beijing – sounds – warning – small – countries – avoid。

③ "Beijing 'Seeks to Reshape' Asia – Pacific Security Order," 《海峡时报》，http：//www. straitstimes. com/asia/east – asia/beijing – seeks – to – reshape – asia – pacific – security – order。

④ 《区域安全架构充满变数》，〔新加坡〕《联合早报》，http：//www. zaobao. com/zopinions/editorial/story20170125 – 717666。

⑤ Babe Romualdez，"Kampai," 《菲律宾星报》，http：//www. philstar. com/opinion/2017/01/15/1662711/kampai。

菲律宾本地媒体《商业镜报》（*Business Mirror*）报道，中国亚太安全白皮书在特朗普提名蒂勒森就任国务卿之后发布，释放出中国在南海岛礁问题上的明确信号，力图澄清中国在区域问题上的立场。菲律宾前外长佩费克托·亚赛（Perfecto Yasay Jr.）表示，菲律宾作为今年东盟轮值主席国，将加紧努力与各方讨论并最终完成《南海各方行为准则》（COC）。在被问及是否会提出南海仲裁最终裁决时，亚赛称任何其他说法都不能改变最终裁决结果，菲律宾将以裁决结果为法律基础与中国谈判，但菲律宾不会在《南海各方行为准则》的起草过程中涉及仲裁，因为"我们不会从中获益"。①

综上所述，绝大部分国家对中国发布的《中国的亚太安全合作政策》白皮书表示高度关注，并进行了持续报道，但各方对于中国发表白皮书的评论和反应显示其未能完整理解中国政府的初衷和原意，主要有以下三个原因：一是美国的霸权地位及其意识形态偏见，认为中国崛起会对美国在亚太地区的霸权地位构成挑战，中美两国不可避免地会陷入"修昔底德陷阱"；二是日本、印度、新加坡、菲律宾等周边国家对中国快速崛起的心理上的不适应感并未消除，担心中国强大后有损自身在亚太地区的利益，因此对中国在处理周边问题上的任何举动均保持高度警惕；三是美国、日本、东盟等意欲争夺亚太地区安全合作主导权，认为中国会主导地区规则，成为地区霸权国家，因此对中国提出的方案心存排斥和防范。为此，进一步阐述白皮书的基本内容、阐明中国政府的原则立场是十分必要的。

二 《中国的亚太安全合作政策》的主要内容

《中国的亚太安全合作政策》白皮书共约1.6万字，正文由中国对亚太安全合作的政策主张、中国的亚太安全理念、中国与地区其他主要国家的关系、中国在地区热点问题上的立场和主张、中国参与亚太地区主要多边机制、中国参与地区非传统安全合作六部分组成。② 白皮书以"安全合

---

① "Beijing Sends Clearer Signal on South China Sea, Asia – Pacific Security,"《商业镜报》，http://www.businessmirror.com.ph/beijing – sends – clearer – signal – on – south – china – sea – asia – pacific – security。

② 中华人民共和国国务院新闻办公室：《中国的亚太安全合作政策》，人民出版社，2017，第1页。

作"为主题，涵盖了当前亚太安全的主要议题，旨在让国际社会更加清晰地了解中国的亚太安全合作政策和主张。

（一）秉持合作共赢理念，主动提出"中国方案"

当前，世界已处于后金融危机时代，世界经济增长动力不足，全球经济复苏乏力，国际形势错综复杂。2016 年特朗普当选美国总统后，亚太地区安全面临巨大的不确定性风险，亚太地缘政治冲突的可能性逐步加剧。亚太地区安全形势的走向、区域合作的未来前景以及众多热点难点问题的解决引起了各方的高度关注。

为维护亚太地区良好发展势头，共同应对各种挑战，中国政府此时发表白皮书，及时回应外界关切，主动提出了加强亚太安全合作的"中国方案"，包括促进共同发展、推进伙伴关系建设、完善现有地区多边机制、推动规则建设、密切军事交流合作、妥善处理分歧矛盾等。其中，共同发展是夯实亚太和平稳定的经济基础，伙伴关系是政治根基，多边机制是框架支柱，建设共同规则是制度保障，通过军事合作来增加互信是亚太合作的重要支撑，处理好分歧是亚太和平稳定的基本目标。①

白皮书对近年来中国在加强亚太安全对话合作上的努力进行了回顾。在共同发展方面，中国提出来的"一带一路"倡议已经取得了阶段性成果、实现了早期收获，为实现亚太各国的共同发展和共同安全注入了新的动力；在伙伴关系方面，中国已经同 97 个国家或者国际组织建立了不同形式的伙伴关系，实现了对大国、周边国家和发展中国家伙伴关系的全覆盖；② 在多边外交上，中国广泛参与亚太现有的多边机制，促进和推动了地区多边安全机制向包容性和有效性方向发展；在地区安全规则制定方面，中国积极参与各种区域、次区域等多边安全机制，并主动提供了大量的公共安全产品；在军事交流方面，中国全面深化同各国军队的交流与合作，积极参加联合国维和、国际反恐合作、护航和救灾等行动，成为一支维护亚太安全与稳定的重要力量；在处理分歧方面，2016 年"南海仲裁案"后，中国积极通过对话谈判来妥善处理分歧矛盾，成功实现了与菲律

---

① 《维护亚太安全的重要力量——专家解读中国发表首份亚太安全合作政策白皮书》，新华网，http://news.xinhuanet.com/mil/2017 - 01/12/c_129442623.htm。

② 王毅：《伙伴关系是中国外交重要标志》，央视网，http://news.cctv.com/2017/03/21/AR-TIicG0hYI2bbxq3UKnvmzT170321.shtml。

宾关系的转圜，并争取与东盟国家在协商一致基础上早日达成《南海行为准则》，这些做法给和平解决国际争端提供了新范式和新思路，有助于共同维护地区和平与稳定。

（二）树立新亚洲安全观，构建亚太安全新架构

进入 21 世纪以来，亚太地区经济持续高速发展，但地区安全架构仍为冷战时代美国领导的军事同盟体系所主导。军事同盟体系崇尚具有现实主义色彩的武力至上、零和博弈等旧式观念，人为将亚太地区划分为"同盟体系"和"非同盟体系"二元对立的局面，通过牺牲他国安全来保障自身安全，甚至为了加强其军事同盟体系的合理性和必要性，故意大肆渲染地区安全威胁和恐怖主义来制造紧张气氛，造成地区国家间的不信任感和不安全感，这无疑给亚太地区的发展埋下了巨大隐患。

一直以来，亚太地区缺乏一个符合各方利益的整体性安全框架，各国对于未来亚太安全架构的理念、目标、设想以及路径等并不一致，现有的各种安全机制在参与数量、实力大小、议题范围、协调程度等方面差距较大，各种机制之间也缺乏协调，并呈现出一种不均衡的碎片化状态。随着区域内各种安全问题的涌现，还出现了"机制拥堵"的现象，各安全机制之间成员重叠、力量分散、彼此掣肘，甚至相互对抗，一定程度上造成了亚太国家之间的战略冲撞和安全困境。

白皮书认为，应"以开放包容精神加强团结合作，创新安全理念，推动完善地区安全架构，为维护亚太安全合作探索出新路径"。[1] 白皮书将"亚洲新安全观"作为中国亚太安全理念的一部分，强调了理念在新形势下的重要作用，并认为"维护亚太长治久安，关键在于构建面向未来、符合地区实际、满足各方需要的安全架构"。[2]

尽管亚太国家在安全理念上还存在分歧和纷争，但是"建立一个符合地区实际、满足各方需要的区域安全架构势在必行"。[3] 对于现有的安全机

---

[1] 中华人民共和国国务院新闻办公室：《中国的亚太安全合作政策》，人民出版社，2017，第 8 页。

[2] 中华人民共和国国务院新闻办公室：《中国的亚太安全合作政策》，人民出版社，2017，第 10 页。

[3] 《李克强总理在第八届东亚峰会上的讲话》，新华网，http://news.xinhuanet.com/world/2013 - 10/11/c_125510930.htm。

制，白皮书强调中国的主张"不是另起炉灶，不是推倒重来，而是对现有机制的完善和升级"。[①] 同时，中国在亚太安全合作中的角色定位是参与者，积极呼吁和推动亚太各国共同参与和完善地区安全架构，尤其是大国应该承担更多的责任和义务。最后，在构建路径上，中国也清醒地认识到构建新的亚太安全架构所面临的长期性和艰巨性，一方面，需要各方加强对话合作，在不断积累共识的基础上稳步推进，另一方面，需要加强发展与安全、区域经济合作和安全合作、安全架构和经济架构之间的良性互动和协调推进。

（三）促进大国良性互动，推动伙伴关系发展

大国是国际体系中的主要行为体，一定程度上，大国行为体之间的互动关系决定了国际体系的发展方向和变化趋势。亚太地区是当前大国最为集中的地区，呈现"一超多强"的局面，既有超级大国美国，也有中国、俄罗斯、日本、印度等地区强国。2012 年 11 月，党的十八大报告提出，中国将"改善和发展同发达国家关系，拓宽合作领域，妥善处理分歧，推动建立长期稳定健康发展的新型大国关系"。[②] 这是中国对 60 多年大国外交经验教训的深刻总结，表明中国希望走出一条"对话而不对抗，结伴而不结盟"的国与国交往新路。

在亚太地区，政治互信缺失是大国关系间普遍存在的问题，也是亚太安全架构进程迟滞的重要因素。当前，美国对中国的战略疑虑还在上升，日本、印度等大肆炒作"中国威胁论"，虽然各国对话与合作意愿也在逐步增强，但是安全信任的水平和实践还有待提高，大国之间的战略互信"赤字"不断扩大，给新的亚太安全架构造成了一定的长期、持续、可能激化的外部障碍，极易导致亚太国家间的摇摆和误判。

在白皮书中，中国强调亚太大国对维护地区和平与发展至关重要，并提出"构建以'合作共赢'为核心的新型国际关系，致力于同各国、各地

[①] 中华人民共和国国务院新闻办公室：《中国的亚太安全合作政策》，人民出版社，2017，第 10 页。

[②] 《胡锦涛在中国共产党第十八次全国代表大会上的报告》，人民网，http://cpc.people.com.cn/n/2012/1118/c64094 - 19612151.html。

区组织建立不同形式的伙伴关系"。① 白皮书针对中美、中俄、中印、中日
等亚太大国关系进行了清晰阐述，表示将与美国构建"不冲突、不对抗、
相互尊重、合作共赢的新型大国关系"，② 并期待与特朗普政府共同努力构
建双方在亚太积极互动、包容合作的关系。中国还表示，"与俄罗斯不断
深化全面战略协作伙伴关系，与印度积极构建更加紧密的发展伙伴关系，
推动中日关系持续改善"。③ 中国呼吁，"各国应客观理性看待他方战略意
图，抛弃冷战思维，相互尊重正当合理的利益关切，加强良性互动，合作
应对地区挑战"。④

在白皮书中，中国也表示积极发展与亚太其他国家的友好合作关系，
共建互信、包容、合作、共赢的亚太伙伴关系，"积极推动构建澜沧江 -
湄公河国家命运共同体和中国 - 东盟命运共同体，推动亚洲命运共同体和
亚太命运共同体建设"。⑤ 这些举措表明中国坚持各国相互尊重、平等相待
的原则，通过构建伙伴关系来强化共同体意识，推动亚太各国以"命运共
同体"为目标构建亚太安全合作架构。

（四）倡导对话协商谈判，妥善处理分歧矛盾

2016 年以来，亚太地区的热点问题持续发酵，影响和平与发展的不确
定因素明显增加，超级大国对华围堵牵制，地区大国紧逼纠缠，地区小国
铤而走险，地区安全局势持续紧张，一系列地区性热点的走向将对未来亚
太地区的繁荣和稳定造成重大影响。

在朝核问题上，2016 年，朝鲜不顾他国反对先后两次进行核试验并频
繁试射各种类型弹道导弹，联合国安理会两次通过相关决议，谴责朝鲜的
行为并对朝鲜施加制裁；在反导问题上，美韩以"应对朝鲜威胁"为借

---

① 中华人民共和国国务院新闻办公室：《中国的亚太安全合作政策》，人民出版社，2017，
第 4 页。
② 中华人民共和国国务院新闻办公室：《中国的亚太安全合作政策》，人民出版社，2017，
第 12 页。
③ 中华人民共和国国务院新闻办公室：《中国的亚太安全合作政策》，人民出版社，2017，
第 12 ~ 17 页。
④ 中华人民共和国国务院新闻办公室：《中国的亚太安全合作政策》，人民出版社，2017，
第 4 页。
⑤ 中华人民共和国国务院新闻办公室：《中国的亚太安全合作政策》，人民出版社，2017，
第 4 页。

口，多次在半岛进行联合军事演习，且不顾中国、俄罗斯等周边国家及韩国国内民众的强烈反对，宣布全面启动在韩部署萨德反导系统；在阿富汗和解进程上，美国、卡尔扎伊政府和塔利班之间和谈陷入僵局，印度、巴基斯坦、伊朗、俄罗斯、北约等趁机介入展开利益角逐；在打击恐怖主义问题上，世界各地的恐怖袭击事件急剧增加，恐怖组织扩散、渗透和回流现象日益突出；在南海问题上，美日唆使菲律宾挑起"南海仲裁案"，使南海地区成为世界关注的焦点，中国也与域外国家展开了政治、法理、军事斗争与战略博弈。

中国白皮书对上述地区热点问题进行了回应，阐述了中国的立场和主张。对于朝核问题，中国强调"坚持实现半岛无核化，坚持维护半岛和平稳定，坚持通过对话协商解决问题，并支持安理会通过相关决议，以阻遏朝鲜在核武开发的道路上越走越远"；[1] 对于萨德入韩问题，中国对美韩强化冷战式军事同盟、构筑全球和地区反导体系的行为予以强烈谴责；对于阿富汗和解进程，中国支持阿富汗和平重建，继续发挥建设性作用并加大援阿力度；对于打击恐怖主义问题，中国表示反对一切形式的恐怖主义，主张"加强不同文明对话，采取政治、经济、外交等手段综合治理，标本兼治，消除恐怖主义滋生土壤"；[2] 对于海洋问题方面，中国表示"致力于与各方加强合作，共同应对挑战，维护海上和平稳定"。[3] 另外，中国也表明了在南海问题、钓鱼岛问题、海域划界问题上的严正立场和态度，对于近年来个别国家在本地区侵犯中国领土主权和海洋权益、蓄意破坏地区和平等挑衅行为发出了严厉警告。

（五）参与推动对话合作，完善地区合作机制建设

中国参与地区合作机制是一个渐进的过程，这与中国在各个时期的外交理念以及对外部世界的认知判断密切相关。冷战结束后，随着政治多极化、经济全球化以及区域一体化的发展，中国以新安全观为理念，开始实

---

[1] 中华人民共和国国务院新闻办公室：《中国的亚太安全合作政策》，人民出版社，2017，第 18 页。

[2] 中华人民共和国国务院新闻办公室：《中国的亚太安全合作政策》，人民出版社，2017，第 20 页。

[3] 中华人民共和国国务院新闻办公室：《中国的亚太安全合作政策》，人民出版社，2017，第 21 页。

行全方位外交，提升了中国参与地区机制的积极性和主动性。1997年东南亚金融危机爆发后，中国与东南亚国家关系迅速改善，双方以地区和国际金融合作为契机，开启了区域合作制度化建设的高潮。十八大以来，中国外交以周边为中心，不断向亚太方向扩展，机制的功能和作用显著增强，议题范围和成员数量不断扩大。中国还积极参与创建次区域机制，如今这些机制已成为亚太各国对话和交流的重要平台与桥梁。

白皮书概括介绍了中国近年来参与亚太地区主要多边机制的情况：关于中国-东盟合作，中国支持东盟在一体化和共同体中的中心地位，并将东盟作为周边外交的优先方向；关于东盟与中日韩（10＋3）合作，中国认为这是东亚合作的主渠道，将推动各方加大投入框架下各种合作计划；关于中日韩合作，中国认为中日韩是引领东亚经济一体化的主要力量，加强三国合作对自身和地区发展都有利；关于东亚峰会，中国认为，东亚峰会是"领导人引领的战略论坛"，[1] 经济发展合作与政治安全合作这两个轮子应该相互促进、同步前进；关于东盟地区论坛，中国认为要在信任和共识的基础上展开非传统安全的务实合作；关于东盟防长扩大会，中国认为这种防务安全对话与合作机制对增进各成员国防部门和军队间互信、促进务实合作发挥了重要作用；关于澜沧江-湄公河合作，中国强调要通过务实合作，进一步深化澜湄六国睦邻友好，促进次区域国家经济社会发展，打造团结互助、平等协商、互惠互利、合作共赢的澜湄国家命运共同体；[2] 关于上海合作组织，中国将积极推动并参与上合组织各领域合作，持续发展与其他成员国、观察员国和对话伙伴国的双边关系；关于亚洲相互协作与信任措施会议，中国认为要积极落实亚信各领域信任措施，创新亚信合作平台。

（六）加强非传统威胁应对，增进地区理解互信

近年来，全球性非传统安全问题在亚太地区层出不穷：洪涝干旱、地震海啸、病毒传染等自然灾害频发，网络攻击、海盗洗劫、人口贩卖、毒品交易、武器走私、金融洗钱等非法行为屡禁不止，物种灭绝、森林面积

---

[1] 中华人民共和国国务院新闻办公室：《中国的亚太安全合作政策》，人民出版社，2017，第26页。

[2] 中华人民共和国国务院新闻办公室：《中国的亚太安全合作政策》，人民出版社，2017，第27页。

减缩、水土流失、气候异常等生态环境危机日益严峻，恐怖主义、极端主义、分裂主义"三股势力"渗透活动日益猖獗。这些问题的加剧和恶化，导致亚太地区乃至整个人类社会都面临巨大威胁，对现有分散、脆弱的亚太安全架构造成了严重冲击。

非传统安全问题具有跨国性、隐蔽性、突发性、不确定性等特性，在全球化的紧密联系中能够轻易突破传统的国家地理疆界进行扩散、集聚、增强，达到一定的临界点后便会集中爆发。当前，非传统安全问题已成为亚太地区的主要挑战，任何一个国家都难以在这种全球性的安全挑战面前独善其身，但是区域内各国还未形成有效的多元参与和协调防范的治理框架，这在很大程度上影响着亚太地区安全问题的解决。

白皮书中对中国参与地区非传统安全合作情况进行了介绍。在救灾合作方面，中国近年来积极参与亚太地区各种救灾合作交流等活动，大大提升了地区减灾救灾能力；在反恐合作方面，中国重挫了"东伊运"等恐怖组织非法偷渡网络，通过双边反恐磋商、亚太经合组织反恐工作组、"全球反恐论坛"、"阿中巴塔"四国军队反恐合作协调机制等，加强反恐交流；[①] 在打击跨国犯罪合作方面，中国高度重视并积极参与，表示愿在打击跨国犯罪等领域继续与各国加强司法和执法合作；在网络安全方面，中国支持并积极参与国际社会加强网络安全的努力，通过双边网络对话与地区机制开展务实合作；在海上安全合作方面，中国与东盟国家在海上安全、科研环保等领域开展一系列交流合作活动，积极参与和推动海上安全对话合作；在防扩散与裁军合作方面，中国表示将一贯积极支持和参与，主张全面禁止和彻底销毁包括化学武器在内的一切大规模杀伤性武器。

三 中国亚太安全合作白皮书的时代意义

中共十八大以来，中国为维护亚太地区的持久和平和共同繁荣做出了巨大努力和贡献。2013 年 10 月 7 日，习近平在亚太经合组织工商领导人峰会上的演讲中表示，"亚太是个大家庭，中国是大家庭中的一员。中国发展离不开亚太，亚太繁荣也离不开中国。中国经济持续健康发展，将会

① 中华人民共和国国务院新闻办公室：《中国的亚太安全合作政策》，人民出版社，2017，第 33 页。

给亚太发展带来更大机遇"。① 作为亚太地区的重要大国，中国有责任、有义务在其中发挥应有的重要作用。2017 年 1 月，中国政府发表《中国的亚太安全合作政策》白皮书，明确提出了一系列中国理念、中国主张、中国方案，具有鲜明的时代性和先进性，将对当前复杂多变的亚太局势、中国周边外交、亚太安全合作以及"一带一路"建设等产生重大而深远的影响。

（一）白皮书第一次系统清晰地阐明了中国的亚太安全政策，将成为引领今后中国周边外交工作进程和发展方向的纲领性文件

近年来，随着中国的快速崛起和影响力日益扩大，中国在亚太事务中的重要性不断提升，中国政府的政策主张受到各方高度关注，但是长期以来，外界舆论对中国的安全政策缺乏深入了解并一直有偏见，有时不仅忽视中国对亚太地区所做出的积极贡献，甚至故意夸大所谓中国的威胁，在地区国家间制造不信任感。

白皮书是一国政府就某一重要政策或议题而正式发表的官方报告文件，也是实现战略意图透明化的重要方式。《中国的亚太安全合作政策》是中国就亚太安全合作政策发表的第一份白皮书，系统清晰地阐明了中国在亚太地区的安全理念、大国关系、热点问题、多边机制以及非传统安全合作等方面的政策主张。这份白皮书是对各方关切的亚太安全合作问题的一种回应，释放出中国在推动亚太安全合作上重大而明确的信号，体现出中国对亚太安全合作的高度重视，彰显了中国积极维护亚太地区安全和繁荣稳定的意愿、决心和能力，有助于国际社会更加及时和准确地了解中国的立场和主张，提升政策透明度，增进国家间互信，避免不必要的猜测和误解。

此外，白皮书也是一国政府对未来一定时期内在某一问题领域的战略规划和行动指南。亚太地区安全与中国周边安全息息相关，《中国的亚太安全合作政策》发布之时距 2013 年党中央在北京召开周边外交工作座谈会已有 4 年时间，在这 4 年时间里，历经国际形势风云变幻的巨大考验，中国周边外交取得了历史性进展，中国已成为能影响亚太安全格局演变的地区重要角色，此时发布亚太安全合作白皮书具有承前启后的

---

① 《习近平在亚太经合组织工商领导人峰会上的演讲》，新华网，http://news.xinhuanet.com/world/2013 - 10/08/c_125490697.htm。

重要作用。

白皮书中融入了中国近年来提出的"合作共赢""安全合作""命运共同体"等新的理念主张，对过去 4 年里参与亚太以及全球治理等所取得的经验和成果进行了完整、准确、系统的梳理和总结，对当前亚太安全方面出现的热点问题予以明确回应和解答，对未来的亚太安全架构以及亚太愿景进行了描绘和展望。整本白皮书从目标设计到具体实施，从传统经验总结到未来构想设计，无不凝聚着中国塑造周边环境的智慧和心血，以及中国解决周边问题的胆识和自信，有很强的针对性、操作性、前瞻性和指导性，不仅完全符合中国的和平外交方针政策，而且也是十八大以来中国对外战略在理论和实践上的传承和创新，必将成为引领今后中国周边外交工作进程和发展方向的纲领性文件。

（二）白皮书为当前正处于十字路口的亚太安全形势树立了和平的路标，在涉及中国核心利益的问题上划定了红线

当前，亚太安全形势正处于"冷战新危险"与维系既有平衡态势的十字路口：大国结构性矛盾长期存在，军事同盟体系的排他性和对抗性显著增强，部分国家经历内部转型危机频繁动荡，地区敏感和热点问题逐渐汇聚并持续发酵，传统安全威胁和非传统安全威胁相互交织，不确定与不稳定成为常态，可能发生碰撞和冲突的风险点不断增多，亚太地区几乎具备了所有可能导致国际关系趋于摩擦和对立的因素。[①]

2017 年 1 月 20 日，特朗普正式入主白宫，从竞选之初到当选之后，特朗普在涉华议题上频频触及和挑战中美关系的底线，甚至不乏对中国的恐吓和威胁。就在中国发布白皮书的同一天，被特朗普提名担任国务卿的蒂勒森出席参议院听证会时还呼吁"阻止中国靠近其在南海修建的人工岛屿"。[②]特朗普及其团队这些强硬和激进的对华言论充满了挑衅意味，给亚太安全局势造成了巨大冲击。

---

① 卢国学：《亚太政治安全形势的新变化与区域合作的发展》，《当代世界》2014 年第 12 期，第 47 页。

② 《蒂勒森：应禁止中国进入南海人工岛》，纽约时报中文网，http://cn.nytimes.com/china/20170113/rex-tillerson-south-china-sea-us/? action = click&contentCollection = Asia% 20Pacific&module = Translations&region = Header&version = zh-CN&ref = en-US&pgtype = article。

因此，中国在新年伊始发布《中国的亚太安全合作政策》，正当其时，迅速有力地回击了当前外界大肆渲染和炒作"中国威胁论"的错误言行，也为近年来处于十字路口的亚太安全形势树立了和平的路标。中国在白皮书中表示，"愿同地区国家秉持合作共赢理念，扎实推进安全对话合作，共同维护亚太和平与稳定的良好局面"。① 表明了中国在亚太安全政策上的立场主张以及维护地区和世界和平的决心，有助于稳定当前复杂多变的亚太局势和提振各国信心，推动亚太安全格局朝更加和平和稳定的方向发展。

在白皮书中，中国重申了在地区安全、领土主权、海洋权益等涉及国家核心利益的重大问题上的根本立场。在反导问题上，中国表示"坚决反对美韩在韩国部署'萨德'反导系统，强烈敦促美韩停止有关进程"；② 在钓鱼岛问题上，中国再次强调"钓鱼岛及其附属岛屿是中国的固有领土，中国对钓鱼岛的主权有着充足的历史和法理依据"；③ 在南海问题上，中国表示"对南沙群岛及其附近海域拥有无可争辩的主权，中国坚决反对个别国家为一己私利在本地区挑动是非，对于侵犯中国领土主权和海洋权益、蓄意挑起事端破坏南海和平稳定的挑衅行动，中国将不得不作出必要反应"。④ 白皮书所阐明的坚定而灵活的立场，对于习近平和特朗普在美国成功会面、达成中美关系长远发展的重要共识奠定了重要的基础。

白皮书还对中国参与亚太安全合作中涉及国家核心利益的问题划定了红线，这种做法是对某些国家试图在亚太地区屡造事端、挑战中国利益以及激化中国与其他国家矛盾等铤而走险行为发出的严厉警告和威慑。白皮书表明中国谋求和平、合作与共同发展的主张不会改变，但对任何破坏中国发展稳定大局的行为，也有决心和能力进行坚决回击，有利于国际社会准确理解中国参与亚太安全合作的深刻内涵和原则底线，避免各方产生战略误判。

---

① 中华人民共和国国务院新闻办公室：《中国的亚太安全合作政策》，人民出版社，2017，第 3 页。

② 中华人民共和国国务院新闻办公室：《中国的亚太安全合作政策》，人民出版社，2017，第 19 页。

③ 中华人民共和国国务院新闻办公室：《中国的亚太安全合作政策》，人民出版社，2017，第 21 页。

④ 中华人民共和国国务院新闻办公室：《中国的亚太安全合作政策》，人民出版社，2017，第 21 页。

（三）白皮书是和平共处五项原则的进一步延伸和拓展，为亚太安全新架构勾勒出清晰的未来蓝图

针对当前亚太地区安全的发展现状和多元挑战，中国在白皮书中阐明了自己的亚太安全理念，表示将继续坚持新亚洲安全观，坚定不移地走和平发展道路，还提出要构建面向未来、符合地区实际、满足各方需要的安全架构。从"亚洲安全观"到"亚太安全架构"，中国将安全的范围进一步延伸拓展，并从理念层面和实践层面进行了深入探究。

中国白皮书将"亚洲安全观"的新内核进行了阐释，对共同安全、综合安全、合作安全以及可持续安全进行了完整定义，既考虑了亚太各国对安全的共同需求，也考虑了亚太各国的具体情况，既考虑了亚太安全的历史经纬，又考虑了亚太安全的现实问题。中国认为安全应该是普遍的、平等的、包容的，任何一国都不应该为了实现自身的绝对安全而牺牲他国的正当权益，要尊重和保障每一个国家的安全利益，统筹、协调、综合地应对各种安全威胁；各国还应加强对话沟通，以合作谋和平促发展，在区域一体化的过程中推动可持续发展和可持续安全的良性互动。[1]

与此同时，在构建未来亚太安全架构的路径上，中国将"亚洲安全观"的内核上升到实践层面。由于当前亚太地区大国力量中没有任何一个国家拥有绝对优势的力量进行主导，亚太地区不可能形成北美与欧洲那样以大国或核心国家为中心的一体化安全组织，唯有各方平等合作，才能实现共同安全。因此，中国在构建亚太安全架构时始终将"国家主权平等"作为处理国家间安全合作的基本原则，同时还借鉴和汲取了亚太地区在区域经济一体化上的成功经验，即通过区域、次区域和双边等层次的整合，最终促成更大层面的区域一体化。

中国白皮书还对未来亚太安全架构的模式、类型、方式以及策略等进行了展望。从合作模式看，未来的地区安全架构应是多层次、复合型和多样化的。多种机制齐头并进将是地区安全架构演进过程中的"常态"；[2] 从合作组织看，"未来的地区安全架构建设应是地区国家的共同事业。地区

---

[1] 中华人民共和国国务院新闻办公室：《中国的亚太安全合作政策》，人民出版社，2017，第 8~9 页。

[2] 中华人民共和国国务院新闻办公室：《中国的亚太安全合作政策》，人民出版社，2017，第 10 页。

安全事务应由地区国家平等参与、共同决定"；① 从合作方式看，"未来的地区安全架构应建立在共识基础之上。各国应继续加强对话合作，在不断积累共识的基础上稳步推进地区安全架构建设"；② 从合作策略看，"未来的地区安全架构应与地区经济架构建设协调推进，应统筹考虑，同步推进，相互促进"。③ 这些理念和举措充分表明了中方坚定致力于维护亚洲安全、稳定、发展的真诚意愿和郑重承诺，也是中国基于亚太发展历程和现实情况做出的深刻总结，顺应了全球化与和平、发展、合作、共赢的时代潮流，也体现了和平共处五项原则的精髓，是和平共处五项原则在新形势下在亚太安全领域的进一步延伸和拓展，为未来亚太安全新架构勾勒出了清晰的发展蓝图。

（四）白皮书有利于促进"一带一路"沿线国家之间加强安全合作，实现亚太经济发展与安全合作的"双轮驱动"

中国发布亚太安全合作白皮书正式拉开了中国主动塑造周边环境的大幕。亚太安全合作与"一带一路"都是近年来中国顺应当今世界和平、发展、合作的时代潮流而提出的重大倡议，是中国主动经略周边在安全方面和经济方面的重要抓手。从背景上看，两者都是基于当前复苏乏力的全球经济形势以及纷繁复杂的国际和地区局面而提出的，反映出中国对加强国际合作、参与全球治理的积极探索；从方式上看，两者都在构建以"合作共赢"为核心的"新型国际关系"；从目标上看，两者都是为了促进世界和平与发展，实现"人类命运共同体"。因此，中国发布白皮书也反映出中国在对外战略中将经济发展与安全发展放在了同等重要的地位。

"一带一路"建设与亚太各国的发展战略高度契合。自 2013 年习近平主席提出"一带一路"倡议以来，大多数亚太国家纷纷支持并积极参与，激发了沿线新兴市场的发展活力，有效带动了亚太地区的经济发展。但是

---

① 中华人民共和国国务院新闻办公室：《中国的亚太安全合作政策》，人民出版社，2017，第 10 页。

② 中华人民共和国国务院新闻办公室：《中国的亚太安全合作政策》，人民出版社，2017，第 11 页。

③ 中华人民共和国国务院新闻办公室：《中国的亚太安全合作政策》，人民出版社，2017，第 11 页。

长期以来，亚太地区经济保持了高速发展，安全发展却停滞不前。随着中国的快速崛起和美国"亚太再平衡"战略的实施，亚太各方围绕地区安全主导权展开了激烈竞争，一系列热点敏感问题也给亚太地区经济发展带来不确定性。在此情况下，中国及时发布亚太安全合作白皮书，满足了"一带一路"沿线国家对安全的迫切需求，有利于各方共同参与和维护亚太的和平与稳定，为"一带一路"建设的顺利进行构建良好的外部环境。

中国在白皮书中指出，"扩大经济利益融合是国家间关系的重要基础，实现共同发展是维护和平稳定的根本保障，是解决各类安全问题的'总钥匙'"。[1] 同时，白皮书也强调地区安全架构与经济架构之间关系的重要性，指出"一方面，通过不断完善安全架构，确保经济发展所需要的和平稳定环境。另一方面，通过加快推进区域经济一体化，为安全架构建设提供稳固的经济社会支撑"。[2] 亚太安全合作与"一带一路"之间存在紧密的耦合关系：推进"一带一路"建设，能够夯实亚太安全合作的物质基础，亚太安全合作的稳步推进能够为"一带一路"建设提供安全稳定的外部环境。对于未来中国周边外交来说，要从顶层设计上将"一带一路"建设与推动亚太安全合作联系起来，使之相互促进、相互作用、相互影响，形成经济发展与安全合作的"双轮驱动"，以扭转"经济上靠中国，安全上靠美国"的分离现象，实现可持续发展和可持续安全，为中国崛起塑造良好的周边环境。

China's Asia-Pacific Security Cooperation Policy：Its Major Points and Zeitgeist

Shi Yuanhua，Xiao Yang

Abstract　On Jan. 11 2007，the Information Office of China's State Council issued a white paper on China's policies on Asia-Pacific security cooperation. This is the first time that China's government publishes a white paper on A-

---

① 中华人民共和国国务院新闻办公室：《中国的亚太安全合作政策》，人民出版社，2017，第 3 页。

② 中华人民共和国国务院新闻办公室：《中国的亚太安全合作政策》，人民出版社，2017，第 11 页。

sia-Pacific security cooperation policy. The white paper, with the theme "security cooperation", covers the main issues of the current Asia-Pacific security, illustrates China's policy propositions on Asia-Pacific affairs and responds to China's stance on sensitive issues such as regional hotspots, aiming to give the international community a clearer and more precise understanding of China's Asia-Pacific security cooperation policy. The white paper is divided into China's policies and positions on Asia-Pacific security cooperation, China's security vision for the Asia-Pacific region, China's relations with major Asia-Pacific countries, China's positions and views on regional hotspot issue, China's participation in major multilateral mechanisms in the Asia-Pacific region, China's participation in regional non-traditional security cooperation. After the publication of the white paper, the widespread attention and hot discussion of the media and think tanks from home to abroad have been rapidly aroused. The white paper will have a significant and far-reaching impact on the current complex and volatile Asia-Pacific situation, China's neighboring diplomacy, Asia-Pacific security cooperation and the B&R construction.

Key Words　China; Asia-Pacific Security Cooperation; White Paper

Author　Shi Yuanhua, Professor, Director of the Center for China's Relations with Neighboring Countries (CCRNC) at the Fudan University, Deputy Director of China's Collaborative Innovation Center for Territorial Sovereignty and Maritime Rights (CICTSMR); Xiao Yang, Ph. D. Candidate of the China Institute of Boundary and Ocean Studies, Wuhan University.

中国周边外交安全理念演进

——从和平共处五项原则到亚洲安全观

宫笠俐

【内容提要】 从第一代领导集体提出和平共处五项原则到习近平总书记提出亚洲安全观，都是对我国周边外交安全理念的有益探索，两者具有延承关系，都强调与周边国家的和谐共处、合作共赢。从和平共处五项原则到亚洲安全观，中国周边外交安全理念不断演进：周边外交安全理念从强调军事安全到注重综合安全；处理与周边国家的关系从强调互惠原则到更强调惠及周边；周边外交工作的目标从强调"和平共处"到注重"可持续安全"。

【关键词】 周边外交　安全理念　和平共处五项原则　亚洲安全观

【作者简介】 宫笠俐，吉林大学行政学院副教授。

　　近年来随着中国总体实力的不断提升，中国与周边国家关系结构也发生了相应的变化。中国是世界上拥有周边国家数量最多的国家，也是世界上处理周边外交问题最为复杂和困难的国家之一。[①] 中国周边国家情况纷繁复杂，按规模看，有大国，也有小国；按国家性质看，有社会主义国家，也有资本主义国家；按双边关系来看，有侵略过我国的国家，也有一直和平相处的国家。中国周边国家社会文化各不相同，经济发展水平也参差不齐。如何处理与周边国家的关系自新中国成立以来就是中国外交的重

[①] 石源华、陈莉菲：《论中国共产党三代领导人的周边外交思想》，《毛泽东邓小平理论研究》2001年第3期，第74页。

要问题之一，近年来更是成为中国外交布局的重中之重。周边外交是中国外交的基础和根本。维护周边安全需要相应的安全理念。[①] 安全理念是指导外交的行为准则，从第一代领导集体提出和平共处五项原则到习近平总书记提出亚洲安全观，都是我国处理与周边国家关系安全理念的有益探索。

一　周边外交安全理念

国家安全从来都是国际政治研究中的核心问题。安全，从浅处说关系到国家生存和利益的完整，从深处说则涉及国家的生死存亡。没有绝对的国家安全，只有相对的国家安全。虽然国家只会得到暂时和相对的国家安全，但国家一直在努力追求绝对的安全。[②] 国家安全是国家生存的首要保障，也是国家外交决策的理性需求。阿诺德·沃尔弗斯认为，安全在客观意义上，表明对其所获得的价值不存在威胁，在主观意义上，表明不存在这样的价值会受到攻击的恐惧。[③] 国家安全是基本的政治概念，也是基本的价值取向。对于国家而言，没有安全就难言生存和发展。国家安全是国家生存和发展的基础。安全观念是指对国际安全的主观认识，包括国际安全面临的威胁来源，构成国际安全的基本条件和维护国家持久安全的方法。[④] 随着一国的安全与其他国家与世界的联系不断加强，国家安全也越来越具有国际性的特点，从而构成国际安全的组成要素，从这个层面来讲，"国家安全"就是国际上的安全，"国际安全"就是相关国家的国家安全。[⑤]

国家安全理念是一个国家的安全政策与安全战略思想的统一。安全理念虽然抽象，但安全的维护却非常具体。国家主权的独立，领土的完整，民族统一、经济发展等都可以是维护国家安全的目标和内容。随着国际秩序的变化和国际形势的不断发展，国家安全理念也发生了相应的变化并不

[①] 夏立平：《论亚洲新安全观与中国》，《中国周边外交学刊》2015 年第一辑，社会科学文献出版社，2015，第 79 页。

[②] 倪世雄等：《当代西方国际关系理论》，复旦大学出版社，2004，第 384 页。

[③] Arnold Wolfers, *Discord and Collaboration*, Baltimore: Johns Hopkins University Press, 1962, p. 56.

[④] 阎学通：《中国新安全观与安全合作构想》，《现代国际关系》1997 年第 11 期，第 28 页。

[⑤] 黄昭宇、杨雪慧：《国际安全的价值内涵与实践路径》，《国际关系学院学报》2012 年第 5 期，第 87 页。

断调整，国家的安全理念也基于时代的发展不断调整和更新。安全理念是指导国家外交的重要准则，也是一国外交实践越来越关注的问题。

周边外交是中国外交发展的重要一环，周边外交离不开国家安全理念的指导，安全理念必然是贯彻于中国外交的指导原则，安全理念也是指导中国周边外交的准则。周边外交安全理念是在处理与周边国家外交事务中进行外交决策和实施外交信念的综合。新一届中央领导集体在对中国发展与周边、世界局势关系的深入观察基础之上，抓住难得的历史发展机遇，大力推进中国周边发展，在周边外交实践中形成了中国周边外交的创新理念。

二 和平共处五项原则是新中国成立后指导周边外交的安全理念

和平共处五项原则的提出有深刻的历史背景。首先，新中国成立初期，国际国内形势皆十分复杂，国际上面对以美苏为首的两大阵营对抗的两极格局，美国对我国新生政权实施了孤立封锁包围。中国在权衡利弊之后，选择倒向以苏联为首的社会主义阵营一边，与美国在远东地区形成对峙局面。朝鲜战争爆发后，美国的介入使局势愈加复杂，严重威胁新中国的安全。朝鲜战争以签订停战协定告终，之后中美关系趋向暂时的稳定。作为社会主义的大国，如何和美国以及美国为首的资本主义阵营相处成为之后中国面临的问题。其次，由于苏联坚持奉行大国沙文主义，20世纪60年代末期开始，中苏关系恶化并最终走向崩溃。与两大国的关系同时恶化也使得我国的外部生存空间变得十分狭窄。最后，朝鲜战争结束之后，中国需要争取一个稳定的国际环境来进行国内建设。20世纪50年代开始，许多亚非民族国家宣告独立，但由于历史原因和受社会制度等因素的影响，一些新独立的民族国家，特别是中国周边的民族主义国家对新中国存在疑虑和担心。第一代领导集体由此提出和平共处五项原则作为处理与周边国家的关系准则。

可以说，为消除一些国家对中国的疑虑，制定与各国相处的原则，和平共处五项原则应运而生。和平共处五项原则针对周边外交提出，回答了如何与周边各种类型国家和平共处的问题。和平共处五项原则最初在1953年12月底周恩来总理会见来访的印度代表团时提出。当时的中印两国正在围绕中国西藏问题开始谈判。周恩来总理在会见印度代表团时首次完整地提出了"和平共处五项原则"，即互相尊重主权和领土完整、互不侵犯、互不干涉内政、平等互利和和平共处。而在之后中印两国发表的公报中双方一致同意把和平共处五项原则列入其中，作为指导两国关系的准则。这是和平共处五项原则在国际文件中首次出现。之后，周恩来总理在访问印度和缅甸时，在与两国发表的《联合声明》中都写入了和平共处五项原则，确认其适用于处理中国与它们之间的关系。邓小平在 1974 年的特别联大上再次强调了国家之间的政治和经济关系都应当建立在和平共处五项原则的基础之上。1988 年邓小平更是非常明确地提出了应当以和平共处五项原则为准则来建立国际政治经济新秩序。

和平共处五项原则显示了在当时世界格局之下中国周边外交的基本理念。和平共处五项原则被称为"和平共处周边外交战略"，和平共处五项原则有利于中国在两极对抗的局势下与各种类型国家保持良好的关系。在和平共处五项原则指导下，中国周边外交进入了一个黄金时代，基本完成了与阿富汗、尼泊尔和老挝等周边国家的建交工作，[①] 并解决了一些领土争端，如中国和尼泊尔之间珠穆朗玛峰地区的边界问题，与缅甸、蒙古国、巴基斯坦、阿富汗等国家合理解决了边界问题，以及东南亚华侨的双重国籍问题。

和平共处五项原则成为在新中国成立后中国处理与周边国家关系的行为准则，也是在两极对抗背景下对中国外交态度的有力宣示。无论是在新中国成立初期的"一边倒"路线，还是 20 世纪五六十年代的"反帝反修和世界革命"战略，70 年代的"一条线一大片"战略，以及 80 年代奉行的独立自主的和平外交战略中，和平共处五项原则的精神一直贯穿于中国外交，是中国与周边国家以及其他国家关系的指导原则。在和平共处五项原则的指导下，到 20 世纪 90 年代，中国与周边国家关系基本实现了正常化，为中国的经济建设及和平发展提供了有力支持。1992 年的中共十四大报告指出，"我们同周边国家的睦邻友好关系处于新中国成立以来的最好时期"。[②]

---

① 张历历：《中国周边外交战略的阶段演变》，《人民论坛》2014 年第 7 期，第 27 页。

② 江泽民：《加快改革开放和现代化建设步伐，夺取有中国特色社会主义事业的更大胜利》1992 年 10 月 12 日，转引自陈琪、管传靖《中国周边外交的政策调整与新理念》，《当代亚太》2014 年第 3 期，第 5 页。

三 亚洲安全观成为新时期指导中国周边外交的基本理念

两极格局解体后，国际体系进入了由无政府状态下的国际均势体系向以相互依存为主要特征的新国际体系转变的过渡阶段，这也促使各国调整对外政策来适应国际体系的变化。[①] 中国周边的安全环境发生了结构性的变化。首先，中国的快速崛起引发了周边国家对中国的疑虑。周边很多国家在享受着中国经济发展带来的利益的同时寻求美国的安全庇护，企图借助外部大国的力量"制衡"中国，因此，可以说，中国周边环境面临着前所未有的挑战。其次，冷战结束后美国为首的西方国家开始推进北约东扩，西方国家的势力逐渐从欧亚大陆渗透到中东欧，并沿着南欧和西亚进入中亚地区。美国在中国周边的西线获得了广袤的欧亚大陆腹地，成为影响中国周边地区地缘政治的重要力量。[②] 中国在处理与周边国家关系时，美国成为挥之不去的因素，美国成为影响中国周边外交不可忽视的因素。最后，中国在经历改革开放之后进入了经济发展和国际地位蒸蒸日上的时期，虽然之前中国与周边国家合理解决了大部分的边界问题，但在冷战时期受两极格局影响暂时搁置起来的问题重新暴露出来，海洋安全成为当前中国与周边国家关系紧张的主要来源，中日之间关于钓鱼岛问题的争端、中国和东南亚国家关于南海海域和岛屿的争端等成为中国周边外交在新时期面临的新的挑战。中国周边安全环境较之以往甚至出现恶化的迹象。

国际形势的发展使安全的内涵和外延发生了新的变化和拓展，虽然和平与发展成为时代的主题，但影响世界和平发展的因素却在不断增加。各国不但重视传统安全，非传统安全问题也越来越突出，生态、经济和跨国犯罪等问题不是靠一国力量所能解决的，新形势呼唤适应时代发展的新安全理念。各国的共同安全利益上升，合作成为必由之路，维护安全的观念和手段都需要随时代发展而不断更新。中国希望在冷战结束之后通过确立新的安全观念并开展新型安全合作为中国的经济发展争取更为长久的和平建设环境。因此，中国在 20 世纪 90 年代曾经倡导以互信、互利、平等、

---

① 夏立平：《论亚洲新安全观与中国》，《中国周边外交学刊》2015 年第一辑，社会科学文献出版社，2015，第 81 页。

② 倪世雄、赵可金：《地缘政治与中国周边外交新思维》，《复旦国际关系评论》2006 年第 1 期，第 200~219 页。

协作为核心的新安全观。当时中国的新安全观是针对"冷战思维"提出的，新安全观主张在世界普遍安全的战略格局中谋划中国的自身安全。新安全观与传统安全观有很大不同，是一种综合的安全观念，开辟了国际安全合作的新途径。中国在 20 世纪 90 年代提出新安全观基础上，开始结合冷战结束之后中国与其他国家的安全合作进行新的适应性调整。

近年来，尤其是党的十八大以来，中国周边外交地位凸显，中央积极运筹外交全局，突出周边在我国发展大局和外交全局中的重要作用，开展了一系列重大外交活动。习近平在博鳌亚洲论坛 2013 年年会的主旨演讲中提到"国际社会应该倡导综合安全、共同安全、合作安全的理念"，"中国将坚持与邻为善、以邻为伴，巩固睦邻友好，深化互利合作，努力使自身发展更好惠及周边国家"。① 2013 年 10 月，中共中央召开新中国历史上第一次周边外交会议，习近平提出加强周边外交思想，提出今后的周边外交战略就是坚持与邻为善、以邻为伴，坚持睦邻、安邻、富邻思想，突出体现"亲、诚、惠、容"的理念。2014 年 4 月，习近平在中央国家安全委员会第一次会议的讲话中指出，当前我国国家安全内涵和外延比历史上任何时候都要丰富，时空领域比历史上任何时候都要宽广，内外因素比历史上任何时候都要复杂，必须坚持总体国家安全观，以人民安全为宗旨，以政治安全为根本，以经济安全为基础，以军事、文化、社会安全为保障，以促进国际安全为依托，走出一条中国特色国家安全道路。②

2014 年 5 月 21 日，中国国家主席习近平在亚洲相互协作和信任措施会议第四次峰会的主旨讲话中明确提出了积极倡导共同安全、综合安全、合作安全、可持续安全的亚洲安全观，创新安全理念，搭建地区安全合作新架构，努力走出一条共建、共享、共赢的亚洲安全之路。③ 时至今日，亚洲无论从人口规模还是经济总量来看都已成为世界发展的重要贡献力量，亚洲地区面临的安全风险和挑战也日渐增多，亚洲的安全关系着世界安全的走向。因此，亚洲安全观的提出可谓正逢其时。亚洲安全观认为安

---

① 《习近平主席在博鳌亚洲论坛 2013 年年会上的主旨演讲》，新华网，2013 年 4 月 7 日，http://news.xinhuanet.com/politics/2013-04/07/c_115296416_3.htm。
② 《习近平：坚持总体国家安全观 走中国特色国家安全道路》，新华网，2014 年 4 月 15 日，http://news.xinhuanet.com/politics/2014-04/15/c_1110253910.htm。
③ 《习近平在亚洲相互协作与信任措施会议第四次峰会上的讲话》，新华网，2014 年 5 月 21 日，http://news.xinhuanet.com/politics/2014-05/21/c_1110796357.htm。

全是共同的、普遍的、平等的、包容的，亚洲各国虽然社会制度、历史文化和发展阶段各不相同，但维护和平追求安全的愿望应当是一致的，同处一个区域，一损俱损、一荣俱荣，应当倡导在尊重各国的领土主权完整基础上追求共同的安全；不能以牺牲其他国家的安全来换取自身的安全，应当追求平等包容的安全理念。亚洲安全观有着深刻的内在含义，主张"共同安全、综合安全、合作安全、可持续安全"，保障和尊重每一个国家的安全，不但注重传统安全利益的维护，也重视非传统安全的维护。促进安全的手段是对话和合作，强调安全和发展并重，以实现持久长远的安全为目标。

在亚洲安全观基础上，中国提出了加快"一带一路"建设、启动亚洲基础设施投资银行等以周边地区为基础的重大国际经济合作计划，使中国不但参与到亚洲地区的建设中，而且要为亚洲地区的发展贡献力量。亚洲安全观更多的是考量在中国力量和地位上升过程中如何处理我们面临的周边安全挑战，与之前的安全观念相比，具有更强的包容性、针对性和时代性。中国贯彻"与邻为善、以邻为伴"的方针，以"睦邻、安邻、富邻"作为周边外交的思路，以"和平、安全、合作、繁荣"作为亚洲政策目标，积极推动睦邻友好和区域合作。亚洲安全观是新一届领导集体对周边外交理念的创新发展，是在对中国的发展认识及中国与周边国家关系判断的基础上提出的创新性安全理念。

四　亚洲安全观与和平共处五项原则的承继关系

（一）亚洲安全观是对和平共处五项原则的延承

亚洲安全观与和平共处五项原则具有时代的承继性，都是中国在处理与周边国家关系的实践中总结提炼出来的。两者提出的初衷都是为了与邻国能够以诚相待，减少邻国对中国的疑虑，深化同周边国家的政治互信。中国与14个陆地国家相邻，与多个国家隔海相望。由于地缘关系，中国与周边国家有交流的便利和先天的亲近感。新中国成立初期为了消解周边国家对新生大国的疑虑和恐惧，妥善处理地理上的毗邻及历史因素导致的中国和一些周边国家的领土争议，中国提出和平共处五项原则来回答不同社会制度的国家之间如何相处的问题：中国与周边国家要互相尊重对方的主权，妥善处理领土争端，不干涉对方的内部事务，无论大国小国都以平等的姿态友好共处。和平共处五项原则对于维护新中国成立后的周边安全发挥了重要作用。

冷战结束后，国际格局发生变动，中国国内也经历了改革开放及综合实力的发展提升，中国持续稳定的综合实力增长也使周边国家逐渐产生新的疑虑：持续发展实力增强的中国是否会走称霸的道路，是否会给周边国家带来安全上的威胁？同时中国的周边环境从新中国成立以来发生了深刻的变化，从新中国成立初期中国和周边国家存在领土争端，到邓小平时期通过全方位周边外交化解各种矛盾，中国没有公开的敌对国家，不过，之前"搁置外交"搁置的问题重新浮出。在中国发展的各个阶段都有一个或者几个国家与中国处于对立或纠纷局面。如第一阶段的苏联、日本、印度，第二阶段的越南，第三阶段后半期至第四阶段的日本等。如何在周边外交战略中处理和这类国家的关系需要有针对性的战略对策。① 基于此，亚洲安全观理念应运而生，亚洲安全观是在新形势下有关亚洲安全构架的崭新安全理念。"共同、综合、合作、可持续"的亚洲安全观的理论内核即尊重各个国家的安全，摒弃冷战时期的"零和思维"，不能让一个国家的安全建立在另一个国家的不安全之上，尊重各个国家的合理的安全诉求，同时，亚洲安全观不仅要维护传统安全，也兼顾非传统安全，对冷战结束之后新出现的环境恶化、恐怖主义等新的安全威胁予以应对；亚洲安全观讲求安全的获取要通过合作的方式，以合作来谋求安全；同时，要实现可持续的安全，并通过可持续的发展来实现可持续的安全。

可见，无论是和平共处五项原则还是亚洲安全观，都是在尊崇中国传统文化"以和为贵"基础上提出的，"和"是中国传统文化的核心，也是中国外交自古以来始终遵循的内在气质。和平共处五项原则和亚洲安全观在安全理念上具有承继性，两者都强调与周边国家的和谐共处、合作共赢。两者都强调在与周边国家相处的多样性中寻求各个国家之间的共性，尊重不同国家的社会制度、经济发展水平等各个方面的差异，主张在求同存异当中追求共同发展。和平共处五项原则和亚洲安全观都主张普遍安全的理念，不以牺牲其他国家的安全来换取自身的安全，保障和尊重每一个国家的安全，追求各个国家的共同安全。

---

① 张历历：《中国周边外交战略的阶段演变》，《人民论坛》2014 年第 7 期，第 29 页。

（二）亚洲安全观对和平共处五项原则的创新发展

1. 周边外交安全理念从强调军事安全到注重综合安全

和平共处五项原则提出之时，世界正处于两极对抗的冷战时期。在当时很长一段时间内，中国侧重将结盟或者准结盟的方式作为处理与主要邻国关系的方式，彼时中国领导集体的周边外交思想在方式方法、准则、侧重点以及解决领土争端边界纠纷的方法上有所不同，但非常强调军事安全在整个周边外交安全理念中所占的比重，这种理念尤其以新中国成立初期为甚。面对两个十分强大的军事威胁，为了自身的生存，中国不得不把主要精力放在军事安全上。

随着冷战的结束，国际局势趋向缓和，和平与发展成为时代主题，大国间发生战争的可能性越来越小，原来在美苏矛盾掩盖之下的各种矛盾凸显，经贸纷争、环境恶化、资源冲突和恐怖主义等越来越成为困扰世界的重要问题，学界对安全的理解也开始发生变化，人们越来越意识到单纯运用军事手段已经很难维护国家的安全；在相互依赖的时代，安全主体日趋多元化，国家的安全也与地区安全、世界安全紧密相连，合作安全的理念开始深入人心。在新形势下我们需要克服"冷战思维"，倡导新的安全理念，我们认为，"一个国家对于世界是否构成威胁，不在于其国力是否强大，而是在于它奉行什么样的内外政策"。[①]亚洲安全问题向来十分复杂，敏感热点问题突出，环境安全、恐怖主义等问题日趋严重，亚洲面临着传统安全与非传统安全并存的威胁，因此亚洲安全观的诞生恰逢其时，其理念更加倡导综合安全在外交政策中的比重，提倡综合安全等在对外交往中所发挥的作用。中国周边国家以发展中国家为主，近年来大部分周边国家继续处于政治转型过程中，给中国周边外交造成影响。中国周边只有极少数国家已经或者基本完成了政治转型过程，大多数国家并没有完成政治转型的过程，甚至在这个过程中出现了流血冲突、政局动荡。很多国家在政治转型过程中都出现了问题，对中国的周边环境造成各种影响，而这些国家在政治转型过程中出现的价值观念的变化也冲击着中国。所以，亚洲安全观并非舍弃传统安全，而是强调包括传统安全在内的综合安全观念，与和平共处五项原则相比，其安全理念的侧重点有所不同，维护安全的手段

---

① 阎学通：《中国的新安全观与安全合作构想》，《现代国际关系》1997 年第 11 期，第 28 页。

更加多元化，使安全问题的内涵和外延都更进一步地拓展，更加适应新形势的发展。

2. 处理与周边国家的关系从强调互惠原则到更强调惠及周边，提供区域公共物品

中国在处理与周边国家关系时，强调随着周边环境的变化，继承和创新周边外交理念。在互惠互利的基础上开展同周边国家的合作，使周边国家得益于中国的发展，也使我国从与周边国家的共同发展中获得助力。因此，中国周边外交从原来强调互惠原则到现在强调在互惠的基础上更多地惠及周边国家，使中国成为区域内公共物品的积极提供者。

新中国成立初期提出的和平共处五项原则强调处理与周边国家关系时注重与周边国家的"平等互利"，即强调各个国家在法律上具有平等的地位，在经济交往过程中各国平等，这是处理国家之间关系必须遵循的基本原则。中国外交始终强调遵循和平共处五项原则，强调和平解决与周边国家争端，侧重与周边国家开展各个领域的合作，求同存异，优势互补，秉承互惠互利的原则，开展与周边国家的交往与合作。

冷战结束之后，随着中国综合国力的提升，中国越来越加强建构自身的负责任大国形象，强调作为国际社会发展的贡献者的作用。中国外交强调通过争取和平的国际环境发展自己，通过自身的发展来促进世界的和平稳定。中国的周边外交战略同样如此，中国作为域内大国，努力通过自身发展使周边国家享受到中国发展带来的红利。2013 年 10 月，习近平在周边外交工作座谈会上指出，做好周边外交工作，是实现"两个一百年"奋斗目标、实现中华民族伟大复兴的中国梦的需要，要更加奋发有为地推进周边外交，为我国发展争取良好的周边环境，使我国发展更多惠及周边国家，实现共同发展。① 亚洲相互协作与信任措施会议第四次峰会上习近平主持会议并发表题为《积极树立亚洲安全观　共创安全合作新局面》的主旨讲话。讲话中提到，中国坚持与邻为善、以邻为伴，坚持睦邻、安邻、富邻，践行亲、诚、惠、容理念，努力使自身发展更好惠及亚洲国家。②

亚洲安全观更加看重政治经济手段的结合，即通过支持周边国家的经

---

① 《习近平在周边外交工作座谈会上发表重要讲话》，人民网，2013 年 10 月 25 日，http://politics. people. com. cn/n/2013/1025/c1024 – 23332318. html。

② 《习近平：中国是亚洲安全观的积极倡导者和坚定实践者》，新华网，2014 年 5 月 21 日，http://news. xinhuanet. com/world/2014 – 05/21/c_1110792561. htm。

济发展，进一步巩固我国与这些国家的政治关系。① "以经促政"战略的主要表现就是通过自身经济实力的发展来加强同周边国家的经济联系、改善同周边国家的关系，该策略曾经起到了改善与周边国家关系的效果，但近年来该策略的效果逐渐下降。② 尤其是领土争端近年来成为中国周边外交复杂化的因素之一，目前中国已经与绝大多数陆地邻国解决了领土问题，但是与海洋邻国的领土争端近年来越加凸显，比较突出的是中国与东南亚国家在南中国海尤其是南沙群岛的领土争端，中国与日本在钓鱼岛、东海大陆架和东海油气田的开发问题上的争端等，这些争端不但涉及与周边国家关系，甚至有些问题日益国际化，给当前的中国周边外交策略带来诸多压力。因此，虽然周边一些国家在经济上对中国形成严重依赖关系，但是当与中国存在领土争端时，中国的 "以经济促政治" 的手段的有效性开始不足。

在对待中国的态度问题上，多数周边国家存在着矛盾的心态。一方面，一些周边国家需要借助中国的经济发展来促进自身的发展；而另一方面，又担心中国的发展对周边产生威胁，希望美国更多地介入到亚洲区域事务当中，试图借助美国抑制中国的发展。中国希望通过周边外交的理念和行动来消除相应的负面影响，证实中国对周边发展具有推动和促进作用。近年来中国坚持提倡参与到区域公共物品的供给当中，一来因为中国有参与提供区域公共物品的强大意愿，更为重要的是随着经济的快速发展，中国越来越具备提供区域公共物品的能力。奥尔森在《集体行动的逻辑》中认为，小集团比大集团会更易于克服 "集体行动的困境"，这是因为某些小集团不需要靠强制或任何集体物品以外的正面的诱因来提供公共物品。③ 按照这一逻辑，区域公共物品的提供将会比全球国际公共物品的提供更加容易克服 "集体行动的困境"。有学者提出了 "区域性国际公共产品" 的概念：一般来说，只服务和适用于本地区，其成本又是域内国家

---

① 江泽民：《同周边国家发展睦邻友好关系》，《江泽民文选》（第3卷），人民出版社，2006，第313～318页。转引自陈琪、管传靖《中国周边外交的政策调整与新理念》，《当代亚太》2014年第3期，第10页。

② 高程：《周边环境变动对中国崛起的挑战》，《国际问题研究》2013年第5期，第35页。

③ 〔美〕曼瑟尔·奥尔森：《集体行动的逻辑》，陈郁等译，上海三联书店、上海人民出版社，2007，第28页。

共同承担的国际性安排、机制或制度为区域性国际公共产品。① 区域性国际公共产品能克服国际公共产品的一些弊病，如能有效缓解"免费搭车"现象，被私物化的风险比较低等。

中国有参与提供东亚区域公共物品的强大意愿，主要表现在中国能从东亚区域公共物品中获得巨大的收益。中国是一个发展中国家，中国的经济发展需要一个稳定的区域安全环境。中国经济发展过程中需要更加广阔的海外市场，这种市场主要表现在原材料和能源市场、商品销售市场两个方面，一个自由开放的地区贸易体系对中国而言至关重要。中国经济持续快速发展，政治影响力不断增强，具备一定提供区域公共物品的能力。因此，当前中国提出的亚洲安全观更加强调中国作为域内大国能够利用自身实力的发展给周边国家带来发展的机会和提供更多的公共物品，通过自身的发展惠及周边国家。因此，中国周边外交的理念从原来的强调互惠到现在更多强调互惠基础上的"惠及周边"，强调在注重经济效益的同时提高与周边国家关系的质量建设，"让利"将成为中国周边外交新常态，并促使中国在地区事务中积极扮演经济发动机和公共品提供者的角色。②

3. 周边外交工作的目标从强调"和平共处"到注重"可持续安全"

新中国成立以来很长一段时间内，中国与周边国家处理关系时突出经济建设为中心，周边外交让位于经济建设，周边外交目标更加侧重有一个良好的周边环境来促进国内经济建设的发展，经济建设的目标高于其他目标，因此与周边国家存在争议时尽量搁置处理，和平共处，服务于国内的经济建设大局，这为中国的改革开放和经济发展提供了稳定的周边环境。而随着实力的增长，中国与周边国家的实力对比也发生了结构性变化，这种变化不但使中国"以经济发展促进安全"的成本越来越高昂，效果也越加不显著。亚洲安全观理念强调积极倡导共同、综合、合作、可持续的安全，创新安全理念，搭建地区安全和合作新架构，努力走出一条共建、共享、共赢的亚洲安全之路。③

---

① 樊勇明：《区域性国际公共产品——解析区域合作的另一个理论视点》，《世界经济与政治》2008 年第 1 期，第 11 页。

② 《陈积敏：中国周边外交战略新布局》，人民网，2016 年 10 月 6 日，http://theory. people. com. cn/n1/2016/1006/c40531－28757525. html。

③ 《习近平：应积极倡导共同、综合、合作、可持续的亚洲安全观》，新华网，2014 年 5 月 21 日，http://news. xinhuanet. com/world/2014－05/21/c_1110792359. htm。

亚洲安全观的核心理念在于"共同、综合、合作、可持续",可持续安全是总体安全的纲,纲举目张。共同安全是保障,综合安全是手段,合作安全是路径,可持续安全是目标与指针。[①] 亚洲安全观强调与周边国家形成"命运共同体",不只发展经济上的往来,更加注重安全互信,荣辱与共,休戚相关的关系;稳定周边安全不仅要强调经贸往来,更加追求与周边国家安全上相互信任,共同发展,实现共同安全。共同安全强调安全原则的平等,即国家安全是普遍的,每一个国家的安全都是平等的,任何国家都不应该侵害其他国家的安全利益,各个国家都应当在区域内将各自的差别转化成为促进区域安全合作的动力,共同维护区域安全。综合安全强调不仅要关注传统安全,同时也要关注非传统安全。当前各国面临的安全问题不仅来源于传统安全领域,非传统安全也越来越成为各国应对的热点。亚洲目前面临民族宗教矛盾、跨国犯罪、环境安全等多种威胁,传统安全与非传统安全威胁交织并存,需要各国不遗余力解决,维护区域的稳定与和谐。合作安全主张各国通过对话合作的方式来解决区域安全问题。只有深入对话交流,才能够减少彼此的猜忌,求同存异,和睦共处。近年来亚洲非传统安全因素凸显,一些威胁是需要许多国家共同面对的,因此安全上的合作十分必要。亚洲安全观坚决反对以武力方式解决争端,坚持以和平方式处理区域内事务。可持续安全强调发展与安全并重以实现持久的安全。发展是安全的基础,安全是发展的条件。尤其对于亚洲大多数国家而言,发展才是最大的安全,要实现亚洲的安全,就应当立足发展,改善民生,巩固安全的根基,使区域内经济合作与和谐发展并举。

结　论

进入 21 世纪,中国的周边环境更加复杂,中国政府也越来越重视周边外交。周边安全机制建设方面,安全是我们的短板,[②] 安全理念是指导周边外交工作的准则。中国目前能够实质参与并有效塑造的多边合作机制还主要集中于周边地区,故而现阶段在周边地区开展多边外交活动成为中国

---

① 刘江永:《从和平共处五项原则到可持续安全四项原则》,《世界知识》2014 年第 18 期,第 31 页。
② 吴心伯:《对周边外交研究的一些思考》,《世界知识》2015 年第 2 期,第 21 页。

多边外交的基本抓手和主攻方向。① 从和平共处五项原则到亚洲安全观，中国的周边外交安全理念不断演进。中国作为一个负责任的大国，在周边安全外交中提出新的理念，是对安全理念的有益补充。虽然亚洲安全观尚处于起步阶段，从观念的提出到行动的落实还需要时间，但亚洲安全行为准则引领着区域安全合作的方向。中国周边安全理念的演变也为中国给周边国家提供安全公共产品提出了理论依据。未来中国需要继续加大在亚洲安全领域的公共产品供给力度，应当在周边区域内充当积极的公共物品提供者，加强与周边国家的沟通和合作，在传统安全问题与非传统安全问题上不回避责任，做出自己的贡献。同时中国的周边外交需要机制的规划，多边合作尽力搭建，双边关系努力维护。中国需要有针对性地发展与周边国家的关系。周边国家对于中国崛起大致会采取三种传统策略方针：制衡、追随和不介入。② 因此，中国可以采取分而治之的策略，根据与各个国家的关系进展，有针对性地解决存在的问题。中国需要明确自己的战略底线，区分不同周边国家与中国关系的类型，根据存在的问题和当前实际采取差异性的应对策略。

The Evolution of the Ideas for the Security of China's Neighboring Diplomacy: From Five Principles of Peaceful Coexistence to Asian Security Concept

Gong Lili

Abstract Both the Five Principles of Peaceful Coexistence proposed by the first-generation leadership and the Asian Security Concept raised by Xi Jinping, the General Secretary of the CPC Central Committe are the beneficial exploration on the safety philosophy of neighboring diplomacy. They have the succession relationship, stressing on the harmonious coexistence with surrounding nations and

---

① 丁工：《中等强国与中国周边外交》，《世界经济与政治》2014 年第 7 期，第 29 页。
② 高程：《周边环境变动对中国崛起的挑战》，《国际问题研究》2013 年第 5 期，第 44 页。

the win-win cooperation. From the Five Principles of Peaceful Coexistence proposed by the first-generation leadership to the Asian Security Concept, the safety philosophy of Chinese neighboring diplomacy has been keeping evolving. The safety philosophy of neighboring diplomacy evolves from the focus on military safety to the emphasis on the comprehensive safety; the treatment on the relationship with neighboring nations changes from mutual benefit principle to the bringing benefits to neighboring nations; the target of neighboring diplomacy develops from "peaceful coexistence" to "sustainable safety".

Key Words Neighboring Diplomacy; Safety Philosophy; Five Principles of Peaceful Coexistence; Asian Security Concept

Author Gong Lili, associate professor at the School of Public Administration, Jilin University.

中国与周边国家关系研究

中日关系跌宕起伏的深层原因及其发展态势

吴寄南

【内容提要】2016 年，日本当权者积极配合美国的"亚洲再平衡"战略，高调介入南海岛礁纷争，升高东海紧张局势，搅局"一带一路"建设，导致中日关系近年来的改善势头严重受挫。事实再次证明了中日战略博弈的复杂性和长期性。中日关系之所以跌宕起伏，最关键也是最根本的原因是日本当权者的对华认知出了问题。鉴于这一病根难以在短期内去除，在可预见的未来，两国关系将呈现竞争与合作共存、挑战与机遇并存的态势。

【关键词】中日关系　对华认知　日本

【作者简介】吴寄南，上海国际问题研究院咨询委员会副主任、研究员，兼任上海市日本学会会长，研究方向是日本政治与外交。

　　2016 年的中日关系并没有像人们所期盼的那样，出现"柳暗花明又一村"的局面。相反，由于日本当权者积极配合美国的"亚洲再平衡"战略，高调介入南海局势，搅局"一带一路"建设，中日关系近年来的改善势头严重受挫。中方从促进地区稳定和维护中日关系的大局出发，在保持冷静、克制态度的同时，采取了针锋相对的反制措施，迫使日本当权者不得不收敛锋芒，回到对话和合作的轨道上来。许多迹象表明，中日关系要治病断根、真正走上健康稳定发展的轨道，还需要相当长一段时间。

一　中日关系风波迭起，出现一定程度的曲折和反复

从2014年底中日两国达成四项原则共识后，中日关系总体企稳向好，呈现缓慢改善的趋势。然而，这一改善势头在进入2016年后却戛然而止，双边关系再度趋于紧张，出现了一定程度的曲折和反复。而这一切都是日本当权者出于遏华、反华心态的倒行逆施和恣意妄为引起的。日本当权者恶化中日关系的主要举措如下。

第一，高调介入南海岛礁之争。日本不是南海问题的当事国。中方一再敦促日本政府在这个问题上慎言慎行，对方却一直置若罔闻。从2016年1月起，日本政府明显加大了介入南海岛礁之争的力度。一是配合美国所谓的"航行自由作战"，将海上自卫队的舰艇和P-3C反潜巡逻机频频派往南海地区，除与美、菲等国举行联合军事演习外，还破天荒地在战后首次闯入越南的金兰湾刷存在感。日本防卫大臣稻田朋美于9月15日在美国战略与国际关系中心（CSIS）发表演讲时还透露日本将在南海争议水域与美军进行联合巡航及举行双边和多边军演。二是向菲律宾和越南提供巡视船和人员培训，增强其与中国缠斗的能力。三是借菲律宾前政权单方面策动的"南海仲裁案"抹黑中国。特别是利用东道主的身份先后将南海议题塞入2016年4月、5月分别召开的西方七国外长会议和西方七国首脑会议的议程，在联合声明中含沙射影地攻击中国"无视国际法""用实力改变现状"，在国际社会掀起了一股遏华、反华的恶浪。日本当权者在南海问题上高调介入，给中日关系发展制造了新的障碍。

第二，蓄意升高东海紧张局势。中日两国在2007年就启动了有关在东海建立海上联络机制的谈判。2012年基本达成共识，在发生"购岛"风波后被迫中止。2015年重新启动后，双方决定将这一机制扩展为海空联络机制。但是，日方无理要求这一机制排除领海-领空导致会谈陷入了僵局。2016年6月9日，两国的舰艇在钓鱼岛毗邻海域发生对峙。明明是日方进入这一海域在先，日本政府却"恶人先告状"地向中方提出抗议。约一星期后的6月17日，日本航空自卫队的F-15J战机拦截在东海上空巡航的中国战机时启动火控雷达，酿成了一起双方在空中相互追逐的恶性事件。8月6~8日，日本外务省就中国渔船和海警船进入钓鱼岛毗邻海域连续3天向中国提出所谓抗议。随后，又多次就中方在东海所谓的中间线西侧建

造海上钻井平台和在钻井平台上设置导航雷达问题向中国提出抗议。日方的所作所为导致东海海域出现了新的紧张。

第三，搅局中国的"一带一路"建设。2016 年，日本在唱衰中国经济的同时，对中国倡导和推进的"一带一路"构想进行搅局。比较典型的事例是，日本加紧向印度、泰国、马来西亚和印度尼西亚等国推销新干线技术。明知这些国家与中国在高铁领域有合作意向，或已经启动共同建设高速铁路项目，却仍然插上一脚，以低息贷款或提供相关技术为诱饵，与中国展开竞争，打乱中国倡导的南亚和东南亚地区"互联互通"的进程。日本当权者还将触角伸到非洲，与中国拼"影响"。2016 年 8 月，日本首次将历来只在日本举行的非洲开发会议（TICAD）挪到肯尼亚首都内罗毕举行。安倍晋三在会上许诺将在 3 年内由日本政府和民间企业联合向非洲进行总额约 3 万亿日元的投资，其中包括充分发挥日本技术优势的高质量基础设施建设。联系到日本媒体一贯贬低中国在海外的基础设施建设"低水平""质量低劣"，安倍此番表态明显是冲着中国来的。《朝日新闻》在其社论中点名安倍这次到肯尼亚来"目的就是要和中国对抗"。日本共同社明确指出，基建领域将是日本与中国在非洲竞争的"主战场"。①

2016 年，受中日关系明显恶化的影响，两国民众对对方国家的好感度继续徘徊在历史最低水平。日本内阁府在 2016 年 12 月发布的外交舆论调查表明，日本国民对中国没有亲近感的比例虽比 3 月调查时有所改善，仍高达 80.5%。② 9 月，由中国国际出版集团和日本言论 NPO 共同进行的民调表明，日本国民对中国没有亲近感的比例达 91.6%，比上年上升 2.8 个百分点；中国民众对日本没有亲近感的比例为 76.7%，比上年下降 1.6 个百分点，仍属于历史最低水准。③

中日关系走到如今的地步，对 21 世纪的中国外交而言确实是严峻的考验。在 2016 年内，中方对日本当权者罔顾两国人民根本利益违背两国间一系列协议和默契的倒行逆施行为，进行了针锋相对的斗争，将原则的坚定性和策略的灵活性有机结合起来，注意一张一弛掌握节奏，恰到好处地拿

---

① 林梦叶：《日本为拉拢非洲推 60 个援非项目》，《环球时报》2016 年 8 月 22 日。

② 〔日〕内阁府：《外交舆论调查》，2016 年 12 月 26 日，http://survey.gov-online.go.jp/h28/h28-gaiko/index.html。

③ 〔日〕《第 12 次中日联合舆论调查的结果》，言论 NPO，2016 年 9 月 23 日，http://www.genron-npo.net/world/archives/6365.html。

捏分寸。回顾 2016 年的中国对日外交，有两个显著的特点。

第一，坚持原则立场，在大是大非问题上寸步不让。针对日方有损中日关系改善的所作所为，中方批评的调门明显升高。2016 年 3 月 8 日，王毅外长在两会期间召开的记者招待会上尖锐指出，"日本当权者一面不断地声称要改善中日关系，一面又不断到处给中国找麻烦。这实际上是一种典型的'双面人'做法"。① 4 月 30 日，王毅又对到访北京的日本外相提出了四点要求：政治上，日方应恪守《中日联合声明》等中日四个重要文件，真诚地正视和反省历史，不折不扣地恪守一个中国政策，这是两国关系的重要政治基础，不能有丝毫模糊，也不能有任何动摇；对华认知上，日方应切实把中日"互为合作伙伴、互不构成威胁"的共识落实到具体行动当中，以积极和健康的心态看待中国的发展，不再散布或附和形形色色的"中国威胁论"或"中国经济衰退论"；经济交往上，日方应切实树立起合作共赢的理念，摒弃所谓一方离不开另一方、一方更需要另一方的陈旧思维，真正与中国在平等相待、互利互惠的基础上推进各领域务实合作；在地区和国际事务上，应尊重彼此正当的利益和关切，加强及时和必要的沟通与协调。日方应放弃对抗心态，与中方共同致力于维护本地区的和平、稳定与繁荣。②《每日新闻》等日本媒体评论王毅外长此番话说，中方"采用了以往所没有的具体表述"，"公开表达了对安倍政府的不信任和焦虑情绪"。③

为了让日方为其恶化中日关系的言行付出代价，中国在对日交涉中秉持从严掌握的原则，适当放缓了与日方互动的节奏，对日方提出的磋商要求或予以婉拒，或予以"冷处理"，将主动权牢牢掌握在自己手里。例如，日方在朝鲜第四次核试验后要求举行中日外长电话磋商，中方以"日程难以调整"为由挡了回去。中日外长会晤是日方在 2015 年底提议的，中方迟迟未予置理，一直到 4 月中旬才回复日方，表明中方对日方一系列挑衅行为的不满与愤慨。

---

① 《王毅：中日关系病根在日本当权者的对华认知出了问题》，新华社 2016 年 3 月 8 日北京电，http://news.xinhuanet.com/politics/2016lh/2016 - 03/08/c_128782862. htm。

② 《王毅会见日本外相　就改善中日关系提出四点要求》，新浪网，2016 年 4 月 30 日，http://news.sina.com.cn/c/nd/2016 - 04 - 30/doc - ifxrtzte9842057. shtml。

③ 「日中外相会談　関係改善に努力　『南シナ海』は平行線」『日本経済新聞』、2016 年 5 月 1 日。

第二，维护战略大局，适时开启与日方的对话。中方在对日交涉中秉持"斗而不破"的方针，在彰显中方原则立场、狠挫日方嚣张气焰后，又见好就收，给对方台阶下，凸显了在涉日问题上收放自如、宽严相济的姿态，最终目的还是要促使日方回到中日间四个政治文件和四项原则共识的立场上来。4月30日，中日举行外长会谈，王毅外长与岸田文雄唇枪舌剑交锋近4小时，气氛异常严峻。然而，在会晤结束后，杨洁篪国务委员和李克强总理分别接见岸田文雄，给予高规格的接待，表明了中方对改善双边关系的诚意和重视。9月5日，习近平主席在杭州举行的二十国集团峰会期间，应约与日本首相安倍晋三会面。习主席明确指出，中方致力于改善发展中日关系的基本立场没有改变。两国关系现在正处于爬坡过坎、不进则退的关键阶段，双方应该增强责任感和危机意识，努力扩大两国关系积极面，抑制消极面，确保两国关系稳定改善。两国要管好老问题，防止新问题，减少"绊脚石"。①

11月21日，习近平主席在出席亚太经合组织第二十四次领导人非正式会议期间，再一次应日方请求同日本首相安倍晋三作了简短交谈，表明了中方对发展中日关系的原则立场。这是两位领导人在两年内的第四次会晤，距离上一次会晤仅2个月。时近年底，两国间相关领域的对话再度活跃起来。11月24日，中国国家旅游局局长访问东京，与日本国土交通大臣举行会谈，双方就增进旅游合作、扩大双向往来规模等议题交换了意见。25日，中日两国防务部门举行了有关海空联络机制的第六轮专家组磋商。28日，两国外交、防务部门负责人参加的第十四次中日安全对话在北京举行。12月7~9日，中日第六轮海洋事务高级别磋商在海南岛的海口举行。中日关系的气氛较上半年有一定的缓和。

二 中日关系风波迭起的四大根源

中日邦交正常化已40多年。两国关系是在风风雨雨中走过来的。然而，出现如此尖锐对立，全面对峙，甚至溢出到多边关系领域的局面，却是少见的。中日关系之所以会在进入"不惑之年"后出现这一局面，应该

---

① 《习近平会见日本首相安倍晋三》，人民网，2016年9月5日，http://cpc.people.com.cn/n1/2016/0905/c64094-28692950.html。

说是历史和现实多种因素错综复杂交互作用的结果。其中，相互认知差距的逐渐扩大是最根本也是最关键的原因。

日本经济同友会前代表、中日 21 世纪委员会日方前任主席小林阳太郎曾经说过这么一段话：日中这两个亚洲大国，彼此都不明白对方将来究竟想成为什么样的国家，互相对对方疑虑重重。中国因为日本有"军国主义"的前科而十分警惕，而日本则觉得中国缺乏透明性，怎么也摆脱不了对中国在将来会不会推行霸权主义的疑虑。①

近年来，日本主流社会对中国的评价非常负面：政治上实行"一党独裁"，高层权力斗争不断；军事上已形成对周边国家的"威胁"，试图以实力改变现状；经济上则是"濒临崩溃"，拖累了世界经济也包括日本经济。日本当权者指责中国的调门也越来越高，并试图隔离中国、包围中国。王毅外长在 2016 年两会期间会见记者时强调，"治病要断根"。对中日关系而言，病根就在于日本当政者的对华认知出了问题。面对中国的发展，究竟是把中国当作朋友还是敌人，伙伴还是对手？日方应该认真想好这个问题，想透这个问题。②

从深层次看，日本之所以会在对华认知上出现上述问题，是两国在变化了的国际国内环境下相互重新定位和调整关系过程中的必然现象，具有一定的结构性特征。具体而言，有如下四大因素造成日本当权者的误判、误解和误动。

第一，这是日本朝野对中国的迅速崛起不适应、不接受，处于心理调适期的结果。从 20 世纪 90 年代以来，中日两国综合国力对比出现大幅逆转。中国的 GDP 在 1990 年还只有日本的 1/9，随后差距逐年缩小，直至 2010 年反超日本。日本媒体夸张地将其比喻为"世纪大逆转"。但是，由于在人均 GDP 等指标上中日间还有很大的差距，中日力量对比尚未达到足以扭转日本传统对华思路、建构新型大国关系的"临界点"。

在这种情况下，中日双方都有一个如何度过心理调适期、重新定位双边关系的问题。相比之下，百年来一直有"对华优越感"的日本受冲击较大，心理失衡明显。而随着这种心理失衡的加剧，日本政治人物中出现了

---

① 〔日〕小林阳太郎：《在第二届东京北京论坛的基调报告》，2006 年 8 月 3 日。转引自若宫启文《和解与民族主义》，吴寄南译，上海译文出版社，2007，第 45、46 页。

② 《王毅：中日关系病根在日本当权者的对华认知出了问题》，新华社 2016 年 3 月 8 日北京电，http://news.xinhuanet.com/politics/2016lh/2016-03/08/c_128782862.htm。

五百旗头真教授称之为"反华原教旨主义"的偏执现象。这一方面是由于日本国民中存在着对华焦虑感和恐惧感，对中国说硬话、狠话容易凝聚人气；另一方面也是因为中日间的实力对比尚未出现明显差距，是日本与中国博弈的一个难得的"时间窗口"。这些年来中日间的矛盾和对立，始作俑者常常是日本的少数政客，原因就在于此。

第二，这是中日两国意识形态和社会制度上的差异在磨合过程中问题逐渐累积的结果。国与国之间在判断对方的战略意图和发展态势时，力量对比变化的客观趋势固然是重要的认知依据，但也取决于思维方式、决策机制与过程等因素，其中主观因素的作用尤为重要。中美的两位学者王缉思和李侃如在他们共同撰写的《中美战略互疑：解析与对策》中指出，中美战略互疑的来源之一是"不同的政治传统、价值体系和文化"，这是一种结构性的、深层次的因素。[①] 这一分析同样适用于中日两国。

在中日邦交正常化以后最初一二十年里，两国在意识形态和社会制度上的差异问题并不突出。随着直接交往的增多，双方在全方位了解对方的同时，越来越深切地感受到彼此的思维方式、决策机制和过程存在着较大差异。自从进入 21 世纪以后，日本对中国的批评越来越聚焦到诸如"一党专制""自由、民主、人权"等领域，两国间在价值观领域的"异"日益凸显。中日邦交正常化时，田中角荣、大平正芳等日本老一辈政治家对东亚文明多少有一定感悟，能理解中方提出的"求同存异"方针并身体力行地予以实践。但是，随着这些"战前派"政治家陆续退出政治舞台，目前掌控日本最高权力的新生代政治家基本上都是在西方社会特别是美国的价值观熏陶下成长起来的。与其前辈相比，他们对东亚文明知之甚少，更看重"自由、民主、人权"等。这就导致他们在判断中国的战略意图和战略态势时总是有很深的偏见，热衷于推行所谓价值观外交，构筑"自由与繁荣之弧"，处处与中国作对，摆出与中国势不两立的架势。

第三，这是日本大众传媒在商业化运作模式下持续对华负面报道发酵的结果。任何一个国家在其经济发展和社会转型过程中都会伴随各种矛盾、对立和冲突，中国也不例外。然而，西方各国大众传媒的对华报道却往往有意凸显中国的各种问题和缺陷。这既是其政治立场使然，也是这些

---

① 王缉思、李侃如：《中美战略互疑：解析与应对》，北京大学国际战略研究中心，2012 年 3 月。

在市场经济机制下运作的媒体吸引读者、扩大发行量的惯用手段。日本在这方面尤为突出。其原因除了前面提到的对华焦虑感、恐惧感外，在很大程度上与日本的大众传媒比较发达、商业化竞争特别激烈有关。全世界很少有哪一个国家像日本大众传媒这样热衷于报道中国的负面新闻。这些负面新闻不仅以醒目的标题出现在各种纸质媒体上，电视台更是从早到晚不断滚动播放，用"疲劳轰炸"的方式强化日本民众的蔑华、厌华和恐华情绪。

日本大众传媒持续对华负面报道发酵的结果是日本主流社会的对华认知明显偏离现实，出现了两种互相矛盾却极端偏颇的判断：一种是夸大中国经济高速增长中的困难和矛盾，认为中国经济"减速"拖累了日本经济和世界经济，甚至很快就要崩溃，以此获得心理上的自我安慰；一种则断言中国"国强必霸"，怀疑中国要对日本"秋后算账"，是对日本的"现实威胁"。而且，中国的"霸权"行径已经遭到东南亚乃至全世界的反对。无论是中国"濒临崩溃"也罢，中国推行"霸权"导致四面楚歌也罢，这种似乎已经成为日本主流社会共识的对华认知使得日本少数政治家在处理涉华关系时总是做出逆潮流而动的错误判断，将两国关系推向迎头相撞的危险边缘。

第四，这是日本人挥之不去的大国情结在进入 21 世纪后接连遭受重大挫折的结果。美国人类学家本尼迪克特的《菊与刀》一书中有这样一段文字："刀与菊，两者都是一幅绘画的组成部分。日本人生性极其好斗而又非常温和；黩武而爱美；倨傲自尊而又彬彬有礼；顽固不化而又柔弱善变；驯服而又不愿受人摆布；忠贞而又易于叛变；勇敢而又懦弱；保守而又十分欢迎新的生活方式……"[1] 看上去似乎非常矛盾的两种秉性却能奇妙地结合为一体。这就是日本民族独有的民族性。千百年来，偏居东亚的日本始终处于世界文明中心地区的边缘。它在贪婪汲取别国文明精髓、赞叹其博大精深的同时，又常常以妄想代替现实，夜郎自大，孤芳自赏。时而表现出强烈的自卑心理，时而又流露出目空一切的狂妄心态。虽是弹丸小国，其内心充当大国的意识却比任何一个国家都强烈。[2]

日本学者将这种近乎病态的心理称为"大日本病"。其表现就是独善

---

① 〔美〕本尼迪克特：《菊与刀》，吕万和等译，商务印书馆，1990，第 2 页。
② 吴寄南主编《站在新世纪的入口》，上海教育出版社，1998，第 5 页。

自大、狭隘排外、自我膨胀和贬低他国。近年来，东亚地区以中国为代表的新兴国家的群体性崛起促使全世界对这一地区刮目相看。但日本精英层始终不愿意承认日本地位相对下降的事实，依然沉浸在昔日称雄亚洲、独领风骚的"辉煌"记忆中。从 2014 年起，日本各大电视台竞相推出各种"自卖自夸"的专题节目，诸如"外国人眼中美丽的日本"啦，"你为什么要来日本"啦，不一而足；各大出版社更是扎堆推出各种礼赞日本而贬低中韩的书籍。可以说，日本全国上下都在为"大日本病"而狂刷存在感。① 在这种情况下，日本当权者在处理涉华关系时自然会过高估计自己，过低评价对方，很难客观、冷静地观察对方，自然很难做出现实的判断。

三 竞争与合作共处、机遇与挑战并存的发展态势

综上所述，日本当权者的对华认知是由多种因素交互作用，经过一系列复杂的归并、筛选、融合、发酵的过程而形成的。这种错误的对华认知在相当长一个时期里将主宰日本政府的对华外交，阻碍中日关系的健康发展。随着国际大环境的变化、日本政治生态的变化和中日两国综合国力差距的变化，这种对华认知有可能更趋强化、更趋极端化，也有可能在显露破绽后，不得不进行修正以符合现实和顺应时代潮流。未来中日关系将呈竞争和合作共处、挑战和机遇并存的态势。

那么，未来有哪些因素会导致日本当权者死抱着错误的对华认知，一意孤行地走下去呢？

首先，取决于美国总统特朗普的东亚政策。这是一个最大的变量。特朗普毫无行政经验，并且不按常理出牌。如果试图以高压手段讹诈中国，甚至试图在台湾问题和南海问题上挑战中国的战略安全底线，中美关系很可能会陡然紧张。而根据以往的经验，每当中美交恶时，日本当权者往往会助纣为虐，借机对中国踩上一脚。

其次，日本政治生态的变化也是一个重要因素。安倍自重新执政以来，执政地位日益巩固。自民党内乃至整个日本政坛缺少足以动摇其统治的势力。2016 年 7 月，安倍率领自民党在参议院选举中时隔 27 年再次夺回参议院的过半数席位，以自民党为首的修宪势力在 61 年来第一次跨过参

---

① 蒋丰：《"大日本病"实为狂刷存在感》，《日本新华侨报》2015 年 12 月 15 日。

众两院议席 2/3 的"门槛"，为启动实质性修宪创造了条件。这种强势的执政地位，很可能促使安倍及其追随者在攸关日本国家战略走向的问题上放手一搏。

有迹象表明，未来几年有可能是中日关系的"危险期"，面临的主要挑战有三。

第一，美日两国联合对华施压。特朗普如果试图对华进行战略威慑和战略讹诈，日本势必紧紧跟上。2016 年 12 月 8 日，日本政府宣布拒绝给中国"市场经济地位"，不难发现它已下决心和美国绑在一起，亦步亦趋地对付中国。随着中美关系出现新的紧张，安倍政权在外交和军事安全上对美"一边倒"的力度将超过战后任何一届内阁。

第二，中日海洋博弈日趋紧张。近年来，日本自卫队已加快了向海外派兵步伐。安倍利用修宪势力在参众两院的优势地位强行推动修宪，阉割甚至删除宪法第九条。日方在东海、南海无端寻衅，中日两国舰、机发生冲突的概率明显增大。

第三，日台实质关系公然升级。未来，以安倍为首的日本执政团队很可能纵容和支持中国台湾的民进党当局否定"九二共识"，反中拒统，全面强化彼此间的政治、经济和安全领域的合作。台湾问题将成为中日间新的摩擦热点。

另一方面，在导致中日关系倒退的消极因素增长的同时，有利于中日关系转寒为暖的积极因素也在上升。在特定的条件下，日本当权者的对华认知将会出现某些局部的调整。不排除中日关系在总体趋冷的背景下局部缓和的可能性。

第一，美国国内孤立主义思潮抬头。特朗普的竞选口号是"美国优先"。随着美国国内孤立主义思潮的急剧抬头，特朗普上任后在确保美国既得利益的前提下实行了一定程度的战略收缩，如退出美国苦心经营多年的 TPP，逐步减少对外军事干预的频度和力度，等等。如果日本当权者意识到美国未必靠得住，继续与中国折腾不会有什么好结果，就可能在处理涉华关系时做出一些现实的判断。

第二，安倍执政地位受到严重挑战。安倍最大的敌人是日本经济的复苏乏力。他再次上任以来，国内消费持续疲软，严重制约日本经济的复苏。结束持续通缩的目标难以实现，"安倍经济学"事实上已成强弩之末。如果特朗普的经济政策导致日本经济困境加剧，安倍执政地位将受到影响，势必导致安倍放下身段，寻求与世界第二大经济体中国改善关系，借力中国市场，让日本经济走出低迷困境。

第三，中日经贸合作的利益驱动。中国是日本最大的贸易伙伴，最大的进口来源国和仅次于美国的第二大出口市场。在华的 2.3 万家日资企业中，盈利的占 60.4%，持平的 15.9%。① 尤其是日系汽车在华销售量与年俱增，2016 年已接近日本国内市场的销售量。② 据《日本经济新闻》透露，日本贸易振兴机构实施的问卷调查结果显示，日本企业在中国扩大业务的意愿达 40.1%，同比提高 2 个百分点。丰田、日产这两家日本汽车业巨头在全球销售疲软的背景下，陆续在中国投资建厂，就是典型的例证。日本经济界已意识到日本经济离不开中国市场，这将是阻止两国政治关系下滑最有力的"刹车"装置。

第四，中日民间交往的有力支撑。2016 年 1 至 10 月，中国访日游客达到 550 万人次。日本人访华也结束了下滑的趋势。访日归来的游客大多数对日本持有好感，日本民众对中国改革开放后国民生活水平的上升也有了真切的感受。日本各地方自治体都希望中国游客进一步增加能刺激经济增长。11 月 24 日，中日两国签署了加强旅游合作与交流的备忘录，一致同意将地方交流、青少年交流、文化体育交流三个领域的合作作为两国间的"三座桥梁"发挥积极作用，为两国改善就业、促进民间交流和相互理解做出贡献。

第五，奥运会链条有利于拉近两国关系。从 2018 年起，韩国平昌、日本东京和中国北京将相继举行冬季奥运会和夏季奥运会。其中，2020 年在东京举行的夏季奥运会的规模和影响都比较大。日本自然希望其亚洲最大邻国中国能有尽可能多的运动员和观众参与。这一期盼将在未来几年里敦促日本朝野对干扰甚至恶化中日关系的言行进行一定程度的抑制。

鉴于日本政坛目前仍由以安倍为首的右翼势力把持，要他们放弃遏华反华确实并非易事。但是，不能排除日本当权者出于其总体利益的考量在某些局部问题上与中国达成妥协的可能性。而且，从中美关系正常化的历史来看，有些敏感问题还是在右派掌权时较容易解决。

如果中日双方能在四个政治文件和四项原则共识的基础上，秉持"互

---

① 中国日本商会：《中国经济与日本企业白皮书》，2016，第 22 页。
② 《面向美国市场趋向大型车》，《日本经济新闻》2016 年 9 月 25 日。

为合作伙伴、互不构成威胁""相互支持对方的和平发展"的方针，共同努力，相向而行，中日关系还是有可能逐步回到健康、稳定发展的轨道上来的。

The Profound Reasons and Future Trends of the Fluctuations of the China-Japan Relations

Wu Jinan

Abstract　In 2016, the momentum to improve the China-Japan relations, which had been developing for several years in the past, suffered a serious setback. This is because the Japanese rulers made a high-pitched intervention into the territorial disputes over the islands in the South China Sea, escalated the already stressful tensions in the East China Sea, and brought troubles to China's "Belt and Road" construction. This situation once again certified the complexity and endurance of the strategic gaming between China and Japan. The most crucial and fundamental cause leading to the continuous fluctuations of the China-Japan relations is the misperceptions of Japanese rulers in their evaluations over China. It is estimated that competition and challenges will coexist with cooperation and opportunities in the China-Japan relations in the foreseeable future, because it is very difficult to rectify the above-mentioned root cause.

Key Words　The China-Japan Relations; Perceptions on China; Japan

Author　Wu Jinan, Senior Researcher and Deputy Director of the Advisory Committee of the Shanghai Institute of International Studies (SIIS), President of the Shanghai Association of Japanese Studies.

构建新型周边关系与中国的西亚外交政策

郭　锐　樊丛维

【内容提要】2016 年，西亚地区乱局持续发酵。与此同时，中国对这一区
域的外交却在持续发力。在"一带一路"倡议构架下，中国与西亚国
家在经济贸易、卫生医疗、难民治理、信息通信技术合作等领域不断
取得新的进展与突破。中国的西亚外交政策采取了新的措施，突出了
新的重点，尤其是持续推进"一带一路"建设；坚定不移地打击国际
恐怖主义；调停矛盾冲突，维护西亚地区稳定。在未来，中国对西亚
外交应当与时俱进，树立新的思路，着重推动中国与西亚国家关系的
新型化转变；构建和倡导中国对西亚国家的新安全观；树立中国与西
亚国家的命运共同体意识，把西亚地区打造成为我国"大周边"外交
的重要支点。

【关键词】新型周边关系　西亚外交政策　亚洲安全观　命运共同体

【作者简介】郭锐，吉林大学行政学院国际政治系教授、博士生导师，法
学博士、理论经济学博士后；樊丛维，吉林大学行政学院国际政治系
2015 级硕士研究生。

2016 年 1 月，中国国家主席习近平的年度首次出访即定位西亚，充分
彰显了中国对这一地区的高度重视。西亚地理位置重要，战略资源丰富，
民族宗教矛盾突出，地缘政治关系复杂，是国际战略格局中的重要板块之
一，也是中国周边外交的重要舞台。西亚是中国未来拓展政治、经济和安
全等领域利益及扩大政治、文化影响力的重要地区，也是中国推进"一带
一路"建设的关键地区。近年来，西亚形势发生巨大变化，地区国家渐次

进入持久而深入的政治和社会转型阶段，地区地缘政治格局也因西亚变局和美国西亚战略调整而分化重组。这些变化既对中国在西亚的利益及中国与西亚国家关系构成挑战，也提供了新的机遇。在中国明确大国外交战略的前提下，中国更多地参与西亚事务、更紧密地发展与西亚国家的关系，以及更有效地保护中国在西亚的利益，势在必行。在新形势下，适时构建新型西亚外交战略并以其来推动中国与西亚国家关系的"新型化"十分必要。

一 中国与西亚国家关系的新进展与新成果

近年来，西亚地区陷入持续剧烈动荡的高危局面，区域内的民族宗教矛盾进一步激化。"国家间领土主权纠纷时有发作，大国干涉及地缘政治博弈更趋激烈和复杂，尤其是极端主义、恐怖主义表现得更加猖獗和令人忧虑"。[①] 有鉴于此，中国的西亚外交政策做出了一系列新的调整，在动荡不安的环境中依然取得了新的进展与成果。

（一）"一带一路"下经济成果丰硕

西亚地区连接亚非欧三大洲，扼东西半球交通要冲，连接欧亚大陆东西两端运输网，位于"一带一路"交会点。西亚被誉为"世界油库"，已探明石油储量占世界一半以上，石油产量占世界总产量的 1/4 左右。伊朗、伊拉克、以色列、土耳其、约旦、科威特、黎巴嫩、阿曼、卡塔尔、沙特、巴林、叙利亚、巴勒斯坦、阿联酋等 20 个西亚国家和地区位于"一带一路"沿线。"构筑中国与西亚的新丝路可谓中国'向西开放'和西亚国家'向东看'政策的有机结合"。[②] 目前中国和西亚国家在国际贸易、直接投资、基础设施建设、人民币跨境使用等领域建立了不同程度的合作关系，主要呈现四大特点。

1. 经贸往来频繁，互补性强

自古以来，中国与西亚地区就通过"丝绸之路"保持着密切的经贸往来。近年来，随着中国全方位外交和"一带一路"建设的推进，中国与西

---

① 郭锐、樊丛维：《西亚地区乱局与中国的西亚外交政策调整》，《中国周边外交学刊》2016年第一辑，社会科学文献出版社，2016。

② 吴思科：《"一带一路"，中国外交的新思路》，《光明日报》2014 年 6 月 7 日。

亚国家在经济、文化、科技、基础设施建设等领域签订了多项协议，双边经贸合作步伐不断加快。

在贸易规模上，目前中国不仅是伊朗的最大贸易伙伴和土耳其的第二大贸易伙伴，同时也是9个阿拉伯国家的最大贸易伙伴和整个阿拉伯地区的第二大贸易伙伴及重要的原油出口市场。中国与西亚国家之间经贸合作互补性强。其中，沙特是中国在西亚最大的贸易伙伴。2014年，中沙贸易额达691.1亿美元，占中国贸易总额的1.6%。阿曼、阿联酋、科威特、卡塔尔和巴林等其他海合会国家与中国的经贸往来也日益密切。在进口商品结构上，中国从西亚地区主要进口原油等初级大宗商品。2014年，中国从西亚进口原油1.48亿吨，占原油进口总量的48%。得益于低油价，中国增加从西亚地区进口原油数量，2015年，中国从西亚进口原油达到1.7亿吨，占比升至50.7%。中国海关数据表明，在中国十大原油进口国中，西亚国家占了6个，即沙特、阿曼、伊拉克、伊朗、阿联酋和科威特，中国对西亚能源有明显的依赖性。"在出口商品结构上，西亚地区工业基础薄弱，产业结构畸形现象突出，除能源及其相关产业发展较好之外，工业和其他产业发展普遍较弱"。[1] 中国对西亚国家出口商品以工业制成品为主，机电产品、医疗器材、计算机、轻纺产品、五金工具、家电产品、玩具、工艺品等在西亚地区拥有较大市场。

表1　2014年中国和西亚主要国家的双边经贸往来

单位：亿美元

国　　家	双边贸易总额	中方贸易顺差	中国直接投资额
巴林	14.2	10.5	0.05
伊朗	518.5	-31.6	5.9
伊拉克	285	-130.2	0.8
科威特	134.4	-65.8	1.6
阿曼	258.6	-217.3	0.2
卡塔尔	105.8	-60.7	0.4
沙特阿拉伯	691.1	-279.4	1.8
阿联酋	548.1	232.7	7.1

① 赵雅婧、王有鑫：《"一带一路"背景下中国与中东的经济合作》，《阿拉伯世界研究》2016年第2期。

续表

国　　家	双边贸易总额	中方贸易顺差	中国直接投资额
也门	51.4	-7.4	0.06
约旦	36.3	31	0.7
黎巴嫩	26.3	25.8	0
巴勒斯坦	0.8	0.8	-
叙利亚	-	-	0.1
以色列	108.8	46	0.5

资料来源：Wind 资讯（http://www.wind.com.cn/）。

　　中国从西亚地区进口原油规模较大，致使中国与西亚原油出口国之间往往存在较大的贸易逆差，如 2014 年中国对沙特和阿曼的贸易逆差均超过 200 亿美元，占两国贸易盈余比重较大。中国对原油的巨大需求量成为影响西亚地区外贸收入的重要因素。当前，国际原油现货价格在 50 美元左右，而西亚石油出口国 2015 年国际收支平衡油价和财政收支平衡油价平均为 102 美元和 87 美元，油价长期处于低位将导致西亚双赤字现象难以缓解。在此背景下，西亚石油输出国期待中国扩大原油进口以支撑油价，从而进一步强化了中国与西亚国家经贸往来的密切程度和互补关系。

表 2　中国和西亚"一带一路"沿线主要贸易伙伴双边贸易结构

国家	从中国进口的商品	向中国出口的商品
沙特阿拉伯	机电产品、日用品、纺织品、钢铁制品	原油、石化产品、铜及其制品
伊朗	机械设备、电子电气产品、运输工具、钢铁制品、轻工产品	原油、矿石、初级塑材
阿联酋	机械器具、电机、电器、音像设备、钢铁制品、车辆机器	矿物燃料、铜及其制品、有机化学品、石灰、水泥
阿曼	施工机械、汽车、机电产品、矿产品	石油、石化产品、矿产品
科威特	电机、电气、音像设备、钢铁制品、核反应堆、机械器具堆、机械器	矿物燃料、矿物油及其产品、有机化学品有机化学品、铜及其制品
约旦	机械设备、机电产品	钾肥、有机化学品、铜及其制品
卡塔尔	机械设备、电器及电子产品、家具、建材	液化天然气、原油和石油化工品
以色列	机电产品、纺织品、陶瓷制品	钾肥、机电产品、医疗仪器及器械、电讯产品
土耳其	机电产品、纺织品及原料、家具、金属制品、化工产品、运输设备	矿产品、化工产品、纺织品及原料、机电产品、金属制品、皮革箱包

资料来源：根据中国外交部、商务部资料整理而成。

2. 中国与西亚国家相互投资渐趋活跃

与贸易规模相比，中国对西亚国家的直接投资额相对较少。"阿联酋、伊朗、沙特等石油输出国成为中国主要投资目的地。中国对西亚的投资主要集中在石油、天然气和矿产等领域，大型国企是投资主力军"。[①] 2015年，中石油工程建设公司在阿联酋投资3.3亿美元开发曼德油田。中国企业在西亚的投资主要是资源获取型，目的是获取安全和可靠的油气资源。随着中国对外能源依存度的提高，西亚国家的原油出口对中国经济稳定的重要性也在持续提升，中资企业在西亚地区的投资符合中国的战略利益。

2008年全球金融危机爆发后，西亚国家开始加大对中国的投资力度。西亚产油国通过出口石油积累了大量石油美元，但本国落后的工业和容量相对较小的经济规模，使得这些石油美元在国内的使用十分有限，不得不依靠海外投资实现保值升值，进而使石油美元成为全球长期投资的主要资金来源。"但长期以来，西亚国家的主要投资目的地是欧美等西方发达国家，流入中国的资金量相对较小，且投资领域有限，主要集中在基础设施领域。"[②] 中国经济长期保持高速发展，投资回报率较高，中国提出的"一带一路"倡议符合西亚地区现实需求和利益，得到西亚国家的积极响应，它们纷纷加大对华直接投资规模和力度，投资领域从原先的基础设施领域扩展至能源、金融、地产、酒店等领域，标志着西亚国家对华投资进入了新的发展阶段。

3. 基础设施建设合作升温

"一带一路"倡议提出后，基础设施建设已成为中国与西亚国家合作的重要领域。基础设施建设对西亚地区经济发展可发挥重要的拉动作用，有助于打破当地经济社会发展瓶颈，推进区域间贸易与投资发展，且具有较高的乘数外溢效应。世界银行的一份报告指出，整个西亚地区用于基础设施建设的支出仅占其GDP总量的5%，在中国这一比例已高达15%，全球平均水平约10%；报告还称，全球基建项目投资回报率为5%～25%，对拉动就业具有明显成效。在海合会地区，每10亿美元的基建投资将创造2.6万个就业岗位，而在伊拉克等发展中的产油国与约旦等石油进口国，

---

① 管清友等：《中亚—西亚经济走廊投资风险评价：阿联酋风险最低，伊朗风险最高》，《中国经济周刊》2015年第23期。

② 余莉：《海湾阿拉伯国家的对华直接投资》，《商场现代化》2008年第31期。

10 亿美元的基建投资可分别创造 4 万个和 10 万个就业岗位。[1]

然而，西亚地区常年遭受战乱和政治冲突的威胁，基础设施建设相对滞后，交通运输、油气管道和港口建设已无法满足当地经济发展的需要，拖累了经济复苏势头。阿拉伯战略论坛预测，"阿拉伯之春"造成的直接经济损失高达 8337 亿美元，有关国家基础设施重建需投入 4610 亿美元。[2]基础设施建设投资规模庞大，流动性差，回报周期较长，商业资金难以完全有效匹配。目前，西亚地区基础设施建设投资主要来自公共部门，在低油价背景下西亚国家财政金融体系普遍薄弱，政府权威性和掌控力不足，难以组织大规模的基础设施建设。

中国积极推进"一带一路"建设，牵头成立亚投行和丝路基金，目的是帮助沿线国家加快基础设施建设，带动区域经济发展。亚投行和丝路基金投资方向为具有战略意义的中长期项目，投资领域包括基础设施、资源开发、产业合作和金融合作等。2014 年 11 月，中国与卡塔尔签署"一带一路"合作文件，扩大双方在基础设施建设、高科技领域，特别是交通、路桥、铁路、电信等方面的互利合作。"在西亚地区中国企业还承建过卡塔尔东西走廊、岸桥场桥、梅塞伊德天然气工业园等基建项目，在沙特承建过麦加轻轨铁路等交通建设项目，具有技术和成本竞争力，双方在基础设施领域的合作取得了较好的社会效益和良好的经济收益"。[3] 2016 年 1月，习近平主席访问沙特、埃及和伊朗期间，中国与三国先后签署了 52 项合作协议，涵盖交通、能源、通信等多领域的基础设施建设项目，提升了中国与西亚国家在基础设施领域的合作层次。访问期间，中方促成沙特延布大型石化炼厂正式启动投产，未来沙特也将扩大对华投资规模，增强中沙在石油化工领域的合作。

4. 政府合作机制推动人民币本地结算

为便利跨境贸易结算和双边经济合作，中国政府于 2009 年开始致力于推动人民币国际化。西亚国家是中国重要的经贸伙伴，在政府合作机制的

---

① 《世界经济论坛：中东地区应加大基础设施建设投入》，中国商务部网站，http://www.mofcom. gov. cn/article/i/dxfw/gzzd/201505/20150500989856. shtml。

② 《"阿拉伯之春"后中东地区基础设施重建需 4610 亿美元》，中国商务部网站，http://ccc-mc. mofcom. gov. cn/article/i/dxfw/gzzd/201512/20151201215425. shtml。

③ 管清友、张媛、伍艳艳、田铭：《中亚—西亚经济走廊投资风险评价：阿联酋风险最低，伊朗风险最高》，《中国经济周刊》2015 年第 23 期。

推动下，该地区的人民币跨境使用、产品创新和离岸清算中心建设近年来发展迅速。2012 年和 2014 年，为更好地为双边贸易提供保障，中国先后与阿联酋和卡塔尔两国签署等值 350 亿元人民币的双边本币互换协议。2015 年，中国在卡塔尔首都多哈设立人民币清算中心，以进一步推动人民币贸易投资便利化在"一带一路"沿线区域的发展。"多哈人民币清算中心开放交易后，卡塔尔凭借自身在西亚地区的影响力及其在货币清算、贸易金融、资产与财富管理和资金服务等领域开展专业商业交易的能力，在满足西亚与非洲客户人民币需求方面发挥了重要的作用"。2015 年 12 月，中国人民银行宣布将人民币合格境外机构投资者试点地区扩大到阿联酋，投资额度达 500 亿元人民币。"中国人民银行还与阿联酋中央银行签署了在阿联酋推进人民币清算安排的合作备忘录；双方还续签了双边本币互换协议，互换规模维持 350 亿元人民币/200 亿阿联酋迪拉姆不变"。① 这些措施标志着中国和西亚地区的金融合作正在稳步推进，有利于区域内的企业和金融机构使用人民币进行跨境交易，进一步促进双边贸易和投资便利化。

（二）卫生医疗援助不断推进

2015 年 9 月，联合国发展峰会通过《变革我们的世界——2030 年可持续发展议程》。该议程提出，"支持研发防治主要影响发展中国家的传染性和非传染性疾病的疫苗和药品；大幅增加卫生筹资，并增加招聘、培养、培训和留用发展中国家，尤其是最不发达国家和小岛屿发展中国家的卫生工作者；加强各国，特别是发展中国家采取预警措施、减少风险和管理国家和全球健康风险的能力"。② 中国国家主席习近平在联合国发展峰会上承诺，"中国将继续秉持义利相兼、以义为先的原则，同各国一道为实现 2015 年后发展议程作出努力"。③ 2016 年 3 月，中国发布的《国民经济和社会发展第十三个五年规划纲要》指出，"中国将广泛开展教育、科技、文化、体育、旅游、环保、卫生及中医药等领域合作……加强卫生防疫领

---

① 《人民币合格境外机构投资者试点地区扩大到阿联酋》，中国政府网，http://www.gov.cn/xinwen/2015－12/14/content_5023933.htm。
② 《变革我们的世界：2030 年可持续发展议程》，中国外交部网站，http://www.fmprc.gov.cn/web/ziliao_674904/zt_674979/dnzt_674981/xzxzt/xpjdmgjxgsfw_684149/zl/t1331382.Shtml。
③ 习近平：《谋共同永续发展　做合作共赢伙伴——在联合国发展峰会上的讲话》（2015 年 9 月 26 日），《人民日报》2015 年 9 月 27 日，第 2 版。

域交流合作，提高合作处理突发卫生事件能力"。① 2015 年 3 月，经国务院
授权，国家发展改革委、外交部、商务部联合发布的《推动共建丝绸之路
经济带和 21 世纪海上丝绸之路的愿景与行动》指出，中国将"强化与周
边国家在传染病疫情信息沟通、防治技术交流、专业人才培养等方面的合
作，提高合作处理突发卫生事件的能力。为有关国家提供医疗援助和应急
医疗救助，在妇幼健康、残疾人康复以及艾滋病、结核、疟疾等主要传染
病领域开展务实合作，扩大在传统医药领域的合作"。② 近年来，中国持续
向也门、黎巴嫩等西亚国家派遣医疗队，继承了援外医疗的传统，也孕育
出新的元素。

1. 中国对西亚援建医院的形式趋于多样化，并更加注重受援国的需求

2008 年，时任国家副主席习近平访问也门期间，就萨那"也中友谊医
院"项目达成协议，医院设计床位 120 个，配备现代化医疗设施。2011 年
1 月，也门萨那的共和国医院设立"中也眼科合作中心"，中国卫生部代表
团赠送了价值 280 万元人民币的眼科设备和仪器。在也期间，中国卫生部
联合工作组及辽宁省眼科专家组在萨那共和国医院和塔兹革命医院开展了
200 例白内障手术，并对也方医务人员进行了现场指导和培训。③ 2013 年 7
月 3 日，中国援建也门的也中友谊医院正式投入运营。在项目交接仪式上，
中国驻也门大使常华表示，"中国帮助也门建成了一大批成套项目，并派
遣超过 3500 人次的援也医疗队员，为促进也门经济发展和人民幸福做出了
积极贡献"。④ 2010 年 9 月，中国援建约旦的巴卡医院正式投入运营，巴卡
医院项目使用中国政府无息贷款建设，由重庆对外建设总公司负责施工。⑤

2. 大力推广中医诊疗和文化

中医是对西亚医疗援助的重要内容，深受受援国民众的喜爱。中医药

---

① 《十三五规划纲要（全文）》，"第五十一章　推进'一带一路'建设"，"第三节　共创
开放包容的人文交流新局面"，新华网，http://sh. xinhuanet. com/2016 - 03/18/c_
135200400_12. htm。

② 《推动共建丝绸之路经济带和 21 世纪海上丝绸之路的愿景与行动》，《人民日报》2015 年
3 月 29 日，第 4 版。

③ 《中国援外医疗大事记（1963.4 - 2012.12）》，卫生部网站，http://www. moh. gov. cn/
gjhzs/gzdt/201308/15eb6805aa0c4da9a5c0c092bda08082. shtml。

④ 《中国援建也门也中友谊医院项目交接仪式在萨那隆重举行》，商务部网站，http://
www. mofcom. gov. cn/article/i/jyjl/k/201307/20130700188658. shtml。

⑤ 《中国援建约旦的巴卡医院正式投入运营》，新华网，http://news. xinhuanet. com/2010 -
09/15/c_12552894. htm。

通过援外医疗的方式"走出去",受到中国政府的大力支持,已成为中国推进"一带一路"建设过程中的具有鲜明特色的符号。2015 年 4 月,中国发布《中医药健康服务发展规划(2015—2020 年)》,推动中医药健康服务走出去,鼓励援外项目与中医药健康服务相结合。[①] 2016 年 2 月,中国发布《中医药发展战略规划纲要(2016—2030 年)》,专设章节阐明中医药海外发展的规划,包括"加强中医药对外交流合作""扩大中医药国际贸易"等。这些规划纲要将中医药"走出去"对接"一带一路"建设,有利于促进中医药文化和贸易在西亚地区的发展。澳门科技大学校长刘良表示,"中国要着眼于打造标志性合作项目,尤其是围绕海外中医药中心,建设医疗保健、教育培训、科学研究等不同主题的中医药中心,发挥示范引领作用"。[②] 未来,中国可以借助西亚地区既有的援建医院、针灸中心等平台推广中医诊疗和文化,在此基础上打造标志性的中医项目,进一步扩大中医药在西亚地区的市场。

3. 加强医学技术交流,促进西亚医学发展

2005 年 2 月,辽宁派驻也门马哈维特省医疗队成功实施了 1 例交腿皮瓣移植手术,填补了也门医疗界此类手术领域的空白。中国医疗队还通过带教、讲座、培训等方式,将医疗技术传授给当地医护人员,提高受援国卫生治理水平。同时,中国政府支持国内卫生机构为发展中国家举办卫生技术研修和培训,截至 2011 年共举办培训班 400 多期,培训 15000 余人,涉及卫生管理、紧急救援管理、食品卫生、传统医药、传染病防控、实验室检测、卫生检疫和护理技术等。为帮助发展中国家培养高层次医学卫生人才,中国政府还向在华学习医学和中医药学的发展中国家学生提供政府奖学金。

近年来,中国加快了融入世界的步伐,更加重视发挥国际组织和机制的作用,先后成立了中阿合作论坛等多边合作机制,为中国与西亚地区的卫生合作奠定了基础。"新时期中国对外医疗援助开始呈现多元化、多层次的复合型态势和格局,在广度和深度上超越了传统的医疗援助模式"。[③]

---

① 《中医药健康服务发展规划(2015—2020 年)》,中国政府网,http://www.gov.cn/zhengce/content/2015 - 05/07/content_9704.htm。
② 《中医药"一带一路"发展规划研讨会在上海召开》,国家中医药管理局网站,http://www.satcm.gov.cn/e/action/ShowInfo.php?classid = 33&id = 22136。
③ 文少彪、朱杰进:《中国参与中东地区卫生治理的多视角分析》,《阿拉伯世界研究》2016年第 4 期。

（三）难民问题治理取得突破

难民问题长期困扰国际社会，对难民输出国和难民接收国的安全产生了重要影响，在西亚地区表现得尤为突出。2010 年底西亚出现变局以来，西亚多个阿拉伯国家经历了严重的政治危机和社会动荡甚至久拖不决的内战，大批民众被迫逃往他国寻求避难，沦为难民。长期以来，西亚原有难民问题尚未得到根本性解决，新的难民群体又开始涌现，西亚地区遭遇了严重的难民危机，对地区安全局势和社会稳定造成了巨大的冲击。

全球金融危机爆发后，新兴大国的国际地位日益凸显。"以中国为代表的新兴大国正日益走向全球治理的舞台中心，承担着越来越重要的责任"。① 中国长期以来一直坚持广泛参与国际人道主义行动，在西亚地区难民问题的治理上，中国正发挥着越来越重要的作用，体现了一个发展中大国的担当。

1. 中国积极参与联合国难民公约和全球治理行动

中国积极参与联合国和国际社会解决难民问题和全球治理的各项行动。1979 年，中国恢复了在联合国难民署执委会的活动。1982 年，中国先后加入《关于难民地位的公约》（以下简称《难民公约》）和《关于难民地位的议定书》。中国坚持履行各种国际义务，同包括联合国难民署在内的国际组织和机构就西亚难民问题等开展深入合作，积极推动对难民的保护和安置工作。在难民问题上，"中国主张维护世界和平，促进共同发展，标本兼治解决难民问题；切实维护《难民公约》的权威及现行的保护体制，积极寻求解决难民问题的新思路；坚持'团结协作'与'责任分担'的原则，切实有效展开合作；严格划清难民问题的界限，防止滥用《难民公约》的保护体制和庇护政策"。② 中国政府的主张为大国参与难民问题治理树立了典范，对西亚难民问题的解决也具有重要的指导意义。

中国基于人道主义精神和国际道义责任，历来都重视西亚难民问题的解决。中国在各种场合呼吁国际社会重视西亚难民的境况和遭遇，坚定支持联合国难民署和近东救济处等联合国机构在西亚地区的工作，致力于推

---

① 俞邃：《新兴大国在全球治理中承担的责任越来越重》，《中国经济时报》2010 年 10 月 28 日，第 12 版。

② 陈威华、陆大生：《难民地位公约缔约国举行会议——中国主张标本兼治解决难民问题》，《人民日报》2001 年 12 月 13 日，第 7 版。

动西亚难民问题的早日解决。作为一个新兴大国，中国向西亚难民提供了力所能及的援助，帮助难民改善生活条件。近年来，中国向因伊拉克战争而流离失所的伊拉克难民提供了大量援助。2003 年，伊拉克战争爆发，"大批伊拉克难民将欧洲视为'避难天堂'，仅 2008 年就有大约 4 万名伊拉克难民向欧盟申请避难"。[①] 面对此情形，中国政府通过红十字会和红新月会向伊拉克难民提供资金援助以及帐篷等生活物资。[②] 中国积极发挥自身政治影响力，在涉及难民问题的西亚国家间积极斡旋，秉着相互协调、共同协商的精神，努力化解各方分歧和矛盾，力促各方尽快达成公平合理的解决方案。

随着中国国力的日益强盛，中国已具备一定的在国际事务中承担更多责任的能力，尤其是在西亚难民问题等全球性问题的解决上发挥着越来越重要的作用，中国政府也有意愿以更积极的态度参与全球治理。西亚难民问题是当前最为突出的全球性问题之一，中国参与该问题的解决有其独特的优势。在经济上，中国与西亚国家的经贸合作日益密切，在西亚的经济影响力正日益提升；在政治上，中国同绝大部分西亚国家保持友好合作关系，在地区事务上持公正立场，受到地区国家的广泛接受和认可；中国还与联合国难民署长期保持密切合作。在此背景下，中国未来可在难民问题等地区问题的治理和解决上发挥更加重要的作用。中国近年来向阿富汗、叙利亚、伊拉克等国难民提供了力所能及的人道主义援助。"2013 年南苏丹爆发冲突后，中国与美国、英国和挪威等国一道，推动冲突各方通过谈判解决问题，向国际监督机制提供 100 万美元用于监督南苏丹各派停火情况，并拿出 200 万美元用于联合国安置南苏丹难民"。[③] 2014 年 10 月，加沙重建大会在埃及开罗召开，中国政府声明将向巴勒斯坦提供 500 万美元的援助。西方大国和沙特、约旦等空袭"伊斯兰国"组织后，伊拉克和叙利亚难民生活状况恶化，出现人道主义危机。2014 年 12 月，中国政府向伊拉克库尔德人地区提供了 3000 万元人民币的紧急人道主义救援物资。[④]

---

① Mariah Blake, "Escape to Europe," *Foreign Policy*, Issue 168, 2008, p. 28.

② 《我国援助伊拉克难民物资今天启运》，人民网，http://www.people.com.cn/GB/guoji/209/10482/10486/20030329/957668.html。

③ Lars Erslev Andersen and Yang Jiang, *Oil, Security and Politics: Is China Challenging the US in the Persian Gulf?* Copenhagen: Danish Institute for International Studies, 2014, p. 31.

④ 《中国救援物资运抵伊拉克库尔德》，《人民日报》（海外版）2014 年 12 月 11 日，第 1 版。

2. 中国积极创造条件，帮助解决难民问题

中国与包括阿拉伯国家在内的西亚大多数国家长期保持友好关系。中阿文明交往源远流长，中华文明和阿拉伯 - 伊斯兰文明互通有无、相互借鉴，共同谱写了人类文明史上光辉的篇章。近代以来，中国与阿拉伯国家都经历了西方国家的殖民侵略。二战后，中国坚定支持阿拉伯国家要求民族独立、反帝反霸的政治立场，与实现民族独立的阿拉伯国家建立了深厚友谊。2016 年 1 月，中国国家主席习近平先后访问沙特、埃及和伊朗三国。习主席在开罗阿盟总部发表演讲，强调在西亚地区事务上，中国坚持从事情本身的是非曲直出发，坚持从西亚人民根本利益出发，在西亚不找代理人、不搞势力范围、不谋求填补"真空"，阐明了中国的外交政策和理念。① 长期以来，中国与西亚各国保持着良好关系，在地区事务上秉持公正和客观的立场，其负责任的大国形象已得到西亚国家的认可。中国在西亚地区良好的国家形象将有助于其在难民问题治理上发挥更大的作用。

在西亚难民问题上，中国与联合国难民署的合作已经取得了一系列重要成果。中国政府与难民署驻华代表处密切配合，为通过各种途径进入中国的西亚战乱国家难民提供保护，直至帮助他们重返家园或将他们成功安置到第三国。对此，联合国难民署发言人马赫西奇曾表示，"中国是亚洲几个为数不多的签署《关于难民地位的公约》的国家之一"，并赞赏中国对难民不推回原则的尊重。② 中国一直致力于促进联合国难民署难民救助事业的正常运转，是该机构全球人道主义行动的重要捐助国。此外，中国还同联合国难民署在难民法宣传和救助物资采购方面保持合作。2004 年，联合国难民署在北京设立了该机构在亚洲的第一个采购中心。③ 2016 年 1 月，中国政府发布首份《中国对阿拉伯国家政策文件》，文件第二部分关于中国对阿拉伯国家政策指出："中方将根据阿拉伯国家需求，继续通过双多边渠道提供力所能及的援助，帮助阿拉伯国家改善民生、提高自主发展能力。"④ 中国与联合国难民署在难民问题治理上已进行了富有成效的合

① 习近平：《共同开创中阿关系的美好未来——在阿拉伯国家联盟总部的演讲》，《人民日报》2016 年 1 月 22 日，第 3 版。
② 陶满成：《中国与联合国难民署的合作》，《海内与海外》2012 年 11 月号。
③ 《联合国难民署采购看好中国》，《中国财经报》2004 年 12 月 15 日，第 6 版。
④ 《中国对阿拉伯国家政策文件（全文）》，新华网，http://news.xinhuanet.com/2016 - 01/13/c_1117766388.htm。

作，为下一步双方相互配合、共同治理西亚难民问题积累了经验。

（四）信息通信技术合作进展显著

"随着全球化进程的日益深化，产业内部技术转移与国际技术转移的联系愈发紧密。技术转移是国与国之间最重要的技术获取手段之一，包括购买许可权、国外直接投资，甚至是非法的模仿及交易等方式。"① 在 21世纪，经济发展模式的多样化以及创造更多高技术水平的工作机会已经成为各国的核心竞争力之一。中国与西亚国家都致力于提升高技术劳动资源水平，转向知识密集型经济发展模式，并已制定相关的政策加快实现这一转变。信息通信技术在此过程中将继续发挥至关重要的作用，使得技术后发国家的现代化信息通信技术转移需求更为迫切。

相对于西亚地区其他国家，海合会成员国在探索知识密集型经济模式和建设信息化社会方面取得了显著成就，成为中国开展信息通信技术合作的对象。世界银行的研究表明，在自然资源禀赋差异巨大的西亚地区，海合会成员国丰富的石油资源在其区域经济社会发展中发挥着极其重要的作用。海合会成员国依靠石油资源获取的巨额财富，奠定了向知识密集型社会发展的坚实经济基础。"石油资源的不可再生性，也是海合会成员国无法置身全球信息变革之外的重要原因之一。"② 与此同时，海合会各成员国正在通过信息化建设迅速提升其在全球商业环境中的地位，这对该地区信息通信技术的研发和应用环境提出了更高要求。根据世界银行和国际货币基金组织的报告，2014 年阿联酋的全球营商环境指数排第七位，海合会其他五个成员国均位于全球前 100 位。③ 虽然近年来海合会各成员国研发基金支出占 GDP 比重持续上升，但仍然处于全球较低水平。2013 年，西亚与北非地区研发基金支出占 GDP 比重的平均值仅为 2%。其中阿曼、阿联酋和科威特三国的研发基金支出占各自 GDP 的比重分别为 3.4%、3.2%和 1.4%。④

---

① Hitoshi Tanaka *et al*, "Dynamic Analysis of Innovation and International Transfer of Technology Through Licensing," *Journal of International Economics*, Vol. 73, No. 1, 2007, pp. 189 – 212.

② Margareta Drzeniek Hanouz, ed., *Arab World Competitiveness Report 2007*, World Economic Forum, 2007, pp. 1 – 16.

③ World Bank Group, *Doing Business* 2015: *Going Beyond Efficiency*, Doing Business, 2014.

④ World Bank Group, *World Development Indicators 2015*, The World Bank, December 22, 2015.

目前，中国已经超过韩国、美国以及欧盟成为海合会成员国最大的信息通信技术贸易伙伴。计算机、通信设备、电子消费品以及电子元件等对于信息通信基础设施建设必不可少的信息通信设备，已成为中国与海合会成员国信息通信技术贸易中最重要的部分。其中，计算机设备占全部信息通信技术设备出口的比重最大，电子消费品的增长速度最快。数据分析预测，未来中国和美国将成为海合会成员国信息通信技术最重要的两大贸易伙伴。

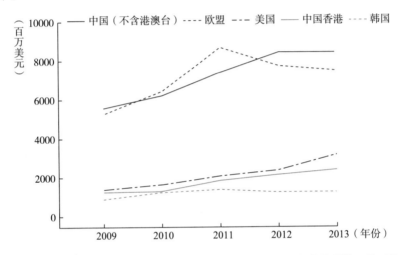

图 1　2009～2013 年海合会成员国信息通信技术产品进口贸易总额前五位对比

资料来源：UNCDAT Statistic，http://unctadstat.unctad.org/wds/ReportFolders/reportFolders.aspx。

"信息通信技术与后发国家经济增长之间的关联性在全世界范围内已经得到了广泛的讨论及认可。"[①] 亚洲基础设施投资银行（以下简称"亚投行"）的设立将为中国与海合会各成员国之间的高新技术合作、转移和应用提供更宽广的平台。科威特于 2014 年 10 月 24 日成为亚投行创始成员，沙特阿拉伯和阿联酋于 2015 年签订《亚投行协定》。值得注意的是，亚投行的成员并非只局限于特定的发展中国家，部分发达国家及各类国际政治经济组织也借助这一平台，对其覆盖区域的基础设施和其他相关的生产性

---

① Chrisanthi Avgerou，"The Link between ICT and Economic Growth in the Discourse of Development," in Mikko Korpela *et al.*，eds.，*Organizational Information Systems in the Context of Globalization*，New York：Springer，2003，pp. 373 – 386.

领域进行投资。这表明，来自信息技术先发国家的部分优势资源将通过这一平台转移至海合会各成员国。

中国的"一带一路"倡议为中国信息通信技术产业提供了参与国际信息通信基础设施建设及合作的新契机。综观全球，依赖于现代化信息通信技术的"天缘政治"正在兴起，北斗卫星导航系统作为中国重要的空间信息基础设施，正在迅速成为继美国全球定位系统、俄罗斯格洛纳斯和欧盟伽利略卫星导航系统之后全球最主要的卫星导航系统之一。随着信息通信技术自主创新能力的大幅度提升，中国自主研发并且拥有自主知识产权的北斗卫星导航系统已成为科技外交的重要载体。"随着海合会各成员国信息通信技术应用安全环境、技术条件及相关政策的不断成熟，其知识密集型社会建设对于卫星导航系统的需求也在不断增加"。[①] 海合会成员国在阿拉伯世界属于社会政治经济发展相对稳定的国家，这使其成为中国北斗系统在阿拉伯世界推广的首选。同时，代表中国信息通信技术硬实力的北斗卫星导航系统也是确保中国与海合会成员国信息通信技术转移成效的重要因素。

二 中国对西亚外交政策的新举措与新重点

为应对西亚地区不断恶化的安全局势，中国从维护地区稳定、促进地区发展出发，对西亚外交政策做出了及时调整，采取了众多新举措，突出了一些新重点。

(一) 持续推进"一带一路"建设

西亚地区位于欧亚非三洲的交界之处，既是"丝绸之路经济带"和"21世纪海上丝绸之路"的交会处，又是东接亚洲、西连欧洲、南达非洲的重要的传接地带。可以说，西亚地区是中国推动"一带一路"建设的重点区域。2015年3月28日，中国国家发展和改革委、外交部、商务部联合发布了《推动共建丝绸之路经济带和21世纪海上丝绸之路的愿景与行动》，指出"一带一路"建设的合作重点是"五通"，即政策沟通、设施联通、贸易畅通、资金融通、民心相通。在合作方式上，加强双边合作，

---

① 黄磊:《中国与海合会国家的信息通信技术合作》,《阿拉伯世界研究》2016年第7期。

开展多层次、多渠道的沟通磋商，推动双边关系全面发展，同时注重强化多边合作机制作用。在西亚地区，要充分发挥中阿合作论坛、中国-海合会战略对话等机制的重要影响力。

西亚地区国家普遍对中国推进"一带一路"建设表示欢迎，希望借此提升与中国的关系。2014 年 6 月 5 日，中阿合作论坛第六届部长级会议在北京举行。习近平主席在开幕式讲话中表示，未来 10 年对中阿双方是发展的关键时期，中国同阿拉伯国家因丝绸之路相知相交，是共建"一带一路"的天然合作伙伴。中阿双方应坚持共商、共建、共享的原则，打造利益共同体和命运共同体。积极构建"1 + 2 + 3"的合作格局，即以能源合作为主轴，以基础设施建设、贸易和投资便利化为两翼，以核能、航天卫星、新能源三大高新领域为突破口，争取中阿贸易额在 10 年间增长到6000 亿美元，中国对阿非金融类投资存量增长到 600 亿美元。

2016 年 1 月 19 ~ 23 日，中国国家主席习近平对沙特、埃及、伊朗三国进行了国事访问。此访是习近平担任国家主席后第一次访问西亚和阿拉伯国家，也是他 2016 年的首次出访。在沙特，中沙两国元首达成多项重要共识，一致决定建立中沙全面战略伙伴关系。在此框架下，中沙双方将努力发展政治领域、能源领域、安全领域、人文领域以及地区和国际事务等领域的合作。另外，两国元首一致同意建立两国高级别委员会，以指导和协调双方各领域合作。会谈中，双方同意将亚洲基础设施投资银行打造成互利共赢的融资平台，促进区域互联互通。双方高度评价并欢迎重启中国-海合会自由贸易区谈判，并对谈判取得实质性进展感到高兴，同意尽早建成中国-海合会自由贸易区。在埃及，中埃签署了《中华人民共和国和阿拉伯埃及共和国关于加强两国全面战略伙伴关系的五年实施纲要》《中华人民共和国政府和阿拉伯埃及共和国政府关于共同推进丝绸之路经济带和 21 世纪海上丝绸之路建设的谅解备忘录》，以及电力、基础设施建设、经贸、能源、金融、航空航天、文化、新闻、科技、气候变化等领域的多项双边合作文件，并且两国元首共同为中埃苏伊士经贸合作区二期揭牌。在伊朗，中伊双方一致同意建立中伊全面战略伙伴关系，习近平和鲁哈尼共同见证了《中华人民共和国政府和伊朗伊斯兰共和国政府关于共同推进丝绸之路经济带和 21 世纪海上丝绸之路建设的谅解备忘录》，以及能源、产能、金融、投资、通信、文化、司法、科技、新闻、海关、气候变化、人力资源等领域多项双边合作文件的签署。

2016 年 1 月 13 日，在习近平主席访问三国之前，中国政府首次发布《中国对阿拉伯国家政策文件》（以下简称《文件》），明确提出"坚持共商、共建、共享原则，推进中阿共建'一带一路'，构建以能源合作为主轴，以基础设施建设和贸易投资便利化为两翼，以核能、航天卫星、新能源三大高新领域为突破口的'1＋2＋3'合作格局，推动务实合作升级换代"。[①] 除此之外《文件》还提出了在政治领域、投资贸易领域、社会发展领域、人文交流领域、和平与安全领域等的合作事项，是中国对阿拉伯国家以及西亚国家的全局性指导政策。

（二） 坚定不移地打击国际恐怖主义

西亚地区一直是极端主义和恐怖主义势力的主要聚集地，出现了大量极端组织和恐怖组织。近年来，西亚地区持续动荡不安，一些国家政府软弱无力，社会管控能力和人民生活水平大幅度下降，教派冲突日趋严重，并一再被利用。这些因素为极端主义和恐怖主义的滋生提供了土壤，进一步加速了它们的发展和扩散。"伊斯兰国"是近年来西亚地区迅速壮大起来的极端恐怖组织。该组织在西亚地区横行肆虐，一年多时间就控制了伊拉克和叙利亚各 1/3 的领土。"伊斯兰国"不仅在控制区内进行了惨无人道的大屠杀，还在世界各地制造恐怖主义袭击事件。2015 年 11 月 13 日夜，法国巴黎多处地方遭受恐怖主义袭击，造成 132 人死亡，"伊斯兰国"宣布对此事件负责。同年 11 月 19 日，中国外交部证实中国公民樊京辉被"伊斯兰国"极端组织绑架并残忍杀害，中国国家主席习近平随即发表讲话，强烈谴责这一暴行。"针对恐怖主义的新动向和新变化，中国提出加大信息收集与分享、加强网络反恐、切断流动和融资渠道、推进去极端化等四项主张。"[②] 2016 年 4 月 1 日，中国国家主席习近平在华盛顿出席第四届核安全峰会模拟场景互动讨论会暨闭幕式。习近平强调："恐怖主义是人类公敌。各国要根据安理会决议，协同好国际、地区和国内层面的行动，加强合作，坚决遏制恐怖势力蔓延的势头。打击恐怖主义必须摒弃双重标准。无论恐怖活动打着什么旗号、针对哪个国家、采取何种手段，都

---

① 《中国对阿拉伯国家政策文件（全文）》，新华网，http://news. xinhuanet. com/2016 - 01/13/c_1117766388. htm。

② 姚匡乙：《中国在中东热点问题上的新外交》，《国际问题研究》2014 年第 6 期。

要坚决予以打击。要综合运用政治、经济、文化、外交等手段，标本兼治，铲除滋生恐怖主义的土壤。"① 2016 年 7 月 3 日，由中国提供的首批军事装备抵达阿富汗。此前，中国政府曾承诺向阿富汗提供数百万美元的援助，用于协助阿当局打击恐怖主义。②

2015 年 2 月 12 日，在联合国安理会本月轮值主席、中国常驻联合国代表刘结一大使的主持下，联合国安理会举行公开会并通过关于打击恐怖主义的第 2199 号决议，决定就有关恐怖组织从事非法石油贸易、文物和武器走私、金融交易及利用互联网进行恐怖活动等加强制裁措施。该决议对协调国际社会反恐行动、支持有关国家打击恐怖组织具有重要意义。中方反对一切形式的恐怖主义，反对在反恐问题上持双重标准，反对把恐怖主义与特定宗教和民族挂钩。中国政府希望国际社会共同遏制和打击恐怖主义，呼吁按照联合国安理会有关决议的要求加强合作，综合施策，切断恐怖组织的活动渠道。

（三）调停矛盾冲突，维护西亚地区稳定

巴以问题是影响西亚地区安全局势变化的核心问题之一，关乎整个地区的安全与稳定。2015 年 7 月 23 日，联合国安理会举行中东问题公开辩论会。中国常驻联合国副代表王民表示，和谈实现巴勒斯坦独立建国、巴以两国和平共处，是解决巴以问题的唯一现实途径。在巴以问题解决上，中方始终把实现巴以和平、维护地区稳定作为重要目标，并与国际社会相关各方展开了卓有成效的密切合作，贡献了中国智慧和中国力量。③ 2016 年 9 月 5 日，中国中东问题特使宫小生在访问法国期间，分别会见法外交部中东北非司司长博纳丰、第一副司长布依、中东和平大会事务特使韦蒙等官员。宫小生特使表示，中方支持通过政治途径解决巴勒斯坦问题，支持一切有利于实现"两国方案"的促和努力，愿同包括法国在内的国际社

---

① 《习近平就打击核恐怖主义提出四点主张》，中国新闻网，http://www.chinanews.com/gn/2016/04-02/7821196.shtml。

② 《中国军事援助抵达阿富汗 将用于协助打击恐怖主义》，搜狐网，http://news.sohu.com/20160704/n457652122.shtml。

③ 王佳宁：《中国代表说巴以双方应坚持和谈这一战略选择》，新华网，http://news.xinhuanet.com/world/2015-07/24/c_1116024742.htm。

会一道，为推动中东和平进程继续发挥积极和建设性作用。①

叙利亚危机是近年来西亚地区一个突出的安全问题，其发展直接影响到整个地区的稳定。持续数年之久的叙利亚危机已经造成 20 多万人丧生、300 多万名难民流离失所。2015 年 10 月 16 日，中国政府宣布向叙利亚等国家提供新的 1 亿元人民币的人道主义援助。10 月 30 日，中国外交部副部长李保东在维也纳出席叙利亚问题有关国家外长扩大会议时，提出了政治解决叙利亚问题的"四步走"的框架设想。11 月 14 日，李保东副部长在叙利亚问题第二次维也纳外长会议召开前夕，进一步阐释了中国政府的主张和建议。随后中国驻联合国代表刘结一在联合国安理会叙利亚人道问题公开会上更加明确地指出，全面、持久解决叙利亚危机应推进政治进程、合力反恐和缓解人道局势"三轨并进"。2016 年 4 月 8 日，中国政府叙利亚问题特使解晓岩接受中外媒体联合采访时表示，中方作为安理会常任理事国，一直为推动叙利亚问题妥善解决发挥积极的建设性作用。中方设立叙利亚问题特使，旨在更好地发挥劝和促谈作用，更加积极地贡献中国智慧和方案，更加有效地加强同有关各方沟通协调，这也是在当前形势下国际社会加大促和努力的具体体现，将为叙利亚问题政治解决注入"正能量"。②

伊朗核问题产生已有 12 个年头，成为西亚地区严重的安全隐患。2015 年 6 月 4 日，中国外交部部长王毅出席中俄伊三国外长会议，表达了中方希望尽早达成全面协议、愿继续发挥积极和建设性作用的一贯主张。同年 7 月 14 日，伊朗核问题最后阶段谈判在维也纳达成了历史性协议。伊朗核问题全面协议涵盖了伊朗自身的、受到限制的长期核计划。该计划包括取消联合国安理会、多边及单边各国因伊朗核问题而提出的制裁措施。该全面协议由正文及五个技术附件组成，涉及核、制裁、民用核能合作、联委会及实施等内容。中国在其中发挥了积极的建设性作用，大力推进外交斡旋，推动协议顺利达成，为该地区的安全与稳定做出了不懈努力。2016 年 4 月 1 日，中国国家主席习近平在华盛顿出席伊朗核问题六国机制领导人会议并发表重要讲话。习近平表示，当今世界仍不太平，国际热点此起彼

---

① 《中国中东问题特使宫小生访问法国》，中国外交部网站，http://www.fmprc.gov.cn/web/wjb_673085/zzjg_673183/xybfs_673327/xwlb_673329/t1395141.shtml。

② 《中国政府叙利亚问题特使解晓岩接受中外媒体联合采访》，中国外交部网站，http://www.fmprc.gov.cn/web/wjb_673085/zzjg_673183/xybfs_673327/xwlb_673329/t1354198.shtml。

伏，加强全球安全治理刻不容缓。伊朗核问题的解决为我们提供了不少启示。第一，对话谈判是解决热点问题的最佳选择。对话协商虽然费时费力，但成果牢靠。第二，大国协作是处理重大争端的有效渠道。国际社会是命运共同体，大国要像伊朗核问题六国那样成为解决问题的中流砥柱。第三，公平公正是达成国际协议的基本原则。各国的正当关切都应该得到妥善解决。国际争端要公正解决，搞双重标准行不通。第四，政治决断是推动谈判突破的关键因素。各方应当抓住主要矛盾，在关键时刻作出决断。[①]

三 新形势下中国对西亚外交政策的新思路

2013 年 10 月 24～25 日，在北京召开的周边外交工作座谈会将我国周边外交上升到国家战略层面。无论从地理方位、自然环境，还是相互关系看，周边对中国都具有极为重要的战略意义。思考周边问题、开展周边外交要有立体、多元、跨越时空的视角。审视中国的周边形势，周边环境发生了很大变化，中国同周边国家的关系发生了很大变化，中国同周边国家的经贸联系更加紧密、互动空前密切。这客观上要求中国的周边外交战略和工作必须与时俱进、更加主动。"从地缘政治、经济、文化、能源等各个方面看，中东地区都是一个重要而独特的板块"。[②] 因此，中国对西亚外交政策要有新的思路。

（一） 推动中国与西亚国家关系的新型化转变

西亚除了是中国的"大周边"外交战略实施的重要地区之外，当前对于中国外交实践的意义还在于，西亚国家持续转型对中国发挥经济优势、拓展中国发展理念、为地区改革和治理提供公共产品带来了难得的机遇和外交新增长点。同时，维护西亚稳定、巩固与西亚国家关系是从源头防止恐怖组织和宗教极端思想对中国渗透、确保国家安全的重要保障。更重要的是，西亚地处"丝绸之路经济带"和"21 世纪海上丝绸之路"的会合点，这将为中国和域内国家共同发展、共同繁荣、推动中国与西亚国家关

---

① 《习近平出席伊朗核问题六国机制领导人会议》，中国外交部网站，http://www.fmprc.gov.cn/web/wjb_673085/zzjg_673183/xybfs_673327/xwlb_673329/t1352766.shtml。

② 《王毅接受沙特〈中东报〉专访》，中国外交部网站，http://www.fmprc.gov.cn/web/wjbzhd/t1137697.shtml。

系的新型化创造良好的机会和前景。

目前看，中国与西亚国家的务实合作将会持续发展，促进互利合作也将是中国西亚外交的主要目标。中国与西亚国家关系的新型化意味着"中国将更多地承担起对外主持公道、伸张正义的大国责任，更加坚决地捍卫发展中国家的共同权益，更积极有为地为国际关系民主化和全球治理改革提供公共产品"。① 在新的历史条件下，中国既要从战略高度看待西亚对于中国的重要性，又要深刻认识西亚地缘政治的复杂性、多变性和可塑性，理解大多数地区国家在转型过程中对自身价值的内在追求，以新的视角重新审视中国与西亚的传统关系，主动塑造与西亚国家的新型关系。2013 年1 月 28 日，习近平在中共中央政治局第三次集体学习时强调，中国"和平发展道路能不能走得通，很大程度上要看我们能不能把世界的机遇转变为中国的机遇，把中国的机遇转变为世界的机遇，在中国与世界各国良性互动、互利共赢中开拓前进"。② 这对于新形势下的中国西亚外交具有特别重要的指导意义。西亚问题纷繁多变，但发展是首要问题。当前，中国尤其需要研究西亚国家转型发展的特点和趋势，了解西亚国家在转型过程中的需求及其对中国的战略意义，同时也需要通过更积极的外交、更广泛的交流和更深入的合作，增进西亚国家对当今中国的全面认识和了解，引导变化的"西亚因素"出现有利于中国发展的战略机遇，同时让中国的发展势头成为西亚国家寻求和利用的战略机遇期。2016 年初，中国国家主席习近平访问西亚三国的一个"重头戏"，便是与三国领导人共话"一带一路"建设，升级中国与西亚地区国家务实合作。"中国同西亚三国在共建'一带一路'框架下，对接各自发展战略，谋求协同发展和联动增长，受到西亚三国人民高度关注和舆论广泛赞扬，认为这是中国与西亚地区国家共同奏响的'一带一路'新乐章"。③

从这个意义上看，中国西亚外交应具备更宽广的视野，"需要在西亚事务上有更加高远的战略立意和更加开放的战略胸怀，不断提升中国西亚

---

① 陈东晓：《理解新一届中国政府外交的四个关键词》，《世界知识》2014 年第 1 期。
② 《更好统筹国内国际两个大局夯实走和平发展道路的基础》，《人民日报》2013 年 1 月 30 日，第 1 版。
③ 《共同奏响"一带一路"新乐章——中东三国各界盛赞习近平主席国事访问》，《人民日报》2016 年 1 月 26 日，第 3 版。

外交的道义高度"，① 当前尤其要在维护地区和平与稳定方面有更大的作为。近年来，中国在促进西亚和平进程、政治解决叙利亚问题以及推动伊核问题达成协议等方面发挥了积极作用，但总体上，中国对西亚事务的参与度仍十分有限。与此同时，国际社会及西亚国家希望中国在西亚地区事务中发挥更加积极作用的呼声越来越高，中国必须对此做出积极回应。"随着自身能力的逐步提高，中国愿意为西亚地区提供更多的公共产品，为地区和平与发展做出更大贡献。"②因此，适时构建中国与西亚国家的新型国家关系既有必要性，也有可行性。

（二）构建和倡导中国对西亚国家的新安全观

西亚安全形势复杂，传统安全与非传统安全并存，非国家行为体对地区安全的影响尤其突出，对地区稳定及中国在西亚的利益构成日益严重的威胁。"'国家安全'是一个模糊和充满感性的术语，这一现状往往使得对于它的分析和使用复杂化。"③ 当前，西亚安全问题主要体现在两个方面：一是巴以问题、教派矛盾等传统热点问题长期悬而未解，并随时可能引发冲突；二是政治转型或社会变革仍存在引发政局动荡的可能性。西亚安全形势存在四种互相关联和影响的表现：其一是政治转型过程激活了原有的社会及教派矛盾，引发各种政治力量、宗教派别、宗教和世俗力量之间的博弈乃至冲突；其二是因在政治转型过程中遭遇外来干预出现内乱和内战，突出反映在当前的利比亚乱局和叙利亚危机上；其三是政治转型后政治、经济重建不顺和国家治理不善引发社会动乱；其四是地区总体局势不稳导致极端势力回潮、恐怖主义猖獗，恐怖分子和极端势力具有高度的流窜性，往往利用动荡国家的安全真空落脚布网、趁乱做大。西亚安全问题对中国的直接影响主要表现在三个层面。一是对中国的海外利益及人员生命财产造成直接破坏或构成严重威胁。利比亚战乱迫使中国大撤侨，极端组织"伊斯兰国"崛起迫使中国撤离在伊拉克的中资企业等，不仅使中国企业蒙受巨大损失，也阻碍了国家间的正常合作。二是西亚地区极端主义思潮向域外溢出，"中心内部安全关系的巨大变化将对外围的安全产生直

---

① 刘中民：《中国应提升对中东外交的道义高度》，《东方早报》2013年8月27日，第A12版。
② 李伟建：《中国中东外交战略构建研究》，《阿拉伯世界研究》2016年第2期。
③ Arnold Wolfers, *Discord and Collaboration*, Baltimore：The Johns Hopkins University Press, 1962, p.10.

接或间接的影响"，① 对中国西部安全构成日益严重的威胁。大量证据表明，近年来在中国各地发生的暴恐事件，其背后大多有西亚极端势力和恐怖组织的影子。极端组织通过社交网站宣扬宗教极端主义和暴力恐怖思想，煽动和组织中国的极端分子前往叙利亚和伊拉克参加"圣战"。三是近年来恐怖主义和极端势力在西亚各地的联动性及向域外国家的扩散性明显增加，对"一带一路"沿线国家的安全环境构成严重威胁，大幅增加了中国在西亚推进"一带一路"建设的安全风险。

中国在西亚的利益既包括能源安全、商品、劳务和工程承包市场等物质利益，也包括国家安全、国家形象、政治和文化影响力等无形利益。"除了对安全性权衡之外，有必要认识到，安全性不仅可以被定义为目标，而且也可以被定义为结果——这意味着我们可能不知道它是什么，或者它是多么重要，直到我们被威胁失去它。"② 中国必须明确自身在西亚的合法利益和保护这些利益的必要性和必然性，通过加强自身实力与地区及国际力量的合作确保这些利益的安全，具体思路如下。

第一，加强与西亚国家的安全合作。美国西亚战略调整引发西亚地缘安全格局发生变化，地区国家出现寻求多元安全合作的势头，这为中国建设性地参与西亚安全合作提供了机遇。当前，中国应同西亚国家开展多途径、广领域、高层次的安全合作。"这种安全合作不只是针对境外极端势力和暴力恐怖势力对中国的渗透，保护中国在境外的人员和利益免遭这些势力的暴力侵害"，③ 也在于保护中国与西亚国家共建的合作项目和共同维护地区稳定。

第二，利用自身发展优势帮助西亚国家平稳转型发展。"求木之长者，必固其根本；欲流之远者，必浚其泉源"。发展是安全的基础，安全是发展的条件。习近平主席在亚信第四次峰会上指出，贫瘠的土地上长不成和平的大树，连天的烽火中结不出发展的硕果。对亚洲大多数国家来说，发展就是最大安全，也是解决地区安全问题的"总钥匙"。④ 而发展滞后导致安全局势不稳，也是大多数西亚国家面临的严峻现实。"只要地球的命运

① Barry Buzan, "New Patterns of Global Security in the Twenty – First Century," *International Affairs*, Vol. 67, No. 3, Jul., 1991.

② Richard H. Ullman, "Redefining Security," *International Security*, Vol. 8, No. 1, Summer, 1983.

③ 吴冰冰：《对中国中东战略的初步思考》，《外交评论》2012 年第 2 期。

④ 习近平：《积极树立亚洲安全观共创安全合作新局面——在亚洲相互协作与信任措施会议第四次峰会上的讲话》，《人民日报》2014 年 5 月 22 日，第 2 版。

取决于国家如何处理安全问题，我们就不能忽视其他学科提供的潜在贡献，如经济学、社会学、历史、物理科学、人类学、心理学和法律。"① 当前，西亚许多国家"乱后求治"，急需外部力量支持和帮助其发展，中国可以在这方面加大投入，发挥积极作用。

第三，超越传统思维方式，强调国际合作。西亚安全形势严峻，热点问题错综复杂，不仅影响地区稳定，也危及世界和平及多国在西亚的利益。中国应在参与西亚安全事务过程中始终强调国际合作，重视发挥联合国的作用。中国尤其要在解决地区热点问题及打击极端势力和恐怖主义势力方面，加强与美、俄、欧等的沟通和协调，推动在联合国框架下的国际合作，共同为维护西亚的稳定和安全做出贡献。

（三）树立中国与西亚国家的命运共同体意识

中国在实施对西亚国家的外交政策时，应注重加大对西亚转型的关注和资源投入，同西亚国家共建"一带一路"，并积极参与西亚安全事务的国际合作，与西亚国家打造"亲、诚、惠、容"命运共同体。

1. 加大对中东转型的关注和资源投入

从西亚形势发展趋势看，未来一段时间内，持续深入转型将成为西亚各国政治和社会发展的主要特征。这是西亚地区各种政治力量及社会思潮反复较量、碰撞、冲突到磨合的"再平衡"过程，也是该地区国家寻找国家发展道路和模式的过程。该过程充满风险和挑战，但稳定和发展是民心所向、大势所趋。未来中国发展与西亚国家关系时需顺应这一趋势，中国西亚外交战略也应以关注西亚转型为重点。

西亚政治和社会转型存在诸多不确定性，但其发展进程难以根本脱离本地区历史、宗教、文化和社会现实的影响，更不会游离于世界发展进程之外，全球政治发展对西亚转型的影响只会越来越大。随着美国西亚战略的调整，未来西亚国家对外关系的重点将会从过去以同欧美合作为主向追求更多元的国际合作调整，包括中国在内的新兴大国已逐渐进入地区国家的视野。对于仍处于政治转型关键时期的国家而言，当务之急是重建经济、稳定社会，这些国家对中国的发展经验和经济实力表现出极大兴趣。

---

① Joseph S. Nye, Jr. and Sean M. Lynn-Jones, "International Security Studies: A Report of a Conference on the State of the Field," *International Security*, Vol. 12, No. 4, Spring, 1988.

中国应把握时机，加大对这些国家的关注和投入，帮助西亚国家平稳转型应成为中国西亚外交的一个重点和新亮点。中国还应重视与西亚国家交流和分享转型经验，促进西亚国家对中国发展模式的理解、认同和支持。当前西亚转型国家急需外部支持以实现经济发展和社会稳定，美国等西方国家由于资金不足或其他政治原因，在这方面力有不逮。而中国可以利用自己的发展优势，在帮助西亚国家平稳转型方面提供更多的公共产品，这也将成为中国西亚外交的特色所在。

2. 弘扬"丝路精神"，逐步推进"丝路建设"

习近平主席提出了以"促进文明互鉴，尊重道路选择，坚持合作共赢，倡导对话和平"为具体内涵的"丝路精神"，阐明了中国对于当前及未来中国与西亚关系的态度。"丝路精神"既反映出中国外交的新布局和具体的西亚政策立场，也体现了主动塑造对外关系的外交新理念。"弘扬丝路精神，就是要促进文明互鉴；就是要尊重道路选择；就是要坚持合作共赢；就是要倡导对话和平。"① "丝路精神"无疑是中国西亚外交的重要指导思想。2016 年 1 月，习主席访问西亚国家期间在阿盟总部发表演讲时，又将"丝路精神"细化为"确立和平、创新、引领、治理、交融的行动理念，做西亚和平的建设者、西亚发展的推动者、西亚工业化的助推者、西亚稳定的支持者、西亚民心交融的合作伙伴"② 。中国未来要将"丝路精神"融入西亚外交实践和具体的政策制订中，将推进与西亚国家共建"一带一路"作为中国与西亚国家打造命运共同体的有效形式。

3. 维护国际公平正义，敢于提出"中国方案"，提供"中国平台"

西亚地区是殖民主义历史后遗症最为深重的地区之一，是美国等西方大国频繁推行新干涉主义和民主输出的重点区域，是领土边界、民族、宗教矛盾异常复杂的地区，是探索发展道路转型进程异常艰难的地区，而当前又是西亚地区国家内部矛盾、国家间矛盾、大国博弈矛盾集中爆发的时期。"强调方法，而不是目的的原因无法自圆其说。"③ 因此，中国必须高

---

① 习近平：《弘扬丝路精神 深化中阿合作——在中阿合作论坛第六届部长级会议开幕式上的讲话》，人民网，http://politics. people. com. cn/n/2014/0606/c1024 – 25110600. html。

② 习近平：《共同开创中阿关系的美好未来——在阿拉伯国家联盟总部的演讲》，《人民日报》2016 年 1 月 22 日，第 3 版。

③ David A. Baldwin, "Review: Security Studies and the End of the Cold War," *World Politics*, Vol. 48, No. 1, Oct., 1995.

举维护国际公平正义的旗帜，把西亚地区作为推进国际关系民主化、法治化的重要舞台，占领国际道义制高点；要敢于表达在西亚问题上的道义立场，在做地区国家工作时要强调殖民主义、帝国主义和霸权主义是西亚问题形成的根源，有关国家应该承担更多的责任；在参与西亚事务的过程中，要倡导"讲信义、重情义、扬正义、树道义"的价值理念，进而为赢得西亚地区民众支持打下基础。因此，支持巴勒斯坦建国大业和巴以和平进程应成为中国西亚政策的道义制高点，这是中国赢得阿拉伯世界信任的战略基础所在。

同时，不干涉内政原则依然是中国参与西亚事务的基石，是中国赢得西亚国家信任、保持中国外交主动性的根本保障。但中国要加大对政治解决西亚热点问题的参与力度，发挥劝谈、促和的建设性作用，维护西亚地区的安全与稳定。在具体的外交实践中，中国既要敢于向当事方提出符合国际道义的更为可行的具体解决方案，又要继续遵循决不强加于人的不干涉内政原则，处理好不干涉内政与建设性介入的关系。当前，政治解决西亚问题日益成为包括地区国家和多数西方大国在内的国际社会的共识，中国应以此为契机加大政策宣示力度，同时在条件成熟的情况下敢于就某些热点问题的解决提出"中国方案"，提供"中国平台"。从这种意义上说，"西亚地区构成了中国创造性运用不干涉内政原则的重要试验田"。①

结　语

中国与西亚关系历史悠久。长期以来中国与西亚国家始终保持良好的政治关系，双方的经济关系在过去的 10 多年里取得了迅速发展，且未来潜力巨大。但总体上，中国参与西亚事务的程度不深，在西亚问题上话语权不足，政治影响力跟不上经济关系的增长。近年来，西亚地区和中国本身都发生了巨大变化，这种变化对双方的对外战略、外交政策和对外关系都提出了新的要求和期待。作为一个全球大国，中国已经明确了大国外交的战略定位，并且提出了周边外交战略。在和平崛起进程中，我们要在西亚坚持和平发展国策，以同心打造命运共同体的理念，创新外交实践，提升外交能力，趋利避害，量力而行，循序渐进，有原则、有选择、有重点地

---

① 刘中民：《中国的中东外交要彰显中国特色》，《当代世界》2016 年第 2 期。

积极作为，奋发进取，不仅要成为西亚国际体系中责、权、利相统一的利益攸关方，更要在推动西亚地区长治久安、繁荣发展的进程中履行建设性使命，务实发挥负责任大国的作用，更多地参与西亚事务、更积极地发展与西亚国家的紧密的、全面的关系。

China's Effort to Construct a New Type of Relations with Its Neighboring Countries and Its Policy towards the West Asia

Guo Rui, *Fan Congwei*

Abstract In 2016, the chaos in the West Asia continued. In the meantime, China continued its diplomatic effort in this region. Within the framework of "the Belt and Road Initiative", China made substantial achievements in its cooperation with the countries in the West Asia in the fields of economy and trade, health care and public hygiene, refugee governance, and information and communication technology. China adopted new measures and concentrated its effort on new focuses. Particularly, China steadily carried forward its B&R Initiative, adopt tough measures to crack down the force of international terrorism, and played a role of mediation between various parties of local conflicts and disputes. In the future, China shall conduct its diplomacy in the West Asia in accordance with the situational changes, and implement new ideas for promoting a new transformation of its relations with the countries in this region. It shall advocate and construct a security view towards the West Asian countries, and manage to establish an awareness among China and West Asian countries for the community of common destiny, so as to convert the West Asia into an important pivot that may support China's "grand neighboring diplomacy".

Key Words New Types of Relations with Neighboring Countries; Policy towards the West Asia; Security Concept for Asia; the Community of Common Destiny

Author　Guo Rui, Ph. D. of International Relations, Post-doctorate of Theoretic Economics, Professor and Tutor for Ph. D. Candidate, Department of International Politics, Jilin University; Fan Congwei, Postgraduate for Master's Degree, Department of International Politics, Jilin University.

周边国情分析

"新安保法"后日本参与联合国维和行动的新动向

——决策特征与制约因素

张晓磊

【内容提要】 日本政府赋予自卫队维和新任务的决策过程体现了日本官邸主导型决策的三个特征：日益强化的官邸主导型决策机制确保政策走向；日渐顺畅的政官关系合作模式确保政策的有效执行；执政党与政府间日趋明显的政高党低框架确保决策程序的完整高效。尽管日本政府已经通过内阁决议赋予自卫队参与联合国维和行动中的新任务，但未来此项新任务的执行仍然面临着三个制约因素：一是自卫队"驰援护卫"新任务存在的违宪嫌疑问题，二是自卫队员安全风险上升及国内社会舆论问题，三是联合国维和行动自身的制度困境问题。

【关键词】 日本　新安保法　联合国维和行动

【作者简介】 张晓磊，法学博士，中国社会科学院日本研究所副研究员。

参与联合国维和行动既是日本以争取联合国安理会常任理事国为目标的联合国外交的重要途径，也是其在安保政策上实现海外派兵、追求政治军事大国的经常性手段。可以说，日本参与联合国维和行动是其外交与安保政策变化的晴雨表，对日本参与联合国维和行动进行动态观测和评估，可管中窥豹，观察日本外交与安保战略与政策变化之一斑。

2016 年 12 月 12 日零时开始，日本派驻南苏丹参加联合国维和行动的自卫队将可执行基于同年 3 月 29 日开始施行的日本新安全保障相关法的

"驰援护卫"和"宿营地共同防卫"两项新任务，① 标志着日本参与联合国维和行动开始出现新变化。这样的新变化是通过哪些决策流程最终酝酿通过的？其中的决策特征是怎样的？未来是否会产生新的国内外问题？对日本国内及国际社会又会产生哪些影响？……这些是本文试图解决的主要问题。

一 "新安保法"后日本参与联合国维和行动的决策过程与特征

当前，日本的所有重要政策全部由首相官邸主导决定，国家安全保障相关的决策更是如此。日本"新安保法"施行以后，日本政府需要在许多方面赋予自卫队新任务，而这实际上也是对安倍政权首相官邸主导决策机制的重大考验。自卫队在南苏丹维和的新任务是"新安保法"施行以来日本政府赋予自卫队的首个新任务，从政策酝酿到出台经过了一个完整的首相官邸主导决策的全流程，这将成为未来日本政府赋予自卫队其他新任务的决策流程范例。观察上述新任务的决策过程并分析其特征，对研究安倍内阁的首相官邸主导体制具有重要意义。

（一）自卫队赴南苏丹执行维和新任务的政策出台过程

1. 前期调研与相关准备（2016 年 5 ~ 8 月）

5 月起，日本防卫省开始协调 11 月起派遣以陆上自卫队第五普通科连队为中心的部队作为第 11 批派遣队赴南苏丹维和，为此，防卫省 5 月 22 日起派出第五普通科连队队员等约 40 人前往蒙古国，考察正在实施的多国维和军事演习。② 日本政府开始探讨是否从该队起首次赋予基于安全保障相关法的"驰援护卫"等新任务，并开始完善规定武器使用详细程序的新"部队行动基准"，同时观察舆论动向以确定赋予新任务和启动训练的时机。

---

① 「『駆け付け警護』可能に 11 次隊に指揮移行」、http://www.sankei.com/politics/news/161212/plt1612120005 - n1.html。

② 《日本正探讨海外自卫队适用安保法新任务范畴》，中国新闻网，2016 年 5 月 23 日，http://www.chinanews.com/gj/2016/05 - 23/7880517.shtml。

2. 启动新任务训练，确定新的"部队行动基准"（2016 年 8 月底）

8 月 25 日，防卫省启动了第 5 普通科连队关于掌握相关法律和当地局势等基本知识的派遣准备训练（常规训练）；9 月中旬，开始转为新任务的实际训练。新训练科目包括使用武器营救遭袭的联合国维和人员的"驰援护卫"，以及与其他国家军队一起护卫营地的"宿营地共同防卫"等，均以放宽自卫队攻击性武器使用和行动范围限制为前提，强调"实际环境下的作战能力"。防卫省计划让负责培训海外派遣队的专业部队参与训练，指导使用武器的步骤等。

与启动新任务训练同步，防卫省确定了新的"部队行动基准"，作为自卫队执行海外维和任务的行动根据。该"基准"规定了开展驰援护卫的候选地，防卫省打算将参加南苏丹联合国维和行动（PKO）的陆上自卫队开展驰援护卫时的活动地区仅限于宿营地所在的南部地区，而在南苏丹政府军队和反政府武装交战较多的北部地区原则上不打算同意提供救援，以最大程度保证日本自卫队员的安全；还规定了日本安保法解禁的警告射击对象为妨碍执行任务者、带入武器的种类以及枪弹数量上限等。①

3. 评估南苏丹安全局势，确定继续赴南苏丹维和的政策方向（2016 年 10 月上中旬）

10 月 8 日，为判断是否根据安全保障相关法案赋予"驰援护卫"等新任务，日本时任防卫相稻田朋美访问南苏丹，对当地局势进行视察，为评估南苏丹安全局势获取一手材料。稻田听取了有关陆上自卫队活动状况和地方局势的报告，并与南苏丹国防部副部长大卫·尤·尤（David Yau Yau）和负责当地维和任务的联合国驻南苏丹特派团（UNMISS）的高层交换了意见。②

10 月 14 日，日本政府召开国家安全保障会议部长会议，听取防卫大臣稻田朋美此前访问南苏丹的报告（稻田认为首都朱巴的治安状况比较稳定）。会议认为，日本应该继续对南苏丹的联合国维和行动提供支持，为此，将延长 10 月底到期的正在当地执行任务的自卫队的派遣时间，同时将

---

① 《日媒：日本自卫队南苏丹驰援护卫区域拟仅限南部》，中国新闻网，2016 年 8 月 29 日，http://www.chinanews.com/gj/2016/08-29/7987104.shtml。

② 《稻田朋美视察日本驻南苏丹维和部队》，日经中文网，2016 年 10 月 9 日，http://cn.nikkei.com/politicsaeconomy/politicsasociety/21769-20161009.html。

朝着可以使换防部队执行"驰援警卫"等新任务的方向开展研究。①

4. 评估自卫队新任务训练情况，决定派遣第 11 批部队并延长自卫队赴南苏丹维和派遣期限（2016 年 10 月底）

10 月 23 ~ 24 日，防卫大臣稻田朋美、陆上幕僚长冈部俊哉视察了第 11 批部队的新任务训练，冈部对部队训练的熟练程度做出了较高评价："就视察的情况，熟练程度已达到相应的水平……对于派遣，已经做好思想准备，也已经实现灵敏的行动。觉得若是赋予任务的话，对其的理解以及应对要点已做得很彻底。"②

10 月 25 日，日本政府召开国家安全保障会议 9 位相关大臣会议，计划经过一系列程序后，把以陆上自卫队第 9 师团第 5 普通科连队（驻地位于青森市）为主的第 11 批部队派往南苏丹。随后，按照既定程序，日本政府在内阁会议上正式决定变更实施计划，将陆上自卫队赴南苏丹参与联合国维和行动的派遣期限延长 5 个月至 2017 年 3 月底，③ 这段延长期也正是未来第 11 批部队的执行任务时间。

5. 再次评估南苏丹安全局势，决定赋予自卫队新任务（2016 年 11 月上中旬）

11 月 1 日，为给日本政府最后决定是否赋予自卫队新任务提供参考依据，曾任外务政务官的首相助理柴山昌彦访问南苏丹，对当地安全局势进行二次评估。他视察了日本陆上自卫队部队的宿营地据点，考察了朱巴市内的市场，并与该国总统基尔及联合国南苏丹特派团负责人、秘书长特别代表洛伊会谈，以了解当地最新的治安局势。

11 月 8 日，日本政府在自民党总部举行的国防小组会议等联合会议上，提交了向派往南苏丹参与联合国维和行动的陆上自卫队赋予基于安全保障相关法的"驰援护卫"新任务的实施计划变更方案，并获得了批准。④这意味着赋予自卫队新任务的相关政策走完了执政党内的审批程序。

---

① 《日本将研究赋予自卫队"驰援警卫"等新任务》，中国新闻网，2016 年 10 月 15 日，http：//www. chinanews. com/gj/2016/10 – 15/8032583. shtml。

② 《日本自卫队高层：新任务训练已达安保法要求水平》，中国新闻网，2016 年 10 月 28 日，http：//www. chinanews. com/gj/2016/10 – 28/8046088. shtml。

③ 《日本政府正式决定延长自卫队南苏丹派遣期限》，中国新闻网，2016 年 10 月 25 日，http：//www. chinanews. com/gj/2016/10 – 25/8042736. shtml。

④ 《日本内阁召开会议 赋予自卫队驰援护卫新任务》，中国新闻网，2016 年 11 月 15 日，http：//www. chinanews. com/gj/2016/11 – 15/8063105. shtml。

11 月 15 日，日本政府召开国家安全保障会议审议赋予自卫队新任务方案，还决定赋予海外自卫队另一项新任务"宿营地共同防卫"，即与他国军队共同保卫宿营地。① 之后通过内阁决议，向赴南苏丹参加联合国维和行动的日本自卫队赋予了"驰援护卫"这一新任务。②

（二）决策特征

1. 日益强化的官邸主导型决策机制确保政策走向

此次日本政府赋予自卫队新任务的决策过程可以说从一开始就毫无悬念，推进方向和过程比较顺畅，体现了行政决策的高效能，说明安倍内阁的官邸主导型决策模式日渐成熟，愈加强化。2012 年底安倍第二次上台以来，一直致力于实现真正的官邸主导，为此他对日本政府的决策机制从结构和人员上做了大幅度调整。2013 年 12 月 4 日，安倍内阁启动"国家安全保障会议"机制，并于 2014 年 1 月 7 日设立国家安全保障局作为其直属办公机构；2014 年 4 月 11 日，日本《国家公务员制度改革相关法》通过，由官房副长官担任局长的内阁人事局设立，对省厅干部人事进行一元化管理。2015 年，日本又对内阁府和内阁官房职能进行精简，内阁府承担的工作在形成一定的方向性之后，将改由主管省厅接手，通过将协调功能重新分散还给各省厅，内阁府和内阁官房可以集中精力处理安倍政权最重视的政策问题。③ 经过上述一系列的行政制度和机制改革，小泉政权后日渐式微的官邸主导型决策模式重新确立起来，并且在第二次安倍内阁时期得到了进一步强化，日益具有"安倍特色"。如果说 2014 年是"安倍特色"的官邸主导型决策模式的确立阶段，2015 年是这一模式开始运行并逐步发展的阶段，那么 2016 年则是这一模式的成熟、完善细节和加速阶段，而此次自卫队新任务政策出台过程正是这一阶段特征的典型表现。

从决策主体上看，国家安全保障会议已经成为首相官邸主导外交与安保政策的中枢，无论在政策酝酿的早期、确定政策走向的中期，还是在政

---

① 《日本赋予海外自卫队新任务，可"驰援护卫"卷入战争风险陡增》，澎湃新闻，2016 年 11 月 15 日，http://www.thepaper.cn/newsDetail_forward_1561837。

② 《当日本自卫队被允许在海外"动武"》，日经中文网，2016 年 11 月 16 日，http://cn.nikkei.com/politicsaeconomy/politicsasociety/22367-20161116.html。

③ 《日本内阁府要"瘦身"》，日经中文网，2015 年 1 月 4 日，http://cn.nikkei.com/politicsaeconomy/politicsasociety/12524-20150104.html。

策出台的后期，国家安全保障会议都作为决策主体行使着最高司令部的职能，与此相比，内阁会议基本成了摆设和走过场。更需引起注意的是，安倍本人更是日本国家安全委员会机制的核心，决策全程都能看到安倍的影子，比如早在2016年5月防卫省派员前往蒙古国考察多国维和军事演习时，自卫队就基于希望避免影响参议院选举的安倍意向，刻意未参加与新任务有关的训练；首相辅佐官柴山考察南苏丹安全局势时还向基尔递交了安倍的亲笔信。这些都体现了安倍对日本安全政策决策机制的强势掌控，同时也使此次自卫队执行新任务的维和政策带有浓厚的安倍个人色彩。

从决策中的推进手段和应变能力看，2016年的安倍内阁在推进政策过程中显得更为理性和耐心，并且多种手段并用，包括多次实地考察、刻意规避参议院选举等，这些方面显示安倍深知"欲速则不达"的道理，官邸主导型决策模式的成熟度比之前大为提高。比如，日本政府原计划是在2016年10月内与延长部队派遣时间的同时做出赋予新任务的决定，但鉴于南苏丹趋于不稳的局势，随机应变，首先通过了变更实施计划延长活动期间的内阁决议，随后又派首相助理柴山对南苏丹局势进行二次评估，显示了内阁的耐心和手段多样性。

2. 日渐顺畅的政官合作模式确保政策的有效执行

在日本，政官关系的合作度对决策的贯彻和落实有着决定性的影响，有时甚至影响执政党政权的稳定，比如日本民主党执政失败的一个重要原因就是没有处理好政治家与官僚间的关系，从而无法落实执政纲领导致支持率一落千丈。2012年底，安倍上台伊始就非常注重吸取民主党失败的教训，重视与官僚的合作。安倍处理政官关系没有一味地迁就官僚，而是采取了胡萝卜加大棒的手段："大棒"就是通过设置内阁人事局掌握官僚的人事权，从根儿上控制住官僚；"胡萝卜"就是给予官僚一定的自由裁量权，首相官邸确定完某项政策的基本方针和方向之后，政策的具体内容制定和执行会完全交给官僚，充分发挥官僚的各项政策执行能力，确保政策落实到位。基于自民党长期执政过程中处理政官关系的历史经验，得益于第一次执政时积累的官僚圈人脉，安倍的手段很快发挥了作用，具有安倍特色的政官合作关系与官邸主导型决策模式相得益彰。

如果说2015年安保法的制定和通过考验的是首相官邸对日本重大安保战略的决策掌控能力，那么2016年安保法的施行则是对日本政官合作度的重点考验，而赋予自卫队维和新任务则可以看作检验安倍与官僚合作程度的入门考试。从实际的政策推进过程来看，当前日本的政官合作日渐顺畅。当首相官邸确定政策的基本方向后，各省厅能够非常严格、完整地加以贯彻和落实，且省厅与首相官邸间的沟通较顺畅；而在观察舆论动向和选择具体政策出台时机时，官邸也对各省厅给予了充分的信任，有时甚至不惜改变既定的政策推行时间表，比如安倍内阁原本计划把判断是否赋予自卫队新任务与延长派遣期间整合在一起讨论并做决定，但后来鉴于需要通过外务省等把握南苏丹当地的详细情况以及自卫队员训练熟练度，又改为分开进行讨论，从中可以看出首相官邸主导与利用官僚间的一种动态平衡关系。

3. 执政党与政府间日趋明显的政高党低框架确保决策程序的完整高效

处理好与执政党之间的关系也是首相官邸主导型决策机制的重要组成部分。一方面，首相兼任执政党总裁，内阁成员大多为国会中的执政党议员，执政党与内阁是一体两面，首相要实现真正意义上的官邸主导，就必须在执政党内部确立权威，集中权力，这是其在内阁树立威信的党内基础；另一方面，在执政党内对政策进行审议并获得批准是首相官邸进行决策的必要步骤，如果执政党内部不够团结，无法形成一致性意见，将严重影响决策的效率，甚至影响政权的稳定。在这一方面，自民党是吃过很大苦头的。1993 年，自民党长期政权的垮台正是由于自民党内部混乱、激烈的派阀斗争，严重影响了内阁的行政决策能力。

当前安倍内阁与自民党间的政高党低决策框架日趋明显，尽管自民党内部对政府政策也参与讨论，有时甚至也产生比较激烈的争论，但最后内阁仍然掌握着主导权，自民党内的政策审议程序大多流于形式，主要表现为事后予以追认。此次日本政府赋予自卫队新任务的议案直到内阁决议最后出台前一周才在自民党内部审议会上提交，可以明显看出政府与执政党在决策地位上的高低。这种决策框架的形成主要有两个原因：一是历史原因，1993 年，自民党长期政权垮台后派阀政治日渐衰落，客观上提高了政府的决策地位，减少了安倍在党内的有力竞争对手，为其在自民党和内阁两个层面集权提供了政治环境；二是安倍吸取第一次执政时的经验教训，采取了干部连任、推迟内阁改组、主动调解党内人事纷争等诸多以稳定和集权为目的的控制手段，有效地避免了执政党内部可能出现的分裂，促使政高党低的决策框架逐步成形。

此外，此次自卫队新任务相关政策的出台之所以如此高效顺畅，还具有一定的特殊性，其中一个重要原因是自民党内部在外交与安保政策上相较于日本的经济政策更容易形成统一意见。实际上，关于赋予自卫队新任务，自民党内保守的国会议员们不但积极支持，还希望政府更为激进地进行操作，安倍不但不需要做自民党内工作以获取议员们的支持，反过来还需要做一定的控制工作。比如据日媒报道，11 月 8 日，在自民党总部召开的国防小组等联席会议上，防卫省在介绍自卫队新任务的具体任务细节时，将他国军队排除在驰援护卫对象范围外，遭到了防卫领域资深议员的攻击，该议员认为驰援他国军队在法律上是允许的，防卫省是在做过度的限制性解释，并批评称"不明白为何这样写"。[1]

二 "新安保法"后日本参与联合国维和行动的制约因素

2016 年 12 月 12 日凌晨 0 点（当地时间）开始，在南苏丹参与联合国维和行动的日本陆上自卫队第 11 批部队可执行基于新安全保障相关法的"驰援护卫"和"宿营地共同防卫"这两项新任务，[2] 标志着日本参与联合国维和行动新任务的相关立法和执法程序已经准备就绪；但一切并未尘埃落定，新问题接踵而来，自卫队的新任务在国内仍然有违反和平宪法的重大嫌疑，南苏丹的日本维和部队人员安全风险上升，成为国内媒体炒作的热点和国民关注的焦点，同时维和行动自身在国际制度层面的诸多困境仍然在发酵。自卫队执行维和新任务如同打开了潘多拉魔盒，日本是否能够顺利实现参与联合国维和行动的战略新动机令人怀疑。

（一）违宪嫌疑

从 2014 年 7 月 1 日日本政府通过关于解禁集体自卫权等与安保法相关的内阁决议案，到 2015 年 9 月"新安保法"的通过，再到 2016 年 3 月"新安保法"的施行，自卫队扩大的诸多新任务在日本国内面临违反和平宪法的质疑，特别是日本国内宪法学界和普通国民的反对声音一直居高不下。自卫队"驰援护卫"这项新任务，就有违反和平宪法规定的禁止使用

---

[1] 《日本赋予自卫队新任务"和平国家"走到岔路口？》，中国新闻网，2016 年 11 月 16 日，http://www.chinanews.com/gj/2016/11 - 16/8064302.shtml。

[2] 《日本在南苏丹自卫队今起执行新任务，日媒：扩大海外武器使用》，澎湃新闻，2016 年 12 月 12 日，http://www.thepaper.cn/newsDetail_forward_1578646。

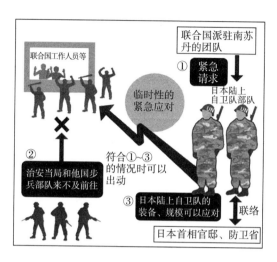

图1 "驰援护卫"任务图示

资料来源：http://cn. nikkei. com/politicsaeconomy/politicsasociety/22367 – 2016
1116. html。

武力的重大嫌疑。所谓驰援护卫，是指自卫队使用武器救助处于他处的联
合国及非政府组织工作人员或平民的任务，包括持枪和在必要时进行警告
射击。这项新任务突破了过去自卫队仅限于自我防护和武器防护的武器使
用限制，增加了任务遂行型的武器使用选项，这就有可能使自卫队在执行
任务过程中发生与国家或准国家组织的交火，从而触及日本现行宪法第九
条所禁止的"武力行使"，退一步讲也不符合日本政府对和平宪法第九条
的解释。① 对此，日本政府的解释是，关于联合国维和行动等，在参加
PKO 五项原则的框架下，需要"该活动开展地区所属国的同意"及"冲突
当事人对该活动的同意"，因此，同意接受该活动的冲突当事人以外的
"相当于国家的组织"的敌对方基本上不会出现。② 2016 年 11 月 15 日，安
倍在日本参院特别委员会上面对违宪质疑时，说出了同样的理由，即"不
存在成为武力冲突当事者的'准国家组织'"。也就是说，日本政府及安倍
首相认为，目前在南苏丹不存在作为武力冲突当事者的国家或准国家组

---

① 長谷部恭男、杉田敦編［安保法制の何が問題か］、岩波書店、2015年、頁47。
② 日本内阁官房 2014 年 7 月 1 日内阁决议案《关于为保全国家存立、守护国民，完善安全
　　保障法制，实现无疏漏应对》，第 5 页，http://www. cas. go. jp/jp/gaiyou/jimu/pdf/anpo-
　　hosei. pdf。

织，而这也是日本继续往南苏丹派出维和部队的主要理由，但现实情况不太符合日本政府及安倍本人的解释。在南苏丹，政府军与前第一副总统马沙尔派持续发生武力冲突，日本政府却认为"马沙尔派没有统治区域等，不被承认为准国家组织"，这种解释未免过于牵强，也引起了日本国内宪法学界的抗议。2016 年 12 月 9 日，日本各地的大学教授等 101 位宪法学者发表声明，认为南苏丹的反对派也属于"国家或准国家组织"，因此"只要决定使用武器就成为行使武力"，赋予自卫队的"驰援护卫"等新任务，"属于规定放弃战争的日本《宪法》第九条所禁止的行使武力"，要求日本政府立即撤回在南苏丹参与联合国维和行动的自卫队。①

实际上，在日本国内，自卫队的上述新任务已经引发了违宪诉讼。2016 年 10 月 28 日，约 30 名在日本关西等地居住的市民以安全保障相关法违反《宪法》、侵犯其和平生存权为由，向大阪地方法院提起诉讼，市民方面要求停止向南苏丹派遣自卫队，向国家要求赔偿每人 1 万日元。起诉书称，日本安保法"违反规定放弃战争的《宪法》第九条，侵犯了原告等的和平生存权"，"若向南苏丹派遣被赋予'驰援护卫'任务的自卫队，将造成更高程度的权利侵犯"。"如果这样下去的话，战后 70 年日本不以武力威吓、不行使武力的和平原则将陷入从根本上被颠覆的局面。"② 无论诉讼结果如何，诉讼本身已经使自卫队下一步执行新任务蒙上了一层涉嫌违宪的阴影，这样的违宪诉讼必定不会是唯一一件，而且随着自卫队新任务执行的推进，诉讼案件可能在日本全国各地成扩展趋势。也许是出于担心将来会被用作违宪诉讼的证据，防卫省最近在日本参与联合国维和行动的公开信息方面接连采取消极举动，先是大半涂黑防卫大臣稻田访问南苏丹时由防卫省制作的《当地情况报告》，接着在 12 月又销毁了在南苏丹参加联合国维和行动的陆上自卫队编写的记录每天活动情况的日报资料，使得事后查证变得非常困难。防卫省的这种消极态度反倒增加了自卫队新维和任务的违宪嫌疑，因此违宪嫌疑很可能成为自卫队执行"驰援护卫"任务的阿喀琉斯之踵。

---

① 《日本百余位宪法学者要求撤回南苏丹维和部队》，中国新闻网，2016 年 12 月 9 日，http://www.chinanews.com/gj/2016/12-09/8089153.shtml。

② 《日本市民诉安保法违宪　要求停止向南苏丹派自卫队》，中国新闻网，2016 年 10 月 28 日，http://www.chinanews.com/gj/2016/10-28/8046898.shtml。

（二）自卫队员安全风险上升与社会舆论问题

南苏丹恶劣的安全形势和日本自卫队追加新任务两个因素使得自卫队维和人员的安全风险陡然上升。2016 年 7 月，总统基尔和副总统马沙尔两派的军队再次发生持续激烈交火，其间发生了外国援助团体工作人员遇袭事件，导致超过 270 人死亡，日本政府发出了"南苏丹的治安状况极其恶劣，接连发生众多市民被杀害事件"的见解，美国及联合国甚至发出了对南苏丹日益加深的民族仇恨可能演变为种族屠杀的警告。在这种局势紧张的背景下，自卫队开始执行"驰援护卫"新任务必然会升高实战风险。尽管日本政府方面称，自卫队的活动本来就带有危险，通过反复训练并选择较为安全的实施场所可以回避风险，安倍首相和防卫大臣稻田在众议院答辩时也使出浑身解数做各种解释以消除国民的不安，但安全风险日益增加已是不争的事实。为此，日本防卫省还专门修改了有关南苏丹维和自卫队员死亡抚恤金的训令，把队员在任务中死亡时支付的"抚恤金"限额从现在的 6000 万日元（约合人民币 360 万元）增至 9000 万日元，[①] 这也从侧面反映了自卫队员执行"驰援护卫"任务面临的巨大安全风险。未来一旦出现执行新任务造成日本维和自卫队员伤亡的情况，必然影响安倍政权的执政根基。

与此同时，自卫队员的安全风险上升也在国内掀起了轩然大波，引起日本国民的普遍不安，招来了诸多抗议。在此之前，自卫队参与联合国维和行动参与的都是非军事、非主体任务，基本不存在安全风险，国民普遍表示理解，也认可日本需要做出国际贡献。20 世纪 90 年代《朝日新闻》的一项舆论调查显示，72% 的日本人主张日本应在国际社会发挥领导作用。[②] 但现在，自卫队将要参与的联合国维和行动是具有一定军事性质的主体任务，稍有不慎就会面临伤亡，日本国内舆论不再是一边倒地支持。日本朝日新闻社的一项民调显示，关于向派遣至南苏丹参加联合国维和行动的陆上自卫队部队，赋予基于《安全保障关联法》的新任务"驰援护

---

① 「『駆け付け警護』死亡の場合の見舞金を引き上げも…及び腰の政府、消防士よりも低待遇放置」，产经新闻网，http://www.sankei.com/politics/news/161207/plt1612070006 - n1.html。

② 赵磊：《日本参与联合国维和行动的历史脉络及特征分析》，《教学与研究》2012 年第 3 期。

卫"（警护出动）一事，56% 的受访者持"反对"态度。① 另外，日本国内反对政府向南苏丹继续派遣维和部队和执行"驰援护卫"新任务的抗议活动也是此起彼伏。2016 年 10 月 17 日，日本反对安全保障相关法的团体"反对安保相关法妈妈会"在东京举行集会，并向国会议员提交了约 1400人的反对签名。此次集会旨在反对日本政府正在探讨中的派赴南苏丹自卫队"驰援护卫"。② 10 月 19 日，约 6000 人在日本国会周边举行大规模集会，抗议日本政府向南苏丹派遣自卫队。③ 无论日本政府做何种解释，日本国内反对自卫队执行维和新任务的社会主流舆论已经形成，日本参与联合国维和行动的国内政策环境已趋于紧张，必将对日本政府的维和新政策形成最直接的制约。

（三）联合国维和行动自身的制度困境

随着参与联合国维和行动广度和深度的扩大，日本不断或更多陷入联合国维和行动自身制度困境的可能性也在增大。迄今为止，联合国维和行动的相关国际制度仍然不完整，也不规范，法理依据模糊，维和行动的原则、规范、规则和决策程序④等法律机制缺失，内涵具有多样性和复杂性。近年来，随着联合国维和行动职能和范围的进一步扩大，传统维和的原则被打破，作为国际干预手段的维和行动，越来越侵犯国家主权的边界，其自身定位越来越模糊，这些都引发了国际上的广泛争论，日本此次开启的维和新任务也必然陷入上述争论的旋涡之中。

联合国维和行动的第一个制度困境在于其容易受到大国权力博弈的制约：如果维和行动得到大国支持，并获得大国让渡的主权权力，其干预冲突的效力便强而有力；然而，如果大国相互对抗和制衡，则维和行动的效力会大打折扣甚至无法发挥，比如冷战时美苏对峙最严重的 10 年时间里（1978～1988 年），联合国没有通过部署一次维和行动。⑤ 目前，从大国权

---

① 《民调：多数日本人反对赋予自卫队驰援护卫任务》，中国新闻网，2016 年 11 月 23 日，http://www.chinanews.com/gj/2016/11 - 23/8071788.shtml。
② 《日本反安保法团体提交反"驰援护卫"千人签名》，中国新闻网，2016 年 10 月 18 日，http://www.chinanews.com/gj/2016/10 - 18/8034675.shtml。
③ 《日拟赋予南苏丹维和自卫队新任务，引六千人集会抗议海外动武》，澎湃新闻，2016 年 10 月 21 日，http://www.thepaper.cn/newsDetail_forward_1547178。
④ 刘丹：《联合国维和行动的困境及前景》，时事出版社，2015，第 5 页。
⑤ 刘丹：《联合国维和行动的困境及前景》，时事出版社，2015，第 48 页。

力博弈的角度看，在南苏丹的维和行动已出现了大国间不一致的不稳定发展趋势。2016 年 12 月 23 日，联合国安理会对包括武器禁运在内的南苏丹制裁决议案进行表决，投赞成票的是美、英、法、西班牙、新西兰、乌克兰及乌拉圭 7 国，日本、中国、马来西亚、俄罗斯、埃及、塞内加尔、安哥拉及委内瑞拉 8 国则弃权（安理会决议若获得 9 国以上赞成且美英法中俄 5 个常任理事国不行使否决权，就将获得通过），①美国提出的决议案遭到否决，这表明在如何干预南苏丹冲突问题上，大国间已经出现了无法达成一致的局面，这很可能会影响驻南苏丹维和部队的实际效能。实际上此前已经出现了南苏丹局势陷入恶化、维和部队不主动执行维和任务等情况，而这对刚刚开始进入新任务模式的日本维和部队来说无疑将形成一种非常负面的政策执行环境。

联合国维和行动的第二个制度困境在于其很难做到对冲突干预的中立性，很容易成为发达国家干预发展中国家内政的幌子。国家利益是联合国各成员国参与国际政治活动和扮演行为体角色的出发点和归宿，因此，其必然是各国考量对维和行动的参与的根本尺度。尽管冷战结束后，国际维和理论有所发展，西方学者发明了"人权超越主权"的理论，并将人道主义干预作为组织维和行动的重要根据，表面上看人道主义干预似乎使各国抛弃了各自的国家利益转而关怀全人类的和平与安全，但实践证明，人道主义干预实质上还是发达国家更为冠冕堂皇的谋取私利的一种工具而已。如同美国前总统比尔·克林顿在《第 25 号总统决策令》里所承认的，"若组建得当，和平行动可以成为推动美国国家利益、实现国家安全目标的有益工具"。②说到底，日本赋予自卫队维和新任务又何尝不是以实现其自身国家利益和国家安全战略为根本目标？但自卫队的新任务其实是一把双刃剑，日本也给自己挖了一个陷入维和行动制度困境的坑，其参与维和行动范围越广、任务越深入，与发达国家间的利益冲突也就越纠缠不清，对冲突当事方的干预界限也就越模糊，更容易引起当事国对其干预中立性的怀疑和批判，最后反而可能葬送其在国际上在非军事维和任务方面多年经营的良好国际形象和国际贡献，落入"赔了夫人又折兵"的

---

① 《详讯：联合国安理会否决南苏丹制裁决议案》，〔日〕共同网，2016 年 12 月 24 日，http://china. kyodonews. jp/news/2016/12/132030. html？phrase ＝ 南苏丹制裁。

② "The Clinton Administration's Policy on Reforming Multilateral Peace Operations," PDD25, May 6 1994, http://www. fas. org/irp/offdocs/pdd25. htm.

尴尬境地。南苏丹的局势已经使日本离上述境地越来越近了，红十字国际委员会主席彼得·毛雷尔 2016 年 11 月 8 日在接受采访时认为包括陆上自卫队活动的南苏丹在内各国纷争趋于复杂，联合国维和行动保持中立已变得很困难，南苏丹的治安局势"存在发展成诸如武力冲突的暴力行为的风险"。①

三 评估与展望

日本政府的维和新政策可谓牵一发而动全身，随着自卫队第 11 批赴南苏丹维和人员启动新任务机制，未来必将对安倍政权的稳定性、日美同盟间的协调、日本的外交政策与国家发展方向产生一连串的影响。

第一，自卫队新任务的后续执行存在危及安倍政权稳定的可能性。自卫队的第 11 批派遣队今后将建立由自卫队首度肩负新任务的应对机制，与参加 PKO 南苏丹派遣团的他国部队通过指挥官级别的相互拜访等，确认宿营地共同防卫程序。② 可以说，自卫队新任务的执行目前仅仅是一个开始，未来会遇到何种棘手问题还是未知数，但无论将来遇到什么问题，对安倍政权都将是巨大的挑战。如果南苏丹局势突然恶化，日本政府会不会被迫撤回自卫队？这是否与日本政府对南苏丹的局势见解互相矛盾，进而引发政府公信力问题？如果自卫队执行新任务过程中出现人员伤亡，日本政府如何安抚国民情绪，会不会造成内阁支持率突降？日本国内此起彼伏的对自卫队执行新任务的违宪诉讼是否会与反对修宪的抗议形成合流，进而影响以修宪为根本目标的自民党政权的前景？上述问题如同如星星之火，稍有不慎就会引发燎原烈火、触动自民党的执政根基。

第二，自卫队新任务背后的日本政府决策理念可能影响日美同盟的稳定。此次的日本政府维和新政策是首相官邸主导下的内阁与防卫省、外务省共同合作的产物，尽管从目标上看，内阁与防卫省、外务省都倾向于通过赋予自卫队新任务增强自卫队的实力，但内阁与省厅背后的政策理念有比较明显的区别。外务省和防卫省的许多官员认为"要基于日美安保条

① 《专访：红十字国际委员会主席认为 PKO 很难保持中立》，〔日〕共同网，2016 年 11 月 9 日，http://china. kyodonews. jp/news/2016/11/129809. html? phrase = 中立性。

② 《日本南苏丹 PKO 部队加紧建立执行新任务机制》，中国新闻网，2016 年 12 月 12 日，http://www. chinanews. com/gj/2016/12 - 12/8091651. shtml。

约，在同盟关系的框架内增强自卫队"。而首相官邸和自民党部分声音认为日本应该提高自己的防卫能力。一言以蔽之，两种理念的区别在于究竟是要作为美军的补充来增强自卫队，还是要走与美国没有直接关系的、根据日本的判断加强防卫能力的自主防卫路线？① 在当前自民党一党独大、首相官邸占据决策主导地位的背景下，首相官邸的自卫队增强论明显占据上风，而这种论点暗含脱离美国控制的倾向。这种倾向在日美未就美主导的联合国安理会对南苏丹制裁决议案达成一致意见的案例中得到了明显体现。日本政府为实现独立性更强的海外行动能力，不惜在国际层面违背美国的意志，日美之间的这种不协调必然会影响日美军事同盟的稳定性，而在持"自己的国家自己保护"理念的特朗普上台后，日美同盟再次"漂流"的可能性大增。

第三，自卫队的新任务可能对日本的国际形象产生负面影响。安倍在第二次上台后，一直在打外交安保与经济两张牌。目前，"安倍经济学"对支撑安倍政权的边际递减效应愈加明显，在此背景下，安倍急于在外交安保政策上多出政绩，希望此次以赋予自卫队维和新任务作为实施新安保法的"头炮"，为其在联合国外交和安保政策上加分。但欲速则不达，此次日本政府赋予自卫队新任务的强烈功利色彩已经在日本国内和国际上引发了抗议和质疑，明显不利于日本通过多年努力在国际上塑造的"和平大国"的"光辉形象"。

尽管从历史脉络上看，日本参与联合国维和行动跨入新的历史阶段；从决策流程上看，日本的官邸主导型决策机制逐步成型，但鉴于自卫队维和新任务面临诸多国内外问题，日本政府是否能够实现其在参与联合国维和行动上的战略新动机有待进一步观察。对安倍内阁来说，迄今为止，自卫队的维和新任务仍是一把"双刃剑"。

① 《评论：同盟强化与自主防卫——两种自卫队增强论似是而非》，〔日〕共同网，2016 年 12 月 16 日，http://china.kyodonews.jp/news/2016/12/131673.html？phrase=自卫队增强论。

Japan's Participation in UN Peacekeeping Operations under Its New National Security Law: Characteristics of Decision Making and Factors of Restrictions

Zhang Xiaolei

Abstract　Three characteristics of Japan's bureaucracy-guided policymaking can be discovered in the process of Japanese government's decision to grant its self-defense force the new missions of peacekeeping: 1) The policy orientation is guaranteed by the continuously strengthened bureaucracy-guided policymaking mechanism. 2) The policy implementation is operated through a cooperative model characterized by increasingly unhindered political-bureaucratic relations. 3) There is a continuously clarified framework regulating the relations between the ruling party and the government, in which the status of the government is higher than that of the ruling party. This framework ensures that the policymaking procedures can be carried forward completely and efficiently. Although the Japanese government already passed a cabinet resolution that grants its self-defense force new missions to participate in the UN peace keeping activities, three factors still restrict the smooth implementation of this new mission: 1) It is widely suspected that the new mission granted to Japan's self-defense force may violate Japan's constitution. 2) There is a possibility that the members of Japan's self-defense force have to take much more risks than before, which may disturb Japan's general public and make them worried. 3) An institutional dilemma already exists in the peace keeping operations of UN.

Key Words　Japan; New National Security Law; UN Peacekeeping Operations

Author　Zhang Xiaolei, associate professor of the Institute of Japanese Studies, Chinese Academy of Social Sciences.

安倍政府推进日俄关系的动因及其前景

黄　刚

【内容提要】2012 年安倍第二次上台后，积极开展对俄外交，努力以双边经贸和安全保障合作提升日俄关系整体水平，并通过不断举行日俄领导人会晤等方式加强两国互信，取得了一些进展。其背后存在着解决北方领土问题与缔结日俄和平条约、谋求经济利益和制衡中国等多重动机。未来日俄关系的发展仍面临诸多障碍因素，前景具有很大的不确定性。

【关键词】安倍政府　日俄关系　日本　俄罗斯

【作者简介】黄刚，上海日本研究交流中心研究人员，法学硕士（国际关系）。

日本与俄罗斯虽为近邻，但是由于历史积怨、冷战格局和领土问题的困扰，两国关系在战后长期处于停滞不前甚至相互敌视的冰冷状态。冷战结束后，日俄双方根据世界政治与经济格局的重大变化，均从各自国家利益需要出发，对各自的外交政策做出了相应调整，使两国关系逐步解冻、升温。虽然日俄关系改善和发展进展较为缓慢、几经波折，呈现出不稳定的特征，但总的来说，已走出意识形态和军事对立的阴影，步入了以加深交流和扩大合作为主旋律的新阶段。

2012 年 12 月第二届安倍政府上台后，日俄关系再度活跃起来，出现了一系列明显变化。尤其引人瞩目的是，为了与俄罗斯解决领土问题并缔结和平条约，日本展现出了更加灵活的姿态，试图以不同于以往的新思路开创日俄关系的新局面。

鉴于日俄关系是东北亚地区格局中非常重要的一对双边关系，也是直接影响到东北亚地区乃至亚太地区和平与稳定的主要变量之一，日俄关系的新动向和新趋势值得关注。

一 安倍政府对俄外交的轨迹与特点

在对俄关系方面，日本政府的基本方针是，构筑适应亚太地区伙伴身份的日俄关系，在政治、经济、安全保障、文化等各领域发展双边关系，同时致力于解决北方领土问题这一两国之间悬而未决的最大问题并缔结日俄和平条约。总之，日本政府认为提升日俄关系的整体水平符合日本的国家利益。[①]

安倍政府在上台后一直致力于改善和推进日俄关系，采取了既贯彻上述基本方针又独具特色的对俄和睦外交。这主要表现在三个方面。

第一，将俄罗斯作为日本周边外交乃至战略外交的优先对象。

安倍晋三在 2012 年 12 月再度出任日本首相之初即表示，必须恢复对国家利益予以维护和主张的外交，有必要以俯瞰地球仪那样的视角来思考战略，并将从战略角度开展作为综合力量体现的外交。[②] 由此，日本开始倾力推行安倍的"俯瞰地球仪外交"构想，并将对俄外交作为启动"安倍式战略外交"的开篇之作。

2012 年 12 月 28 日，安倍在就任后的第三天先后与印尼、俄罗斯、英国、澳大利亚、越南和印度六国领导人举行电话会谈。在与俄罗斯总统普京的电话会谈中，安倍表示，日方重视与俄方的关系，将日俄关系视为"最富有可能性的双边关系之一"，并将发展日俄关系作为"最优先的课题之一"。[③] 2013 年 2 月，日本政府派出与普京有深交的前首相森喜朗作为首相特使，携安倍致普京的亲笔信访俄，为安倍访俄铺路。

2013 年 4 月，上任刚满 4 个月的安倍即亲率约 120 人组成的"日俄关

---

① 「対露外交の基本方針」、外務省、http://www. mofa. go. jp/mofaj/files/000044685. pdf。

② 「平成24年12月26日　安倍内閣総理大臣就任記者会見」、首相官邸、2012 年 12 月 26 日、http://www. kantei. go. jp/jp/96_abe/statement/2012/1226kaiken. html。

③ 「日露首脳電話会談　平成24年12月28日」、外務省、2012 年 12 月 28 日、http://www. mofa. go. jp/mofaj/kaidan/s_abe2/121228_06. html。

系史上最强大的经济代表团"对俄罗斯进行正式访问,① 这是安倍重掌政权后首次出访俄罗斯,也是日本首相时隔 10 年后再度访俄。访问期间,安倍与普京就广泛问题进行了坦诚深入的交谈,形成了个人信赖关系。在安倍与普京会谈后,双方发表了《关于发展日俄伙伴关系的联合声明》,指明了日俄合作的具体方式;两国领导人还一致同意,重启和加速推进此前数年处于停滞状态的有关和平条约的谈判。② 有日本学者认为,从整体印象来说,安倍此访给此前十年间处于"相互无视"状态的日俄关系带来了转机。③ 此后,日俄关系迅速升温。

当时,日本在整个东北亚的外交处境非常孤立,特别是与中韩两国之间的双边关系,由于历史认识问题与领土问题的激化而跌入谷底。而保守主义和鹰派色彩突出的安倍在历史认识问题与领土问题上坚持错误立场,诸多表态唯恐不右,出格言论层出不穷,导致日本与中韩两国之间的关系持续紧张。因此,改善日俄关系便成了安倍外交在东北亚的"唯一选择"。④ 对于安倍政府来说,对俄外交的突破可以在一定程度上缓解日本国内对于周边外交四面楚歌的不满。而且,同样为领土问题所困扰的日俄关系得到改善,有助于日本摆脱外交上的孤立处境,进而以此为支点,扩大对中韩两国的外交回旋空间。

与安倍政府重视并积极推动对俄外交的姿态形成鲜明对比的是,在对华外交方面,直到 2014 年 11 月中日双方就处理和改善中日关系达成四点原则共识后,来华出席亚太经合组织领导人非正式会议的安倍才与中国国家主席习近平实现了两国领导人时隔两年半的首次会晤,迈出了改善两国关系的第一步;在对韩外交方面,安倍与 2013 年 2 月上任的韩国总统朴槿惠直到 2014 年 3 月在荷兰海牙出席第三届核安全峰会期间,借日美韩三国领导人会谈才实现了各自执政后的首次面对面会谈,而此前两人仅在国际会议等场合有过简短交谈。

---

① 「安倍総理　ロシア・中東訪問」、首相官邸、http://www.kantei.go.jp/jp/headline/russia_middleeast2013.html。
② 「日露首脳会談（概要と評価）平成25年4月29日」、外務省、http://www.mofa.go.jp/mofaj/kaidan/page4_000064.html。
③ 袴田茂樹「プーチン大統領の『ヒキワケ』論を解剖する」、桜美林大学北東アジア総合研究所日ロ関係研究会編『東京とモスクワ—改善のチャンスは近いのか—』（相模原：桜美林大学北東アジア総合研究所、2013年）、頁193。
④ 下斗米伸夫編『日ロ関係　歴史と現代』（東京：法政大学現代法研究所、2015年）、頁204。

第二，将深化经贸与安全保障合作作为提升日俄伙伴关系整体水平的重要标志。

对日俄关系而言，经济合作一直是一个重要领域，受到双方的高度重视。进入 21 世纪，伴随着俄罗斯经济复苏和原油价格的高涨，日俄双边贸易额在 2003~2007 年的 5 年间飞跃性增长了约 5 倍，在 2008 年规模达到约 300 亿美元。① 2009 年，受全球金融危机等因素的影响，日俄双边贸易额一度大幅减少，但在 2010 年止跌回升，并在 2012 年达到创纪录的约 335 亿美元。②

安倍政府希望立足于传统的能源合作，从农业、基础设施和运输等各领域全面扩大对俄经济合作。

2013 年 4 月安倍访俄期间，日俄双方共签署了 17 项合作文件，其中包括两国政府之间有关在运输、能源、投资等方面开展合作的备忘录以及两国一些大银行和大企业之间有关在城市环境、医疗和俄罗斯远东地区发展等方面开展合作的备忘录。③ 日俄双方还发表了《关于发展日俄伙伴关系的联合声明》，这是继 2003 年时任日本首相小泉纯一郎与俄罗斯总统普京签署《日俄行动计划》后时隔 10 年双方再次发表指导两国关系发展的纲领性文件。在这份声明中，有关深化两国经贸合作的内容也占了很大比重。在两国的共同努力下，2013 年，日俄双边贸易额达到约 348 亿美元，继续刷新历史纪录。④

2016 年 5 月，安倍在对俄罗斯进行非正式访问期间提出了涉及能源开发、城市建设、中小企业交流与合作以及尖端技术合作等领域的 8 项对俄经济合作计划。为了全面推进对俄经济合作，日本政府于 2016 年 9 月宣布新设"对俄经济领域合作担当相"一职，由经济产业相世耕弘成兼任。⑤ 同年 12 月 16 日，日俄两国政府正式宣布 8 项对俄经济合作计划，

---

① 「日露経済関係概観」、外務省、2010 年 12 月、http://www.mofa.go.jp/mofaj/area/russia/keizai/gaikan.html。
② 外務省編『外交青書2013（平成25年版）』（東京：日経印刷、2013年）、頁88。
③ 「日露首脳会談後の署名式で署名された文書一覧」、外務省、http://www.mofa.go.jp/mofaj/files/000003991.pdf；「安倍総理の訪露の際に作成された 文書一覧 」、外務省、 http://www.mofa.go.jp/mofaj/files/000004576.pdf。
④ 外務省編『外交青書2014（平成26年版）』（東京：日経印刷、2013年）、頁87。
⑤ 「菅義偉官房長官　ロシア経済分野協力担当相の新設を正式発表」、産経ニュース、ht-tp://www.sankei.com/politics/news/160901/plt1609010017 - n1.html。

两国民间企业就 68 个项目达成了协议，投资与贷款等总额将达到 3000 亿日元规模。日俄双方将对半出资成立 10 亿美元的投资基金。①

除经贸合作外，安倍政府还努力深化日俄双边安全合作，并取得了突破性进展。

日俄两国在 1999 年签署关于防务交流的备忘录后正式启动防务交流。② 此后，两国开始通过防务首长互访、防务部门磋商与对话、舰艇互访以及海上共同搜救和联合训练等方式逐步扩大防务交流。

2013 年 4 月，安倍与普京一致同意建立日俄外长与防长磋商机制（"2 + 2" 会谈），这是日俄关系发展的佐证，同时也体现了双方领导人对两国安全保障与防务领域合作的重视。③ 同年 11 月，日俄两国政府在东京举行首次 "2 + 2" 会谈。双方通过此次会谈取得了三项成果：一是达成了实施反恐和反海盗联合训练以及建立网络安全保障磋商机制等共识，二是从加强安全保障与防务领域的相互理解以构建互信的观点出发进行了有益的沟通，三是确认了两国将在亚太地区多边框架内也进行更加紧密的合作。④ 对此，安倍表示，日俄 "2 + 2" 会谈将使两国的合作与信任关系取得巨大发展。⑤

第三，将高层政治对话特别是领导人会晤作为推进日俄和平条约谈判以及解决北方领土问题的关键手段。

战后，日本与当时的苏联在 1956 年 10 月签署了标志着两国结束战争状态、实现邦交正常化的《日苏共同宣言》，但长期处于未缔结和平条约的 "异常状态"，原因在于北方领土问题即北方四岛（俄称南千岛群岛）的归属问题至今没有得到解决。日本政府所坚持的一贯方针是在解决有关

---

① 《日俄政府公布对俄经济合作总额约为 3000 亿日元》，〔日〕共同网，2016 年 12 月 16 日，http://china.kyodonews.jp/news/2016/12/131695.html。

② 「日本の防衛政策と日露防衛交流—ロシア参謀本部大学　額賀福志郎防衛庁長官スピーチ（平成18年1月13日）」、防衛省、http://www.mod.go.jp/j/press/youjin/2006/01/10_19_r_speach.html。

③ 「インターファクス通信（ロシア）による岸田大臣書面インタビュー（平成25年10月31日）」、外務省、http://www.mofa.go.jp/mofaj/files/000020343.pdf。

④ 「日露外務·防衛相共同記者会見　平成25年11月2日（11時23分～12時23分）」、防衛省、http://www.mod.go.jp/j/press/kisha/2013/11/02.html。

⑤ 「ラヴロフ·ロシア連邦外務大臣及びショイグ·ロシア連邦国防大臣による安倍総理大臣表敬　平成25年11月2日」、外務省、http://www.mofa.go.jp/mofaj/kaidan/page4_000272.html。

北方四岛的归属问题后，早日缔结日俄和平条约。①

　　安倍在再度出任日本首相后发表的首份施政方针演说中表示，将在力求全面发展日俄关系的同时，专心致力于解决北方领土问题这一日俄之间悬而未决的最大问题，并缔结日俄和平条约。② 2013 年 4 月，安倍在访俄时与普京一致同意重启和加速推进日俄和平条约的谈判，也为重启此前一度陷入停滞状态的有关北方领土的谈判开辟了道路。

　　对于日俄领土及和平条约问题，除了两国外交部门和外长等层面密切开展政治对话外，安倍认为"没有领导人之间的直接沟通，就不可能解决问题"。③ 因此，原本就很重视与外国领导人建立相互信任关系的安倍，格外重视与普京之间的个人关系。

　　从 2013 年 4 月至 2013 年 10 月，安倍在半年的时间里 4 次会晤普京，极力构建与普京的"蜜月关系"。2014 年 2 月，第 22 届冬季奥运会在俄罗斯索契举行，在西方主要国家抵制索契冬奥会的背景下，安倍出于"特殊的政治考虑"，出席索契冬奥会开幕式，向普京发出了"温暖的讯息"（日本前首相鸠山由纪夫语）。④ 当时正可谓安倍政府与普京政府的"蜜月关系"的顶点。⑤

　　其后，由于乌克兰局势恶化，日本追随欧美国家的步伐，加入对俄经济制裁的行列，给日俄关系投下了阴影，导致普京 2014 年秋季访日计划搁浅，安倍与普京的"蜜月关系"也下降到了"低位稳定水平"。⑥ 尽管如此，日本还是尽最大努力缩小乌克兰问题对日俄关系的消极影响，无论在对俄态度，还是对俄制裁措施的实施力度上，都表现得极为克制，为恢复日俄关系的积极发展势头保留了余地。

　　2014 年 10 月，在意大利米兰出席第十届亚欧首脑（ASEM）会议期

① 「北方領土問題に関するQ&A」、平成28年5月17日、外務省、http://www.mofa.go.jp/mofaj/area/hoppo/mondai_qa.html。

② 「平成25年2月28日　第百八十三回国会における安倍内閣総理大臣施政方針演説」、首相官邸、http://www.kantei.go.jp/jp/96_abe/statement2/20130228siseuhousin.html。

③ 「平成28年5月5日　内外記者会見」、首相官邸、http://www.kantei.go.jp/jp/97_abe/statement/2016/0505naigai.html。

④ 東アジア共同体研究所編『ウクライナ危機の実相と日露関係』（東京：花伝社、2015年）、頁22。

⑤ 下斗米伸夫『プーチンはアジアをめざす』（東京：ＮＨＫ出版、2014年）、頁22。

⑥ 鈴木美勝「対ロシア外交に独自色強める安倍首相の意欲と誤算」、nippon.com、http://www.nippon.com/ja/column/g00306/? pnum =3。

间，安倍与普京举行了约 10 分钟会谈。安倍表示，即使处于困难的状况
下，仍重视继续保持日俄之间的政治对话。[①] 同年 11 月，安倍在中国北京
出席亚太经合组织（APEC）第二十二次领导人非正式会议期间与普京举
行了约一个半小时的会谈，这是两人自索契冬奥会开幕之际举行会谈以来
首次有充足的时间长谈。双方在和睦的气氛中进行了讨论，并对双方的个
人信任关系进行了维护与再度确认。[②] 2015 年，日本在通过各种渠道与俄
罗斯保持联系的同时，继续为促成普京访日而努力。

2016 年，安倍两次到访俄罗斯，并与普京举行了会谈。先在 5 月利用
日本作为七国集团（G7）领导人会议主席国的身份对俄罗斯进行非正式访
问，后在 9 月出席在俄罗斯远东城市符拉迪沃斯托克举行的第二届东方经
济论坛。算上 2014 年 2 月的索契之行，安倍三次访俄终于换来了普京于
2016 年 12 月对日本的"工作访问"。

至 2016 年，包括第一个首相任期在内，安倍通过各种场合已经与普京
举行了共计 16 次会谈，[③] 频率之高，前所未有。相比之下，其在再度出任
日本首相后的四年多与同时期在任的盟国美国总统奥巴马才举行了 9 次正
式会谈。[④] 这 16 次"安普会"，持续时间从约 10 分钟到数小时不等，几乎
无一例外均触及了日俄领土问题或和平条约问题。2016 年 9 月 2 日，安倍
在俄罗斯符拉迪沃斯托克与普京举行会谈后曾表明想法称，要打破（日俄
两国）70 多年仍未缔结和平条约的异常状态，只有在领导人之间的信任关
系的基础上找出解决方法，别无他途。[⑤]

二　安倍政府推进日俄关系的动因

近年来，安倍政府积极推进日俄关系，并寻求在日俄和平条约谈判与

---

① 「日露首脳会談（概要）」、外務省、平成 26 年 10 月 17 日、http://www.mofa.go.jp/mofaj/
erp/rss/hoppo/page4_000737.html。

② 「日露首脳会談」、外務省、平成 26 年 11 月 9 日、http://www.mofa.go.jp/mofaj/erp/rss/
hoppo/page4_000795.html。

③ 《日俄举行首脑会谈在即　双方主张仍存鸿沟》，〔日〕共同网，2016 年 12 月 10 日，ht-
tp://china.kyodonews.jp/news/2016/12/131364.html。

④ 《安倍与奥巴马正式会谈达 9 次　意在强化日美同盟》，〔日〕共同网，2016 年 12 月 27 日，
http://china.kyodonews.jp/news/2016/12/132176.html。

⑤ 「首相官邸『新着情報』メール　平成 28 年 9 月 5 日」、首相官邸、http://www.kantei.go.jp/
jp/mail/back_number/archive/2016/back_number20160905.html。

北方领土问题上取得进展，是安倍政府基于国内外多种因素以及自身动机而做出的战略选择。

第一，顺应日本国内的政治需要。从日本政府角度来看，日俄两国发展亚太地区伙伴关系，不仅有益于日本的国家利益，也有助于地区的和平与繁荣。① 从日本民间角度来看，日本政府2016年"关于外交的舆论调查"显示，在日本与周边主要国家的关系方面，有高达95%的受访者认为今后日本与美国之间的关系发展对于两国以及亚太地区很重要，占比最高；有77%的受访者认为今后日本与俄罗斯之间的关系发展对于两国以及亚太地区很重要，占比紧随其后。② 日俄关系对于日本的重要性可见一斑。

此外，对于日本而言，北方领土问题又是战后日本最大的外交课题，同时也是日俄两国之间悬而未决的最大问题（日本内阁官房长官菅义伟语）。③ 因此，自1956年《日苏共同宣言》签署以来，日本历届政府均希望在对俄（苏）外交上有所突破，以早日解决北方领土问题，并缔结日俄和平条约。

第二，追求经济利益。尽管安倍政府推进对俄外交的最终目的是解决北方领土问题并缔结日俄和平条约，但同时也具有通过加强对俄经贸合作来确保日本能源安全和拓展日企海外市场等意图。

众所周知，日本是一个能源匮乏的国家，石油和天然气等一次能源高度依赖进口。尤其是在2011年3月东日本大地震发生并引起福岛第一核电站事故后，日本国内的所有核电站相继停止运转，导致日本对进口能源的依赖度加大，能源成本上升。美国能源信息署（EIA）于2017年2月2日更新的对日本能源现状的分析简报指出，日本是世界第一大石油消费国和世界第三大石油进口国，更是世界第一大天然气进口国和第三大煤炭进口国。④ 相反，俄罗斯则是一个能源大国，自然资源十分丰富，种类多、储量大、自给程度高。美国能源信息署于2016年10月25日更新的对俄罗斯

① 外務省編『外交青書2016（平成28年版）』（東京：日経印刷、2016年）、頁84。

② 「外交に関する世論調査」（平成28年度）、政府広報オンライン、http：//survey. gov - online. go. jp/h28/h28 - gaiko/2 - 1. html。

③ 「安倍首相、ロシア極東へ出発＝大統領と今夕会談」、時事ドットコム、2016/09/02、http：//www. jiji. com/jc/article？ k＝2016090200054&g＝pol。

④ U. S. Energy Information Administration（EIA）, *Country Analysis Brief*：*Japan*，p. 1，http：//www. eia. gov/beta/international/analysis_ includes/countries_long/Japan/japan. pdf。

能源现状的分析简报指出，俄罗斯是世界第一大原油（含凝析油）生产国和世界第二大天然气生产国，也是世界第三大煤炭出口国。[①] 以此来看，日俄两国在能源领域确实具有天然的互补性。

日本官方统计数据显示，日本对化石能源的依赖度高达94.6%，其中石油所占比重最大，为44.5%（2013年数据）。而日本超过八成的石油进口（2014年数据）来自于中东地区。[②] 由于中东局势动荡不安和海上航路海盗活动频发，确保安全、稳定且低成本的能源供应便成为日本面临的重要课题。正是在这种背景下，安倍政府积极运用外交和经济手段，努力扩大与非洲、俄罗斯、中亚和南美等国家和地区的能源合作，以促进日本能源来源的多元化。俄罗斯是中东地区以外的最大原油出产国，又毗邻日本，在能源领域自然受到日本的格外重视。日本财务省的贸易统计数据显示，从2013年开始，日本从俄罗斯进口的原油总额逐年增加，增幅显著。到2015年，俄罗斯已经是日本的第三大原油进口来源国，俄罗斯原油占日本进口原油总额的比重也从2013年的4.7%升至8.9%。在天然气方面，俄罗斯是日本的第四大液化天然气进口来源国，俄罗斯液化天然气占2015年日本进口液化天然气总额的8.6%。[③] 对日本而言，俄罗斯在能源领域的重要性今后还会进一步提升。

此外，拓展海外市场是安倍政府所提出的增长战略中的重要一环。俄罗斯作为拥有众多人口和巨大发展潜力的新兴市场国家，对日本极具吸引力。安倍政府也希望帮助日本企业扩大对俄罗斯的食品、医疗和基础设施等领域的出口与直接投资，以提振日本经济。

第三，实现安倍个人的抱负。安倍的父亲安倍晋太郎在20世纪80年代担任日本外相期间曾致力于改善日苏关系，用安倍自己的话来说，"是一位直到生命的最后一刻仍对日苏外交念念不忘的政治家"。[④] 因此，安倍推进日俄关系，力争解决北方领土问题与缔结日俄和平条约，可以说也是

---

① U. S. Energy Information Administration（EIA），*Country Analysis Brief: Russia*，pp. 1，26，http://www. eia. gov/beta/international/analysis_ includes/countries_ long/Russia/russia. pdf。

② 経済産業省編『エネルギー白書2016』（東京：経済産業調査会、2016年），頁144、頁159。

③ 「日本の原粗油輸入相手国上位10カ国の推移」、財務省貿易統計、http://www. customs. go. jp/toukei/suii/html/data/y8_2. pdf；「日本の液化天然ガス輸入相手国上位10カ国の推移」、財務省貿易統計、http://www. customs. go. jp/toukei/suii/html/data/y8_3. pdf。

④ 「平成28年12月20日　内外情勢調査会全国懇談会　安倍総理スピーチ」、首相官邸、http://www. kantei. go. jp/jp/97_abe/statement/2016/1220naigai. html。

为了完成其父的遗愿。安倍再度出任日本首相以来，在不同场合多次以"必须在我首相任内解决（北方领土问题），并下决心全力完成缔结（日俄）和平条约的历史使命"，①"作为政治家以及日本首相的使命，无论如何都要解决北方四岛问题，并缔结日俄和平条约"，②"日本与俄罗斯在二战结束 71 年后仍未缔结和平条约的这种异常状态应该由我们这一代亲手画上句号"，③"希望在我手上与普京总统缔结（日俄和平）条约"④ 等豪言壮语，表达要在自己执政期间与俄罗斯解决北方领土问题并缔结和平条约的决心。

另外，安倍自 2012 年 12 月再次出任日本首相后已经连续执政多年，由于执政的自民党已经在 2016 年 10 月决定将党总裁任期从"最多两届 6 年"延长为"最多三届 9 年"，这意味着原本应该在 2018 年 9 月结束第二届自民党总裁任期的安倍将可再次竞选连任。假如安倍继续留任自民党总裁且自民党继续保持执政地位，安倍的首相任期将延长至 2021 年 9 月，则其将在 2019 年 8 月超越战后日本历任首相中在任天数最长的佐藤荣作，并在同年 11 月超越桂太郎成为日本历史上在任天数最长的首相。⑤

在安倍政府成为日本近年来少有的长期政权，甚至今后有望成为日本历史上任期最长的长期政权的背景下，安倍可能也思考如何在其长期执政的过程中留下标志性的政绩。当前，如何使日本摆脱通货紧缩和重振日本经济仍是安倍政府执政的最大挑战，日本在经济、财政和社会保障等领域所存在的难题中短期内都难以解决，安倍政府的"修宪"与"强军"企图也面临着民意反对等重重障碍。因此，在外交上有所建树，特别是在对俄外交方面"突围"就成为安倍创造政绩、留名青史的希望之所在，对俄外交谈判如果能取得进展则有可能成为安倍"最大一笔政治遗产"。⑥

---

① 「安倍首相、在任中の北方領土問題解決に意欲」、日テレ NEWS24、2014 年 2 月 13 日、http://www.news24.jp/articles/2014/02/13/04245700.html。

② 「平成26年12月1日　北方領土隣接地域振興対策根室管内市町連絡協議会による表敬」、首相官邸、http://www.kantei.go.jp/jp/96_abe/actions/201412/01hyoukei.html。

③ 「平成28年12月16日　日露共同記者会見」、首相官邸、http://www.kantei.go.jp/jp/97_abe/statement/2016/1216kaiken.html。

④ 「日ロ条約『私の手で締結』＝安倍首相－衆院予算委」、時事ドットコム、2017/02/01。

⑤ 《安倍首相在任天数升至二战后第四位》，〔日〕共同网，2016 年 12 月 5 日，http://china.kyodonews.jp/news/2016/12/131059.html。

⑥ 《安倍政治遗产去向（下）外交》，〔日〕日经中文网，2017/1/10，http://cn.nikkei.com/politicsaeconomy/politicsasociety/23167-2017-01-10-04-59-25.html。

第四，制衡中国。近年来，中国的迅速崛起从根本上改变了亚太地区的战略平衡，也引发了日本的心理失衡、不安与猜疑。加之两国在历史认识和领土争端等问题上的矛盾对立，日本对中国崛起疑虑很深。安倍作为日本政坛鹰派保守势力的代表人物，更是不遗余力地四处渲染"中国威胁论"，声言如何应对中国是"本世纪最大的主题"。①

因此，安倍执政以来的主要外交目标，即在谋求政治、经济、安全等利益的同时，在国际及地区范围内展开与中国较量和对峙的外交行动。②日本在与中国较量和博弈方面所采取的手段之一，就是向中国外交基础较好的国家打"楔子"、搞"对冲"，③而俄罗斯正属于日本拉拢和楔入的重要对象。安倍身边的人士透露，"安倍之所以倾注极大热情解决（北方）领土问题，不仅仅是为了让俄罗斯返还领土。最大的目的是缩短日俄之间的距离，扩大外交上的选项，巩固能够应对中国崛起的立足点"。④安倍最为倚重的外交智囊、日本国家安全保障局局长谷内正太郎表示，"（日本）要应对中国，就必须克服北方领土问题，改善与俄罗斯的关系"。⑤也就是说，安倍政府认为，为了制衡日益强大的中国，需要拉拢与中国保持全面战略协作伙伴关系的俄罗斯，"分化离间"中俄关系，甚至获得"日俄结盟""联俄制华"的效果。

三　日俄关系发展的障碍与前景

虽然在安倍政府的推动下，日俄关系的距离有所拉近，并取得了一些新进展，但日俄关系的发展仍面临诸多障碍和挑战，未来仍有很大的不确定性。

第一，北方领土问题短期内难以解决。北方领土问题是横亘于日俄两国之间的最大问题，制约着整个日俄关系的发展。可以说，北方领土的归

① 《安倍对特朗普说：中国是本世纪最大主题》，〔日〕日经中文网，2017/02/15，http://cn. nikkei. com/politicsaeconomy/politicsasociety/23738 - 2017 - 02 - 15 - 09 - 35 - 07. html。
② 吴怀中：《安倍"战略外交"及其对华影响评析》，《日本学刊》2014年第1期，第55页。
③ 吴怀中：《安倍"战略外交"及其对华影响评析》，《日本学刊》2014年第1期，第57页。
④ 秋山浩之：《安倍要进普京"虎穴"？》，〔日〕，2016/06/06，http://cn. nikkei. com/politicsaeconomy/politicsasociety/19918 - 20160606. html。
⑤ 「北方領土『二島返還』の罠」、『選択』第42巻第11号、頁6。

属问题如果得不到解决，日俄关系就不可能取得真正的全面发展。

对于北方领土问题，日方的基本立场是，北方领土是日本的"固有领土"，至今仍处于俄罗斯的"非法占据"之下，如北方领土被确认归属日本，日本就将对实际归还时间和形式采取灵活应对态度。① 而俄方则坚持认为，俄罗斯拥有南千岛群岛具备法律依据，是二战结果决定的，质疑俄对南千岛群岛主权的任何言论都是不可接受的。② 双方的原则立场大相径庭。

安倍政府在北方领土问题上比以往历届政府表现得都要灵活，甚至展现出不固执己见以求推动谈判的姿态。

安倍在 2013 年 4 月访俄时，与普京一致同意，指示两国外交部门就日俄和平条约问题加速谈判以制订"双方都能接受的方案"。③ 2016 年 5 月，安倍在对俄罗斯进行非正式访问时又提出要以不拘泥于既有想法的"新思路"推动谈判，④ 但具体内容未对外公开。与此同时，安倍还提出了 8 项对俄经济合作计划。2016 年 12 月，安倍与访日的普京举行会谈，双方就启动关于在北方四岛共同开展经济活动的"特别制度"的磋商达成共识。⑤ 安倍在接受俄罗斯塔斯社采访时称之为"巨大成果"。⑥ 由此可以推断出，安倍所谓的新思路其实就是以经济合作带动日俄领土与和平条约谈判，具有明显的"经济优先""先经后政""以经促政"色彩。

然而，北方四岛的归属问题既是二战的历史遗留问题，又与日俄两国的国家主权、现实利益、民族感情密切相关，极其复杂敏感。在双方的原则立场没有根本性变化的情况下，短期内难以得出令双方尤其是双方国民都能够接受的解决方案。

---

① 「北方領土問題とは？」、外務省、平成 28 年 5 月 17 日、http://www.mofa.go.jp/mofaj/area/hoppo/hoppo.html。

② 《俄称拥有南千岛群岛是二战结果决定的不容质疑》，新华网，2013 年 1 月 15 日，http://news.xinhuanet.com/2013-01/15/c_124230119.htm。

③ 「日露首脳会談（概要と評価）平成25年4月29日」、外務省、http://www.mofaj/kaidan/page4_000064.html。

④ 「平成28年5月6日　欧州及びロシア訪問 -6日目-」、首相官邸、http://www.kantei.go.jp/jp/97_abe/actions/201605/06russia.html。

⑤ 「プーチン·ロシア大統領の訪日（結果）」、外務省、平成 28 年 12 月 16 日、http://www.mofa.go.jp/mofaj/erp/rss/hoppo/page4_002600.html。

⑥ 「『タス通信』（ロシア）による安倍総理大臣インタビュー」（2016年12月18日付）、外務省、平成 28 年 12 月 20 日、http://www.mofa.go.jp/mofaj/p_pd/ip/page4_002607.html。

　　针对安倍的"新思路"，日本国内不乏质疑之声。而日本国内对于是继续坚持"四岛一并归还"，还是接受"四岛分阶段归还"、"两岛归还"或"三岛归还"等也莫衷一是。在俄罗斯方面，俄政府多次重申，依据二战结果，南千岛群岛是俄方领土，俄罗斯对其拥有主权不容置疑。况且，南千岛群岛位于堪察加半岛与日本北海道之间，扼守鄂霍次克海与太平洋海上通道，周边有丰富的渔业和矿产等资源，无论从安全保障还是经济角度来说，对俄罗斯都极为重要。俄罗斯列瓦达中心2016年8月发布的民调结果显示，78%的受访者反对把南千岛群岛转交日本；55%的受访者认为，如果将争议岛屿交给日本，普京的信任度会降低。① 普京本人也明确表示，在南千岛群岛问题上，俄罗斯不会与日本做任何交易。② 普京在出访日本前夕接受日本媒体专访时甚至表示，俄日之间不存在领土问题，是日本认为两国之间存在领土问题，但俄罗斯愿意就这一问题展开讨论。③

　　因此，解决北方领土问题的关键，还是在于日俄双方能否真正跳脱彼失我得的"零和"思维窠臼，以"非零和"的"新思维"实现双赢的局面。从这一点上来说，北方领土在短期内得到妥善解决的可能性微乎其微。

　　第二，日俄经济关系薄弱。尽管日俄两国具有较强的经济互补性和较大的合作潜力，但日俄贸易额一直低位徘徊。日本财务省的统计数据显示，从1999年到2015年，俄罗斯从未进入日本的前十位的贸易伙伴之列，日俄双边贸易的规模甚至还不及日本与中国台湾地区和香港地区之间的贸易规模。④ 另据俄方统计，目前俄罗斯在日本贸易伙伴中排第15位，日俄贸易额仅占日本对外贸易总额的1.6%。⑤ 虽然日俄双边贸易额在2013年达到历史最高的约348亿美元，但此后连续两年减少，在2015年更是较2014年剧减38%，降至约209亿美元。⑥ 2016年12月普京访日时，在记

---

① 《俄日经济合作难破岛争僵局》，新华网，2016年11月27日，http://news. xinhuanet. com/world/2016 - 11/27/c_1119997628. htm。

② 《普京说俄不会与日本在领土问题上做交易》，新华网，2016年5月21日，http://news. xin-huanet. com/world/2016 - 05/21/c_1118907351. htm。

③ 《普京表示俄日之间不存在领土问题》，新华网，2016年12月13日，http://news. xinhuanet. com/world/2016 - 12/13/c_1120111679. htm。

④ 财务省：「貿易相手国上位10カ国の推移（輸出入総額：年ベース）」、財務省貿易統計、http://www. customs. go. jp/toukei/info/index. htm。

⑤ 《随笔：安倍的"空手道"》，新华网，2016年5月7日，http://news. xinhuanet. com/2016 - 05/07/c_1118822432. htm。

⑥ 外務省編『外交青書2016（平成28年版）』（東京：日経印刷、2016年）、頁85。

者会上当着安倍的面指出，2016 年俄日双边贸易额较 2015 年减少 28%，这种消极变化并非完全是汇率变动和能源价格不稳定等客观因素所造成的，也有日本对俄制裁政策的影响。① 在投资方面，日本贸易振兴机构（JETRO）的统计数据显示，2015 年，日本对俄直接投资额约为 4.4 亿美元，仅占日本对外直接投资总额的 0.3%。②

2012 年普京再次出任总统后，把加速发展俄罗斯远东和西伯利亚地区作为俄经济和社会发展的重点之一，专门设立远东发展部，近几年的国情咨文也一直强调远东开发要实现"跨越式发展"。由于俄远东地区地广人稀，俄独立开发存在难度，与各国共同合作将是优先选择。③ 其中，地处俄罗斯周边且具有资金和技术优势的日本，被普京视为重要的合作伙伴之一。与此同时，日本方面在安倍政府上台后也希望借"经济牌"与俄罗斯拉近距离。然而，日本自身受制于人口持续减少和经济长期低迷，对于俄罗斯远东地区发展所急需的资金和劳动力投入，恐怕也是心有余而力不足。以安倍提出的 8 项对俄经济合作计划为例，当初日本媒体报道称，根据日本政府设想的具体方案，项目规模超过 1 万亿日元。④ 后来在 2016 年 12 月普京访日期间，日俄两国政府与民间企业共签署了 80 份协议文件，日方计划对俄投资与贷款的总额将到达 3000 亿日元，虽然规模创下日俄经济合作的历史之最，⑤ 但相比此前设想的规模"缩水"明显，对于远东地区将达到 10000 亿卢布（约合 172.8 亿美元）的潜在投资额⑥来说所占比重也不大。

因此，在俄罗斯面临国内经济困难和外部制裁的情况下，日本的资金与技术投入勉强算是"雪中送炭"，今后一旦俄罗斯的国内经济和国际环境改善，日本的资金与技术未必能够称得上"锦上添花"。至于安倍政府

---

① 《日俄贸易额大幅下降　普京批"第三方"捣乱》，新华网，2016 年 11 月 22 日，http://news. xinhuanet. com/world/2016 – 11/22/c_129372343. htm。

② 「日本の国·地域別対外直接投資（国際収支ベース、ネット、フロー）」、日本貿易振興機構、https://www. jetro. go. jp/world/japan/stats/fdi. html。

③ 《俄罗斯远东开发在提速》，《人民日报》2014 年 4 月 29 日，第 22 版。

④ 「政府案·対ロ経済協力1兆円超　極東3港湾、石化施設」、共同ニュース、2016/10/08、https://this. kiji. is/157171154518327303? c = 39546741839462401。

⑤ 「日ロ経済協力、過去最大規模＝官民80件で3000億円－政治主導で進出加速」、時事ニュース、2016/12/16、http://www. jiji. com/jc/article? k = 2016121600613&g = eco。

⑥ 《梅德韦杰夫说俄远东地区潜在投资将达万亿卢布》，新华网，2016 年 4 月 20 日，http://news. xinhuanet. com/fortune/2016 – 04/20/c_1118675010. htm。

以经济合作推动日俄领土与和平条约谈判的想法，尽管日本国内有人担心俄方"拿到好处就走人"，只谈经济，不谈领土，但从俄罗斯的立场来看，同样担心日方"口惠而实不至"，只是在以经济利益做诱饵。

第三，日俄两国之间的互信严重不足。近代以来，日本与沙俄以及苏联为了争夺领土、势力范围和地区霸权曾进行过激烈较量，甚至七度兵戎相见，[1] 包括1904年至1905年的日俄战争和1945年二战末期苏联参加对日作战等，这些历史恩怨给两国带来了刻骨铭心的民族仇恨和严重的互不信任。冷战时期，两国由于分属相互对抗的两大阵营以及意识形态的对立，双边关系十分冷淡甚至是紧张，导致双方的相互敌视和不信任心理进一步加剧。这种情况直到苏联解体后、俄罗斯走上世界舞台才有所改变。

尽管如此，日俄两国在改善关系、加强合作方面的努力，并未对增强两国互信产生明显效果。根据日本政府2016年"关于外交的舆论调查"，在有77%的受访者认为今后日本与俄罗斯之间的关系发展对于两国以及亚太地区很重要的同时，对俄罗斯"不抱亲近感"与"较无亲近感"的受访者比例合计高达76.9%，依然仍维持在较高水平。[2] 2016年12月，普京在访日前夕接受日本电视台和日本《读卖新闻》采访时，特意提到中俄两国的政治互信程度非常高。俄罗斯媒体认为，普京纵论中俄关系，实质上是在为日本树立榜样，[3] 暗示日俄两国的互信程度不够。安倍也表示，没有日俄两国国民的相互信任，就无法找到日俄双方能够接受的解决方法以及走到缔结和平条约的终点。[4]

很显然，日俄两国要成功解决北方领土问题并缔结和平条约，进而实现两国关系的全面健康发展，就必须首先通过互利合作来克服彼此之间的不信任和警惕心理，建立高度互信。从目前的状况来看，日俄两国的互信水平提升尚需漫长的过程。

第四，美国的影响不容小觑。日俄关系除了受到各自国内形势和民意

---

① 須田論一『北方領土問題、その原点はなにか？』（東京：メトロポリタンプレス、2015年）、頁235。

② 「外交に関する世論調査」（平成28年度）、政府広報オンライン、http://survey. gov – online. go. jp/h28/h28 – gaiko/2 – 1. html。

③ 《普京把俄中关系视作俄日关系的榜样》，〔俄〕俄新社，2016年12月14日，http://sputniknews. cn/russia_ china_ relations/201612141021394544/。

④ 「平成28年12月20日　内外情勢調査会全国懇談会　安倍総理スピーチ」、首相官邸、http://www. kantei. go. jp/jp/97_ abe/statement/2016/1220naigai. html。

的影响外，国际环境特别是美国的态度也很关键。在日美同盟框架内，美国居于主导地位，日本处于从属地位，在政治、军事和外交上采取对美追随路线，这使得日本在处理对外关系方面很难摆脱美国的影响。这样，美俄（苏）对立就不可避免地会殃及日俄关系。俄罗斯人和一部分日本人认为，两国没能在 1956 年解决领土问题并缔结和平条约，是美国为了向日苏接近"打楔子"以及维持日本对美依赖而采取的策略导致的。①

安倍政府上台后，虽然在对俄外交方面表现出了很大的灵活性，但在继续坚持以日美同盟作为日本外交和安全保障政策的基础，并决定进一步强化日美同盟的既定方针下，日本很难在对俄关系上走得太远。某种意义上，美日不对等的同盟关系，正成为日本的战略负担。安倍政府越是强化日美同盟，日本的外交和国家安全政策的独立性就越受限制。② 乌克兰危机对日俄关系产生的消极影响就证明了这一点。因此，在乌克兰危机愈演愈烈后，日本一方面迫于压力，不得不追随欧美国家对俄实施制裁；一方面又十分顾及日俄关系，抓住机会频频对俄示好。

安倍政府之所以选在 2016 年 12 月实现了延宕已久的普京访日计划，"正是瞄准了美国在总统选举后的'权力空白'时机，以免不愿意看到日俄接近的美国从旁干涉"。③

在对俄罗斯持好感的特朗普当选美国总统后，国际舆论对俄美关系改善的前景普遍感到乐观。日本国内对此却是期待与担忧并存。一方面，有观点认为，如果美俄关系得到改善，将对美国的同盟国日本与俄罗斯所推进的北方领土谈判产生积极影响。④ 另一方面，也有观点认为，日俄接近是因为在日美关系紧张的背景下，对俄罗斯来说，日本是其牵制美国的一张牌。如果美俄关系得到改善，对俄罗斯来说日本的价值可能会变得微妙。⑤

---

① ギルバート·ローズマン（Gilbert Rozman）「日ロ首脑会谈に向けたロシアと米国の视点」、『中央公論』2017年1月号、頁52。

② 《美日同盟正成为日本的战略负担》，新华网，2016 年 12 月 17 日，http://news.xinhuanet.com/world/2016 - 12/17/c_1120136465.htm。

③ 「北方領土問題　米大統領交代の権力空白タイミングを見計らう」、NEWSポストセブン、2016.9.27、http://www.news - postseven.com/archives/20160927_451145.html。

④ 《特朗普与普京就改善美俄关系达成一致》，〔日〕日经中文网，2016 年 11 月 15 日，http://cn.nikkei.com/politicsaeconomy/politicsasociety/22350 - 20161115.html。

⑤ 《日美同盟将遇转折点?》，〔日〕日经中文网，2016 年 11 月 10 日，http://cn.nikkei.com/politicsaeconomy/politicsasociety/22278 - 20161110.html。

换言之，在美俄关系改善后，俄罗斯可能就不再迫切需要与日本进一步加深关系。

因此，安倍政府的对俄政策能否得到美国特朗普政府的理解将成为影响未来日俄关系走向的重要因素之一。

综上所述，虽然在安倍政府上台后，日俄关系出现了一系列积极进展，并正在朝着密切合作的方向发展，但日俄关系仍面临许多短期内难以消除的障碍和不利因素。在未来一个时期内，俄罗斯仍将是日本外交的重点对象。日俄关系是否会取得更显著的进展，是否会牵动对亚太地区的格局变动，是否会对同样为领土争端问题所困扰的中日关系和日韩关系产生影响，仍有很大的不确定性，需要予以关注。

Abe Administration's Effort to Promote the Japan-Russia Relations: The Causes and the Trend

Huang Gang

Abstract　Since its inauguration for the second term in 2012, the Abe Administration has been actively promoting its diplomacy towards Russia. It not only takes an effort to upgrade the overall Japan-Russia relations through bilateral cooperation on trade and security, but also attempts to strengthen mutual trust by constant meetings between their respective leaderships. In this way, it does make some achievements. Actually, its actions are driven by multiple motives, such as its desire to settle the problem of its northern territorial disputes with Russia, its hope to sign a Japan-Russia peace treaty, its calculation for economic interests, and its strategy for counter-balancing China. In future, the Japan-Russia relations still faced many impediments, and there is still an uncertainty in the prospect of this bilateral relations.

Key Words　The Abe Administration; the Japan-Russia Relations; Japan; Russia

Author　Huang Gang, Master of International Relations, Researcher of the Shanghai Exchange Center for Japanese Studies.

热点问题研究

特朗普新政下的朝核问题与中国周边外交

张　云

【内容提要】 朝鲜半岛局势进入美国大选年后，紧张持续升温，面对朝鲜不断发展核和弹道导弹技术，朝核问题上升为美国安全战略优先事项。奥巴马政府的"战略忍耐"和"经济制裁"广受质疑，特朗普新政府在对朝鲜半岛政策选择上日益受到军事威慑强化论的压力。与此同时，中国的朝鲜政策同样面临新的挑战，一方面中国在对朝外交上付出大量努力，另一方面国内外对于中国对朝外交有效性的质疑也在上升。本文试从战略和历史角度审视朝核问题，并通过比较冷战后中美对朝外交的战略逻辑和政策实践分析目前僵局的原因。本文认为朝核问题上中国的战略逻辑没有错，应在继续坚持一贯的战略逻辑的同时，在外交实践上大胆创新，努力将中国逻辑转变为地区共识。朝鲜是中国的重要邻国，分析研究好朝鲜问题对于丰富中国周边外交思考和实践具有重要意义。

【关键词】 朝鲜半岛　美国　中国周边外交　特朗普政府

【作者简介】 张云，日本国立新潟大学国际关系学副教授，北京大学全球治理研究中心研究员。

　　2016 年以来，朝鲜半岛的紧张局势持续急剧升温。1 月，朝鲜进行了"氢弹"试验。7 月 8 日，美韩就萨德导弹系统部署韩国达成正式协定。9 月，朝鲜进行了第 5 次核试验。2017 年 2 月 12 日，朝鲜再次发射导弹，发生在日本首相安倍晋三访美期间，也是在特朗普就任后正式开启亚洲外交的时刻，为特朗普上任后朝鲜首次发射导弹。2 月初，美国新任国防部

长马蒂斯把韩国和日本作为其出访海外的首站，据报道美国政府正在对朝
核问题进行全面评估。① 3 月，美国新任国务卿出访日韩中三国，首次公开
表示"过去 20 年的对朝政策失败"，认为现在需要有新方式。② 这些说明
特朗普新政府在安全问题上把朝鲜问题放在相当优先的位置。对于中国来
说，朝核问题越严重，美日韩通过强化威慑能力与朝对抗的逻辑就会越
强。韩国加快了部署萨德导弹防御系统的步伐，日本也已经开始引入萨德
的讨论，这些对于中国的周边安全环境以及中美关系都会带来负面影响。
与此同时，朝鲜持续进行核武器试验和弹道导弹发射，违反联合国安理会
相关决议，中国已经多次与国际社会一道对朝谴责并参与制裁，但仍不断
受到中国经济制裁不够才让朝鲜在核道路上越走越远的指责。每次朝鲜的
核试验或者导弹发射都会引发对中国朝鲜政策失败的批评，这种声音不仅
来自国外，中国国内对朝鲜失去耐心的人日益增加，中国国内对于朝鲜政
策选择的争论也日趋激烈。笔者认为越是这样的关键时刻越需要冷静地从
战略和历史角度审视朝核问题，并分析比较中美两国的对朝政策。③ 对朝
外交是中国周边外交的重要内容，分析研究朝鲜问题，对于中国周边外交
的理论和实践具有重要意义。

一　朝核问题已上升为美国安全战略优先事项

朝鲜研发核武器的根本目的之一是实现朝美高层谈判，获得美国的安全
承诺，在过去 20 多年里朝鲜一直认为美国并没有把自己放在政策优先位置。
出于自身的极度不安全感等，朝鲜把发展核武器变为国家认同的一部分。
2016 年 5 月 7 日，朝鲜领导人在朝鲜劳动党七大上说，核武器为朝鲜带来了
"尊严和力量"，去年朝鲜核武器开发速度和导弹试验频度大大增加。④ 2016

---

① "White House Shifts Focus to North Korea in Face of Nuclear Threat," *Financial Times*, April 3, 2017.
② "Press Availability with Japanese Foreign Minister Fumio Kishida," Tokyo, March 16, 2007, https://www.state.gov/secretary/remarks/2017/03/268476.htm.
③ 笔者对此的相关思考参见，Yun Zhang, *Sino - Japanese Relations in a Trilateral Context: Origins of Misperception*, New York: Palgrave Macmillan, 2017, pp. 60 - 67；张云：《可控的紧张：中日美之间的认知与误认知》，浙江人民出版社，2016。
④ "North Korean Leader Tells Congress His Nuclear Program Brings 'Dignity'," *The New York Times*, May 6, 2016.

年 3 月，朝鲜声明说能够将曼哈顿变成废墟。约翰霍普金斯大学研究人员认为朝鲜将在十年内研制出能够到达美国大陆的核导弹，换言之，朝核问题对于美国的国家安全构成威胁已经带有现实意味。① 据《金融时报》报道，奥巴马在卸任时告诉特朗普，朝核问题是美国最为紧迫的国家安全挑战。

第二，从战略角度来说，朝鲜持续违反联合国决议，反复进行核武器和导弹试验，打击了联合国的合法性，也对美国在本地区为盟国提供"核保护伞"的"扩展威慑理论"（extended deterrence）以及核不扩散体制构成挑战，特别是当朝鲜核导弹射程能够覆盖美国本土的时候，日韩就会怀疑美国保卫它们的决心，从而可能催生独自发展核武器的动力。② 因此，特朗普已经无法继续无视朝核问题。

二　经济制裁论的失败

从这个意义上来说，朝鲜已经达到了让美国从战略上重视的目的，但问题在于美国新总统将怎么办？事实上，美国对于外交解决朝核问题不成功要负很大责任。1994 年，朝鲜威胁退出核不扩散条约，克林顿政府承诺提供两个轻水反应堆，并与朝鲜签署框架协定。1994 年的框架协议没有中国和俄罗斯参与，结果是美日韩三国对朝鲜，平衡很难实现。布什执政后，为了配合其全球反恐战争的大战略需要，美国将朝鲜正式定位为"邪恶轴心国家"（axis of evil），③ 双方关系恶化，美朝直接谈判在 2002 年末彻底破裂。2003 年 1 月，朝鲜宣布退出核不扩散条约，核框架崩溃。④

但是，美国的朝鲜政策从本质上来讲是美国大战略日程催生的副产品，而不是美国真正关心本地区的安全，因而美国的对朝政策也根据其大战略中心的转移而转移。2002 年，布什为了调动国内支持进行"全球反恐战争"将朝鲜等国家指责为"邪恶轴心"，但伊拉克战争带来的是国内反战争情绪和国际反美情绪的高涨，就连美国的欧洲盟友们也同美国划清界

---

① "By the Rocket Red Glare Kim Jong Un Is on the Home Straight to Making His Country a Serious Nuclear Power Nobody Knows How to Stop Him," *The Economist*, May 28, 2016, pp. 19 - 22.

② "The Future of US Extended Deterrence in Asia to 2025," *Atlantic Council*, October 6, 2016.

③ http://www. whitehouse. gov/news/release/2002/01/20020129 - 11. html.

④ *Washington Post*, January 31, 2003.

限。在此背景下，面临连任压力的布什在伊拉克战争后开始调整大战略，进行战略收缩，在此过程中美国感到需要中国的帮助来稳定朝鲜问题。① 2003 年 9 月，在中国的斡旋下，朝核问题六方会谈开启，此次参加会谈的成员构成更加平衡，也是外交解决的可行办法。2005 年 9 月，六方会谈取得初步成果，发表了联合声明（"九一九声明"）。这份声明具有重要的政治意义，因为这是有关朝核问题乃至东北亚安全的第一份多边文件。主要包括四个方面的内容：第一，朝鲜半岛无核化的相互承诺，声明不仅表明朝鲜的无核化承诺，同时美国确认在朝鲜半岛没有核武器，没有侵略朝鲜的意图，韩国承诺不引进和部署核武器；第二，尊重主权的相互承诺，美朝相互承诺尊重对方主权并承诺采取步骤实现关系正常化；第三，对朝鲜进行能源和经济援助；第四，六方同意进行就建立朝鲜半岛持久和平（a permanent peace regime on the Korean Peninsula）进行谈判。② 这份声明不是单方面对朝鲜施压，而是明确了美朝双方的相互承诺，第二条为朝核问题的解决指明了中期目标为美朝关系正常化，而第四条则为朝核问题解决指明了最终方向，即建立东北亚多边安全框架。但是"九一九声明"发表的时候，布什已经连任，而美国与主要同盟之间的关系开始恢复，美国认真应对朝鲜问题的热情下降。布什政府中的新保守主义势力抬头。就在"九一九声明"发表的前四天，美国财政部援引反恐战争时通过的"爱国者法案"（The Patriot Act）的 311 条款，认定一家名为 Banco Delta Asia 的澳门银行有洗钱嫌疑，认定该银行与朝鲜进行洗钱活动，并禁止美国金融机构与其进行直接或者间接交易。③ 鉴于美国在国际金融体系中的垄断地位，美国财政部的这个决定立即引发全球效应，不仅澳门金融当局立即冻结了该银行中的朝鲜资产，世界上的其他银行也因为担心美国可能的报复行动

---

① Yun Zhang, *Sino - Japanese Relations in a Trilateral Context: Origins of Misperception*, New York: Palgrave Macmillan, 2017, pp. 60 - 67. 有关中美在朝鲜问题上的密切沟通的相关事实整理参见，Chronology of U. S. - China Relations, January - March 2005, In Bonnie S. Glaser, *U. S. - China Relations: Rice Seeks to Caution, Cajole, and Cooperate with Beijing*, Center for Strategic and International Studies, pp. 38 - 42。

② "Joint Statement of the Fourth Round of the Six - Party Talks," Beijing, 19 September 2005, https://www. state. gov/p/eap/regional/c15455. htm.

③ "Treasury Designates Banco Delta Asia as Primary Money Laundering Concern under USA Patriot Act," September 15, 2005, https://www. treasury. gov/press - center/press - releases/Pages/js2720. aspx.

而开始冻结或者切断同朝鲜的金融业务。然而，据《经济学家》报道，不少金融专家认为该银行仅为一个很小的金融机构，而美国财政部对于中东国家更大规模的洗钱活动熟视无睹，而仅仅对朝鲜与该银行之间的 2500 万美元大动干戈，属于"政治行为"。[①] "九一九声明"建立的信任很快就在这样的冲击下严重受损，朝鲜方面因怀疑美国的诚意而进行了一些挑衅活动，2006 年 10 月 9 日，朝鲜进行了地下核试验。布什政府第二任期开始，朝鲜通过发射导弹、试验核武器来争取美国的重视，而美国则通过强力经济制裁想让其就范的模式不断重复。奥巴马执政后，继承了强力经济制裁的做法，但是结果是强力的制裁不仅没有让朝鲜就范，相反增加了朝鲜的孤立感觉和决心，朝鲜几乎完全游离于国际经济体系之外，制裁无效论开始出现。[②]

三　军事威慑逻辑的上升

从奥巴马第二任期开始，军事威慑论的地位逐渐上升，即经济制裁没有效果，相反让朝鲜核步伐加快，面对朝鲜日益增强的核能力，美国需要在东北亚强化其导弹防御系统，对朝鲜构成强大的威慑，让其不敢发动核袭击，甚至在关键时刻可以对其进行"先发制人"（preemptive strike）的军事打击。[③] 正因为这种想法增强，奥巴马政府与韩国达成协定，在韩国部署萨德反导弹系统，而日本也开始讨论导入的必要性。[④] 萨德的高精度雷达系统对中国等国的国家安全构成了威胁，中国等表示强烈反对，东北亚地区的安全困境进一步升级。

威慑理论（deterrence theory）看上去很有吸引力，但该理论的有效性建立在能够确认被威慑的对象将按照威慑者的设想采取理性行动基础上。

---

① http://www.economist.com/news/finance – and – economics/21653673 – bank – rejects – american – accusations – it – abetted – financial – crime – fearful.

② 美国国内关于经济制裁无用论的讨论参见，Emma Ashford, "Not – So – Smart Sanctions," *Foreign Affairs*, January/February, 2016, Peter D. Feaver and Eric B. Lorber, "The Sanctions Myth," *The National Interest*, July/August 2015, pp. 22 – 27。

③ 美国考虑在朝核问题上采取"先发制人"的武力打击的想法由来已久，克林顿在第一任期中就曾经认真考虑过这个选项。参见 Ashton B. Carter, William J. Perry, *Preventive Defense: A New Security Strategy for America*, Washington DC: Brookings Institution Press, 1999, pp. 123 – 142。

④ 森本敏:《北朝鮮の核脅威どう対峙，日本米韓と防衛体制整備》，《日本経済新聞》2016 年 9 月 22 日。

威慑的经典定义是让对方因对结果的害怕而不采取行为。[①] 但问题在于威慑要真正起作用，建立在威慑和被威慑的行为体都能通过有效沟通来获得较为准确的认知的基础上，换言之，如果双方之间存在着根本性的"误认知"的话，[②] 那么威慑只能让局势进一步紧张，导致与威慑者最初期待的相反的结果。[③] 问题在于美国及其盟国是否知道平壤的意图、思考方式以及决策逻辑呢？冷战已经证明了威慑理论的巨大局限性。2009年六方会谈停摆，美国、日本、韩国失去了同朝鲜高层直接接触的机会。在没有任何直接交往的情况下，威慑不仅不一定能达到威慑效果，反而可能导致冲突的不必要升级，更严重的是可能"外溢"成为中美之间的冲突。

四 冷战后美国朝鲜政策逻辑基础的单一性

冷战后，美国对朝政策的逻辑基础非常单一，即"朝鲜崩溃论"，[④] 认为朝鲜现政权是一个危机四伏、已经到了崩溃边缘的政权，主要体现在以下几个方面。

第一，美国认为朝鲜现政权是已经失去民心和国内的执政合法性的"无赖国家"，[⑤] "生活在水深火热"中的朝鲜民众迫切期待该政权倒台，建立民主政府；认为朝鲜之所以还没有发生内部巨变，主要因为政府的高压政策，使朝鲜内部让"想要推翻"政府的力量"还不敢推翻"，美国的政策就是要从军事上遏制、经济上制裁、外交上封锁，让其国内矛盾升

[①] Thomas C. Schelling, *Arms and Influence*, New Haven: Yale University Press, 1966, p. 71.

[②] 关于误认知参见，Robert Jervis, Robert Jervis, *Perception and Misperception in International Politics*, New Jersey: Princeton University Press, 1976；张云：《可控的紧张：中日美之间的认知与误认知》，浙江人民出版社，2016；Yun Zhang, *Sino - Japanese Relations in a US - China - Japan Trilateral Context: The Origins of Misperceptions*, New York: Palgrave Macmillan, 2017。

[③] Robert Jervis, "Deterrence and Perception," *International Security*, Vol. 7, No. 3, Winter 1982 - 1983, pp. 3 - 30.

[④] Bruce Bennet, *Preparing for the Possibility of a North Korean Collapse*, Santa Monica: Rand Corporation, 2013；Nicholas Eberstadt, "The End of North Korea," Washington DC: AEI, 2000. 《前米国务次官シャーマン：北朝鮮の脅威どう対応体制崩壊想定し議論を》，《日本経済新聞》2016年3月6日。

[⑤] Jasper Becker, *Rouge Regime: Kim Jong Il and the Looming Threat of North Korea*, New York: Oxford University Press, 2005.

级，加速其崩溃进程。

第二，美国认为朝鲜现政权在国际上已属于被国际社会唾弃的"失败国家"，[1] 只要中国下决心抛弃式地制裁朝鲜，朝鲜就会立即崩溃。美国认为，朝鲜之所以能够苟延残喘，外部原因主要是中国的庇护，因而只要增加对中国的外交压力，就能够加速这个崩溃进程。

第三，美国认为在东北亚增强对朝鲜的军事威慑客观上会带来朝鲜增强军备的动力，而一个封闭贫穷的朝鲜越加强军备，经济就越困难，内部崩溃可能性就越高。基于这种逻辑，美国在冷战后不断强化同韩国和日本的军事同盟，并且加大联合军事演习的次数、频率和规模，隐含的想法似乎就是通过军备竞赛拖垮朝鲜。

可以说，从冷战后到现在，"朝鲜崩溃论"一直是美国政界主流认知，美国的对朝鲜外交无论是在制裁还是在谈判中都遵循这个逻辑，这是造成双方无法建立最基础的信任关系的重大障碍，单一逻辑也让美国对朝外交缺乏创造性。

五 越南战争的教训

那么，实践证明在外交上失败、在战略上危险的"朝鲜崩溃论"的单一逻辑是如何成为美国对朝政策主流认知的呢？笔者认为与越南战争的比较有助于我们比较清晰地认识其形成根源。[2]

第一，美国的"朝鲜崩溃论"是对于朝鲜的战略无视。当年为什么美国会陷入越南战争的泥潭中？首先是美国从一开始就没有把越南人看成对手，而主要是美国基于反共反苏大战略需要打越南战争，这是一场意识形态主导的战争。美国认为越南如果"共产化"，就会扩大苏联的势力范围，并导致东南亚的多米诺骨牌效应，因此必须打击越南。[3] 在整个决策过程

---

① Defiant Failed State: *The North Korean Threat to International Security*, Washington DC: Potomac Books, 2010.

② 关于越南战争的反思，参见 George C. Herring, *America's Longest War: The United States and Vietnam*, *1950 - 1975*, Boston: McGraw Hill, 2002。

③ Ann Marie Murphy, "United States Relations with Southeast Asia: The Legacy of Policy Changes," Ann Marie Murphy and Bridget Welsh, eds., *Legacy of Engagement of Southeast Asia*, Singapore: ISEAS, 2008, p. 252.

中，美国对于越南本身的历史、利益几乎不关心，例如美国对于越南反对殖民统治、要求独立的历史几乎完全无视。

第二，美国的"朝鲜崩溃论"是对朝鲜的战术轻视。当年美国从来没有认为越南是一个值得美国重视的敌手，在美国看来越南的失败仅是时间问题，而不是可能性的问题。正因为这种"越南必败论"，美国对于越南的相关知识没有兴趣，不知道敌人是谁，也不想知道。傲慢以及无知导致了越南战争的十年僵局。

第三，"朝鲜崩溃论"成为"政治正确"（political correctness）标尺。由于朝鲜距美遥远，对于美国来说不构成直接的安全威胁，而朝鲜的特殊制度以及核武器开发，对于冷战后美国国际战略目标日程是非常有用的工具。冷战结束时，美国把朝鲜看成今后需要推广美国式民主国际新秩序的障碍；在 2001 年后，则将其看成反恐世界战略、防止核武器扩散中的"钉子"，定义为"邪恶轴心国家"之一。由于朝鲜的弱和远，对于美国的一些政治家来说，夸大朝鲜威胁甚至妖魔化朝鲜的成本几乎为零。[①]

第四，"朝鲜崩溃论"还逐渐扩散为美国盟友韩国和日本的"政治正确"的主流认知。美国上述逻辑通过同盟沟通的各种渠道深度影响日韩的主流政治和舆论，美国的逻辑逐渐变成了这些国家之间的地区共识。部署"萨德"、联合军事演习也就顺理成章了。

美国究竟对于朝鲜懂多少，或者说有多少意愿了解朝鲜半岛的历史和他们的诉求，这些都是要打很大的问号的。孙子说，知己知彼，百战不殆。"朝鲜崩溃论"的根源在于美国大战略主导地区政策，同时在政治正确的舆论环境配合下，可以说美国没有意愿去了解自己认为的"敌人"的情况。在这种情况下，如果真的发生战争，胜算又有多少？这与当年的越

---

① 这一点上同美国对缅甸的制裁和批评如出一辙。东盟前秘书长塞万里诺曾经指出美国对缅甸制裁法案仅仅由很少的议员提出，绝大多数美国国会议员对缅甸几乎一无所知，也没有兴趣。他曾经问过一位美国的高级官员为什么把缅甸挑选出来作为批判对象，那位官员回答因为缅甸对美国来说没有战略重要性，也不会有影响美国利益的办法。换言之，这些议员们可以以很少的成本换取国内政治的收益。还有一个原因是支持诺贝尔和平奖得主昂山素季是一件赶时髦的事情。Rodolfo C. Severino, *Southeast Asia in Search of An ASEAN Community – Insights from the former ASEAN Secretary – General*, Singapore：ISEA Publishing, Singapore, 2006, p. 138. 相关分析参见张云《国际政治中"弱者"的逻辑：东盟与亚太地区大国关系》，社会科学文献出版社，2010。

南战争时的情况没有本质区别。

六　政治问题军事化的危险

美朝之间的对抗，本质上是一个政治问题，是二战后东北亚地区国际秩序建设没有完成的历史遗留问题。然而冷战后，由于坚持朝鲜即将崩溃的逻辑前提，美国对于朝鲜问题主要聚焦于核武器，应对手段主要考虑军事战略和策略，从而带来了战略和政治思考停滞。结果是美国没有对朝鲜的长期政治性战略政策，而仅仅是军事性战略政策。美国的对朝政策日益被国防部而不是国务院主导。① 但是，冷战期间的美苏关系历史告诉我们，如果没有政治 – 外交层面的共识，那么军事问题包括核武器和弹道导弹问题都不可能有进展。

21 世纪第一个十年里，美国发动的两场战争让美国付出了沉重代价，促成奥巴马时期在中东问题特别是在伊朗问题上最终实现了以外交和政治的方式逐步代替军事思维和手段的转型。② 相比之下，东北亚在朝鲜战争后已经几十年没有经历战火，美国可能还没有真正地认识到外交努力的重要性，但是如果一定要等到发生重大军事冲突后才认识到，那时候就已经晚了。美国一直指责朝鲜背叛和谈、中国对制裁不配合，并日益认为外交手段已经用完了。这两点都不对。朝鲜半岛局势发展到今天，朝鲜当然有很大责任，但是美国的记录也并不是那么的光彩。每次美国总统选举后，对朝政策连续性就受到冲击，外交手段都用完了吗？不仅不是，相反，努力还很不够。

七　中国朝鲜政策的大逻辑没错

进入 21 世纪后，朝鲜在发展核武器方面似乎越走越远，特别是现任领导人执政后步骤更是加快，中国在对待朝鲜发展核武方面的表态则越来越明晰和严厉，出现了中国外交努力越多，结果却越不理想的矛盾现象。质

---

① Ashton B. Carter, William J. Perry, *Preventive Defense: A New Security Strategy for America*, Washington DC: Brookings Institution Press, 1999, pp. 123 – 142.

② "Optimism as Iran Nuclear Deal Framework Announced: More Work Ahead," *CNN*, April 3, 2015.

疑中国的朝鲜政策的讨论，在过去十几年时间里日益升温。中国的对朝鲜外交也遇到了前所未有的国内外的压力，国际社会认为正是中国的"姑息"政策以及"经济支援"，才导致朝鲜肆无忌惮、无视联合国决议①；国内则对于崛起的中国在处理周边外交上的能力似乎在减弱的情况日益没有耐心，从而质疑以中朝传统友谊为基础的外交定位和不干涉内政的做法。②这些批评的核心就是中国的朝鲜政策错了，中国的影响力没有能够让朝鲜走向放弃核武装。

笔者认为判断任何政策都需要从两个层面来考察：第一是政策逻辑层面，第二是政策操作层面。朝鲜问题也不例外。基于这个分析框架，笔者认为首先需要肯定中国冷战后的朝鲜外交政策逻辑本身没有错。苏联解体后，中国对朝鲜外交的基本逻辑在于两个方面：一是说服朝鲜走改革开放的道路，着力发展经济；二是说服朝鲜通过国际对话解决安全担忧，战略目标是实现朝鲜自主的"软着陆"，像中国"文革"结束后那样逐步将工作重心转移到经济上并且对外开放，最终实现东北亚的持续稳定。20 世纪90 年代中韩建交，在一定意义上也是给朝鲜以信号，希望其走改革开放道路。③ 金正日执政后，中国频繁邀请其访问中国，特别是参观访问中国沿海开放城市，了解中国经济技术发展的新动态，其背后的逻辑也是希望朝鲜能够像中国一样选择开放和发展经济的道路。2003 年开始的六方会谈是中国主导的第一个多边安全机制，其目的也是让朝鲜的安全担忧能够在国际上有表达的平台。④ 正因为中国坚信上述的政策大逻辑是正确的，所以尽管朝鲜在核武问题上不断反复，中国始终保持耐心，坚持以说服、对话、接触的办法来处理问题。如果没有这个主心骨，中国的朝鲜政策也就不可能体现出如此强大的连贯性。当批评中国的朝鲜政策的时候，是否无意中无视了这种连贯性，而这种连贯性背后的政策逻辑也被"过小评价"（underestimation）了？

如果政策逻辑没有错，那么是不是实践层面出问题了呢？情况不是这

---

① 《朝鲜称氢弹试验成功，克里：中国对朝鲜做法失败》，http://news.sohu.com/20160108/n433858289.shtml。

② Deng Yuwen, "Beijing should abandon wayward North Korea," *Financial Times*, Feb. 28, 2013.

③ 钱其琛在《外交十记》中详细描述了中韩建交以及同朝鲜沟通的情况。

④ Evan S. Medeiros and M. Taylor Fravel, "China's New Diplomacy," *Foreign Affairs*, November/Deember 2003, pp. 22 - 35.

么简单。

第一，从朝鲜的发展倾向来看，是在从军事化一边倒向着重视民生的方向发展。20世纪90年代，朝鲜半岛核危机发生后，美朝关系急剧紧张，朝鲜选择了军事一边倒的国家战略，"先军政治"让朝鲜付出了沉重的经济社会代价。金正日执政后期特别是其去世前，朝鲜在政策表态上提及发展经济建设民生的调子也明显增加。金正恩执政后，尽管在核武问题上一意孤行，但是我们也要看到他是第一位如此频繁地视察经济建设和民生工程的朝鲜最高领导人。可以认为，中国希望通过潜移默化的方式让朝鲜理解发展经济"软着陆"，不仅是朝鲜的唯一出路，也是其领导人保护自身安全的必经之途，起到了一定的效果。

第二，六方会谈休会并不等于完全失败，需要准确认识其意义。2001年，美国的反恐战争让朝鲜的安全忧虑进一步升高，金正日最初试图通过破天荒地承认朝鲜"绑架日本人"事件，实现日朝关系正常化，试图通过日本来做美国工作，减小安全压力。但当时的小泉纯一郎的对美一边倒的外交姿态，让朝鲜感到失望，结果日朝关系反而更加紧张。随着美国在伊拉克战争中陷入泥沼以及中美关系逐渐稳定，中国主导的六方会谈在一定程度上缓解了朝鲜的安全恐惧，这才有了2008年朝鲜销毁宁边核设施的举动。这说明六方会谈并不是没有用的，更重要的是，现在没有其他的政治框架可以取代它。六方机制并非完全为了解决朝核问题，而是通过这个机制让朝美双方了解对方国内的逻辑，让它们认识到不改变自己的做法就会为对方国内的强硬派提供口实。让它们认识到，通过改变自己去改变对方，才是这个机制的真正意义所在。

八 中国对朝政策的战略目标——自发性改革实现增量稳定

几乎每次朝鲜发射导弹或者进行核试验都会引发一轮中国的对朝政策是否失败的讨论，从表面上看，冷战后中国对朝政策似乎"效果不佳"，唇齿相依关系已经从官方辞令中淡出，而中国对朝鲜的核武和导弹计划几乎"没有约束力"。相反，朝鲜的做法，使美国强化在东北亚的安全同盟，找到了部署导弹防御系统的借口，恶化了中国的周边环境。

近代以来，朝鲜半岛几乎一直是东北亚局势动荡的"发源地"，中日甲午战争、日俄战争、朝鲜战争都源于此，这些历史教训决定了中国必然从历史和战略的视角，而非短期和实用的角度考虑朝鲜问题。对于中国来说，中国想要一个什么样的朝鲜半岛呢？至少不能再次成为战火的策源地，而应该是无核、统一、繁荣、不受外部势力控制并同中国友好的朝鲜半岛。这个远景不可能通过外力强制改变朝鲜现有的治理体制然后进行新国家建设来实现。中国对朝鲜政策的战略目标必须实现朝鲜向着自发性改革道路转型，实现经济增长和对外开放，逐渐回归国际社会，把现在地区安全"负资产"的朝鲜转变为"正能量"来源，这是做加法的"增量稳定"的思维。

在美国看来，朝鲜半岛问题的本质就是一个核扩散问题，只要朝鲜放弃走核武装道路，地区安全就能够实现，而这些都建立在朝鲜政权改变的基础上。然而在中国看来，朝鲜半岛问题本质上是冷战遗留下来的历史问题，美国建立的旧金山体制不仅固化了中国的分裂，也固化了朝鲜半岛的分裂。东北亚缺乏一个地区性安全框架，而美朝之间至今没有缔结和平条约，加上美国强化同盟网络导致朝鲜国内治理机制日益僵硬、对外日益强硬的恶性循环。[①] 所以，朝鲜半岛的问题是一个系统问题，而不是局部问题，不从结构上消除不稳定因素，仅聚焦核问题解决不了朝鲜问题。

美国期待或者预期朝鲜要么内部突然发生巨变，要么外部造成巨变，但中国期待的则是朝鲜自发地走上自主改革开放道路、重新回到国际社会的渐进变化。正因为如此，中国不可能对朝鲜进行抛弃式的经济制裁，也不可能公开批评其内部治理模式，而是通过创造美朝对话条件，改善朝鲜的外部环境以及展示中国转型成果向朝鲜传递变革的必要性信息。

九　把中国逻辑转化为地区共识

冷战后，中国对朝鲜政策的基本逻辑就是通过积极接触和间接施压的方式促使朝鲜认识到只有走改革开放的自主性变革道路才有未来，同时在外交上努力促成美朝改善关系，为朝鲜的思维转变创造宽松的外部环境，最终实现东北亚的全局性稳定。虽然朝核问题形势严峻，但中国冷战后对朝政策的上述基本逻辑没有错，越是在危机面前越是需要有咬定青山不放松的决心坚持。那么为什么中国正确的战略选择没有得到令人满意的效

---

① 《中国的亚太安全安全合作政策》，《人民日报》2017 年 1 月 12 日。

果？这主要是因为上述战略选择的基本逻辑并没有能够成为各方特别是美国和韩国的共识。

第一，中国要把中国的战略逻辑转变成中美之间的基本共识才能让朝鲜半岛问题有突破。到目前为止，美国对朝问题的讨论始终建立在隐性的朝鲜即将崩溃的假设基础上，这就意味着基本的信任无法实现。中国需要让美国清醒地认识到这个政权不会那么快倒台，要在这个前提下谈才会有成果，否则不可能持续。所以今后中美在对朝鲜问题基本认知上需要达成一些基本共识，比如，第一朝鲜政权不会倒，第二朝鲜需要改革，也可能改革。

第二，中国的战略逻辑同样需要成为中韩之间的基本共识。韩国国内在朝鲜问题上始终存在两种不同思路的激烈交锋和竞争：一种同中国的战略逻辑相近，主张通过接触和渐进改革，最终实现和平统一；另一种则同美国的逻辑相近，认为朝鲜政权崩溃只是时间问题，因而需要以此做各种准备以防不测。[1] 中国对韩外交需要朝着让前者成为韩国国内的主流逻辑方向努力。

第三，朝鲜问题上，中日战略合作的可能性较小。日本作为东北亚重要国家，本来可以发挥重要作用，但遗憾的是日本在朝鲜问题上过多地把精力放在日本人质绑架事件上，国内政治利益机会主义的做法，压缩了日本发挥战略作用的空间。

引导朝鲜进行自发性改革，实现朝美关系正常化，让朝鲜重返国际社会，融入世界经济，渐进促成朝鲜半岛和平统一，最终实现朝鲜半岛和东北亚的"增量稳定"，是中国冷战后一贯的战略选择。这个战略选择不应该因一时一事而动摇，今后可能还会出现其他的危机和挑战，而中国外交面临的最大挑战莫过于如何把上述中国的战略选择的基本逻辑转化为东北亚地区各主要国家的共识；没有一定程度上的基本共识，任何机制都会变得脆弱和难以持续，而推动形成国际共识正是对中国大国外交能力的大考验。

中国的朝鲜政策同中国外交战略整体的大逻辑一样并没有错，这要求中国坚持战略定力，不为一些暂时的困难和误解所动摇，但是在具体实践

---

[1] Evan S. Medeiros et al, *Pacific Currents：The Responses of U. S. Allies and Security Partners in East Asia to China's Rise*, RAND Corporation, 2008, pp. 63 – 94.

上更加大胆和创新，或在操作上就技巧上进一步精致化的可能进行深入讨论。事实上，中国外交已经在这方面迈出很大步伐，王毅外长提出朝核问题与和平协定谈判同时进行的双轨思路是非常务实和可行的解决办法，而解决这两个问题的关键钥匙在美国人手中。伊朗核问题谈判是中美在核不扩散问题上合作的首个案例，为双方积累经验和互信提供了很好的机会。特朗普执政后，中美在经济领域的摩擦加大，而在全球战略合作方面，例如气候变化等方面前景也不乐观，特朗普新政府将朝核问题的重要度提高，也发出可能对话的信号，朝核问题可能是建立中美良性战略关系为数不多的可以有所突破的领域之一。

The Trump Administration, the Korean Nuclear Issue, and China's Neighboring Diplomacy

Zhang Yun

Abstract   The tension in the Korean Peninsula has been on the rise particularly since 2016 (the year of American presidential election). Facing the rapid technological advances of DPRK in the nuclear and ballistic-missile programs, the Trump administration has to put the Korean nuclear issue as one top priority in its security and strategic agenda. Due to the failure of economic sanction and strategic patience, the new administration is under the pressure of military deterrence advocates. Meanwhile, Chinese policy toward DPRK is also facing new challenges. On the one hand, China has devoted to its diplomacy with DPRK. On the other hand, the internal and external doubts toward the effectiveness of Chinese diplomacy toward Korea is on the rise. This article seeks the roots of the current dilemma by comparing the post-Cold War Chinese and American diplomacies toward DPRK from the strategic and historical perspective. This article argues that the strategic rationale of the Chinese diplomacy toward DPRK has been sound and consistent. China should stick to this strategic rationale, but more innovative practices might be needed to transform Chinese logic to regional consensus on the

Korean Peninsula issue. Korean Peninsula is an important part of Chinese neighboring diplomacy, it is of significance for enriching the strategic thinking and diplomatic practices of Chinese neighboring diplomacy.

Key Words　the Korea Peninsula; the United States; China's Diplomacy with Its Neighboring Countries; the Trump Administration

Author　Zhang Yun, Associate Professor of National Niigata University, Japan, Research Fellow at Center for Global Governance of Peking University.

美国安全化宗教问题及其对华政策的影响

——从宗教自由到宗教恐怖主义转变过程的考察（1992～2008）

刘　骞

【内容提要】"安全化"的理论框架提出了一种安全研究的新逻辑，揭示了
　　　　安全所具有的"主体间性"，更重要的是，"安全化"为掌握安全话语
　　　　的施动者"把某个问题作为享有最高优先权的问题提出并借此获得某
　　　　种特殊权力"提供了学理上的依据。在这个意义上，作为中美关系中
　　　　的重要议题之一，宗教问题一直徘徊于中美两国的安全议程之中，并
　　　　且美国是将宗教问题安全化的动议者，而中国是作为"潜在受动议
　　　　者"出现的。冷战后，由于美国对宗教问题的安全化重点由宗教自由
　　　　转向宗教恐怖主义，中美之间关于宗教问题的互动也出现了从"对
　　　　立"向"合作"的转变。

【关键词】安全化　宗教自由　宗教恐怖主义　中美关系

【基金项目】本文为2011年国家社科基金项目"国家安全语境下的宗教认
　　　　同与公民身份的互动研究"（11CZJ014）中期研究成果。

【作者简介】刘骞，同济大学政治与国际关系学院副教授，硕士生导师。

　　安全化是以巴里·布赞（Barry Buzan）与奥利·维夫（Ole Waever）
为代表的哥本哈根学派最先使用的话语，是哥本哈根学派围绕"安全拓宽
问题"（即冷战后安全议题出现横向扩展的趋势）而提出的理论分析框架，
旨在解释某些公共问题上升到需要依靠超越政治手段加以处理，也被认为

是正当的状况。① 在其语境中，安全就是事物被渲染为安全问题的过程，是掌握安全话语的施动者（分析家），通过"言语－行为"（speech act）的渲染，把一个问题作为最高优先事项提出，然后将其建构为一个共享的、对某种威胁的集体反应和认识，即给某个公共问题贴上"安全"标签的过程。② 同时，哥本哈根学派认为，一个公共问题被安全化需要经过三个步骤：第一，"存在性威胁"（existential threats）的识别过程；第二，安全化施动者通过"言语－行为"将所谓的存在性威胁"渲染"出来的过程；第三，"主体间性"（Inter－subjective），即"安全化主体"谋求更多的行为主体对它所"渲染"的安全问题给予支持的过程。③ 尽管以"安全化"为核心概念的分析框架一直面临着"如何解决安全概念泛化后可能弱化安全内涵的问题"，但是，"安全化"分析框架至少为世人理解安全问题的主观主义内涵提供了一条路径。更重要的是，沿着"安全化"分析框架的逻辑出发，安全的"主体间性"及其主观向度的因素也是行为主体核心利益的关切所在，也在客观上反映了该行为体对某一公共问题领域的心理期望和行为意图。在这个意义上，安全化框架及其逻辑对国家外交目标和对外战略的分析无疑具有重要的启发意义。

本文以美国在宗教问题领域推进"宗教问题安全化"的做法为个案进行考察，在时间跨度上选择从苏联解体后的1992年为起点，至美国金融危机爆发的2008年结束。本文认为，自冷战结束以后，由于苏联作为安全威胁对象消失，美国政府国家安全战略重点出现变化，宗教问题开始进入安全议程，甚至小布什还被称为"沉迷于宗教，通过神学的透镜指导他的外交政策的人"，④ 有学者更是将美国外交形容为"以信仰为基础的外交"，直到2008年金融危机爆发后，美国将注意力转到应对金融危机方面。为此，选择通过借鉴"安全化分析框架的逻辑"对1992～2008年美国安全化宗教问题的过程展开分析并思考其对华政策的影响，可以呈现美国这一

① Barry Buzan, Ole Waever and Jaap De Wild, *Security: A New Framework for Analysis*, Boulder, Colo.: Lynne Rienner Publisher, 1998, pp. 23－29.

② Barry Buzan, Ole Waever and Jaap De Wild, *Security: A New Framework for Analysis*, Boulder, Colo.: Lynne Rienner Publisher, 1998, p. 26.

③ Barry Buzan, Ole Waever and Jaap De Wild, *Security: A New Framework for Analysis*, Boulder, Colo.: Lynne Rienner Publisher, 1998, pp. 31－39.

④ 〔美〕艾克敏：《布什总统的信仰历程》，姚敏等译，社会科学文献出版社，2006，第215页。

时期在宗教领域的核心利益、目标设定和战略选择的演变情况，以及其背后的美式战略思维。

一　冷战后美国对宗教问题安全化的推动及其进程

一般认为，一个国家如果奉行"政教分离的原则"，主张"政府不得干预宗教生活"，人们社会生活的中心又在于物质利益，那么，这个国家就是比较世俗的国家。美国就是这样一个国家。[①] 但是，有权威调查机构的调查结果又揭示出这样一个事实：没有哪个国家像美国一样，拥有对宗教如此虔诚的人民，多得令人惊叹的宗教社团，几乎"清一色"基督教信仰的总统，以及宗教对政党深入骨髓的影响。[②] 一直以来，作为一个有着强烈宗教情怀和宗教理想的国家，美国始终致力于将自己的"福音"输送给世界上的其他国家，并把"维护自己的信仰不受侵犯"作为国家战略的一环。[③] 甚至有学者认为，捍卫自己宗教信仰的考虑，是美国决定与苏联展开冷战对抗的重要原因之一，[④]但是，军事冲突和政治意识形态分歧的现实对抗却掩盖了其背后关于"有神与无神"的信仰对立。[⑤] 冷战结束后，苏联的解体使得美国原有的安全威胁不复存在，充斥着物质主义与理性主义内涵的现实主义安全观式微。在这样的背景下，宗教因素与救世主情怀交织，并逐渐成为冷战后美国安全观的主要内容，国家安全的语境也充斥着美式基督教信仰体验的逻辑表达。[⑥]

（一）美国对宗教自由问题安全化的推动

首先是存在性威胁的设定。美国认为，苏联的解体给美国提供了一个

---

① 于歌：《美国的本质》，当代中国出版社，2006，第 11 ~ 12 页。

② Robert Wuthnow, *The Encyclopedia of Politics and Religion*, London：Routedge, 1998, p. 482.

③ Arthur Roy Leonard, ed., *War Addresses of Woodrow Wilson*, Boston, New York, etc.：Ginn and Company, 1918, p. 42, from National Digital library of China, D619. A33 \ 1, ［Electronic］No. 3120121102.

④ 〔美〕唐纳德·E. 戴维斯、尤金·P. 特兰尼：《第一次冷战：伍罗德·威尔逊对美苏关系的遗产》，徐以骅等译，北京大学出版社，2007，第 212 ~ 216 页。

⑤ Dianne Kirby, "Religion and the Cold War – An Introduction", Dianne Kirby, ed., *Religion and the Cold War*, New York：Palgrave Macmillan, Ltd, 2003, p. 1.

⑥ Alexis de Tocqueville, *The Republic of the United State of America and Its Political Initiations*：Reviewed and Examined, N. Y. AS.：Barnes, p. 355.

前所未有的历史性的机会以帮助自由盛行起来，而且，帮助那些从苏联的压迫中重获自由的国家实现民主成功和市场开放是其对外政策最优先的目标之一，因为这有助于确保其在未来岁月中的安全。① 苏联的解体在美国看来是"自由世界"的胜利，是美国文化与价值观的胜利，但是世界上仍有一些国家对此怀有敌意，这些"逆潮流而动的国家"（backlash state）不仅正在剥夺上帝所赋予人类的基本权利，也违背联合国《世界人权宣言》的宗旨，是对世界和美国的安全的威胁。② 所以，克林顿政府将"促进民主"视为其外交政策三大支柱之一。③克林顿总统还明确地指出，冷战时代，美国的安全目标是遏制对自由制度生存的威胁，而现在则是寻求自由制度国家的范围得到扩展。因为这符合美国的安全利益。④ 在这个意义上，美国设定的存在性威胁是那些对美国式民主制度、人权观念和宗教情怀持质疑态度的国家。

其次是言语-行为的渲染。克林顿总统多次声明，宗教自由及其原则在后冷战时代比历史上任何时候都更与美国的安全利益相一致，支持并帮助世界上所有渴望宗教自由的人们获得信仰自由的做法是有利于美国安全的。⑤ 同时，美国学术领域也出现了"脱胎"于民主和平论的"宗教自由安全论"，即"有宗教自由的国家极少对周边国家构成安全威胁，享有宗教自由的国家之间不会爆发战争"。⑥ 与言语的渲染相对应，美国将宗教问题安全化的行动也在进行，表现为把宗教问题以国家安全战略的形式予以确认。早在1992年竞选总统期间，克林顿就提出"要把国外促进普遍的

① 潘锐：《冷战后的美国外交政策——从老布什到小布什》，时事出版社，2004，第85～86页。
② Anthony Lake, "From Containment to Enlargement," *Vital Speeches of the Day*, Vol. 60, No. 1, October 15, 1993, pp. 14 – 15; the Delivered to the 48th Session of the United Nation General Assembly, Sept 27th, 1993, See Bill Clinton, "Reforming the United Nations," *Vital Speeches of the Day*, Vol. 60, No. 1, October 15, 1993, pp. 10 – 11.
③ Douglas Brinkley, "Democratic Enlargement: The Clinton Doctrine," *Foreign Policy*, No. 106, Spring 1997, p. 12.
④ Bill Clinton's Remarks to the 48th Session of the United Nations General Assembly, https://2009 – 2017. state. gov/p/io/potusunga/207375. htm, September 27, 1993.
⑤ Warren Christopher, "A New Consensus of the Americas," *US Department of State Dispatch*, Vol. 5, No. 20, May 16th, 1994, p. 311.
⑥ 徐以骅：《宗教在当前美国政治与外交中的影响》，《国际问题研究》2009年第2期，第35页。

宗教自由"列入国家安全的重点议程之内。随后，这一内容被写入 1996
年《参与和扩展国家安全战略》，并在 1998 年《新世纪的国家安全战略》
中被重申。[1]

第三是主体间互动的营造。一方面，在政治的推动下，美国为宗教问
题顺利进入国家安全领域赋予了法理意义，并向全球推广。1993 年，自美
国宪法第一修正案对宗教信仰自由问题做出明确规定后，宗教立法问题再
度成为国会立法的重要内容。[2] 1998 年，《国际宗教自由法》（The Interna-
tional Religious Freedom Act of 1998，IRFA）顺利通过，该项法案以帮助在
世界范围内"因宗教原因而受迫害的个人"为目标，是一部"授权美国政
府采取相应制裁行动"的具有域外效力的国内法。另一方面，美国政府还
通过设立专门机构和岗位，直接向世界"推销"其关于宗教问题安全化的
做法。例如，1998 年美国国务院设立了国际宗教自由办公室、国家安全委
员会关于国际宗教自由的总统特别助理等机构和专职人员，主要从事针对
全球范围内各主要国家宗教自由状况的跟踪报告，并认定所谓严重违反宗
教自由的"特别关注国"，以及采取行动。

（二）美国对宗教恐怖主义安全化的推动

2001 年的"9·11"事件为美国的宗教问题安全化提供了最为震撼的
聚焦事件，也使得美国将宗教问题安全化的重心由"宗教自由"转向"宗
教恐怖主义"。

首先是存在性威胁设定的调整。关于宗教恐怖主义是美国首要的安全
威胁来源被写入 2002 年 9 月发表的 21 世纪首部《美国国家安全报告》。美
国政府强调，要警惕来自伊斯兰世界的威胁，席卷伊斯兰世界的政治伊斯
兰运动不仅威胁着美国在伊斯兰世界的种种利益，而且已经直接威胁美国
在海外和本土的安全，变成了美国国家安全的重大问题。[3]"9·11"事件
之后，美国政府向世界宣布："9·11"事件是宗教狂热与极权主义结合的

---

[1] The White House, "A National Security Strategy of Engagement and Enlargement," 1996; "A National Security Strategy for A New Century," 1998, http://www. aspsky. net. htlm.

[2] 董小川：《20 世纪美国宗教与政治》，人民出版社，2002，第 138 页。

[3] Bill Clinton, "Summary on the Book of 'My Life'," *Times*, June 20, 2004.

产物，是"伊斯兰法西斯主义"对美国的"邪恶"宣言。① 时任美国总统小布什曾声称，美国必须准备对这样一个"新的敌人"发动"新的战争"，因为，这些人在美国发动了 21 世纪的珍珠港事件。②

其次是言语－行动渲染的转向。与威胁设定的调整同步，宗教问题安全化的重心开始出现了向宗教恐怖主义的转向。曾主持小布什就职典礼的牧师小葛培理（Rev. Dr. Franklin Graham）、③ 时任司法部长阿什克罗夫特（John David Ashcroft）、④ 福音派的领袖法尔韦尔（Jerry Falwell）⑤ 都发表过相关言论。在此过程中，专家和媒体也自觉不自觉地推进了美国政府对宗教恐怖主义的安全化进程（见表 1）。

表 1 对伊斯兰宗教背景恐怖主义的新闻报道统计（2001 年 12 月至 2002 年 5 月）

报道主题/内容	篇 数					
	2001. 12.	2002. 01.	2002. 02.	2002. 03.	2002. 04.	2002. 05.
宗教自由是否与宗教恐怖主义相关	20	13	34	23	15	3
恐怖主义分子是否煽动宗教狂热	35	18	37	26	5	0
宗教极端主义是否属于恐怖主义的范畴	11	4	4	3	8	1
伊斯兰全球复兴是否与恐怖主义有关	5	1	2	3	1	0
伊斯兰宗教信仰是否更具攻击性	13	15	5	10	5	2

资料来源：http://www.jamestown.org/terrorism/news/article.php。

最后是主体间互动向全球的扩展。在大肆"渲染"宗教恐怖主义是安全威胁的同时，美国推出了其"民主改造大中东"计划，即在美国圈定的伊斯兰世界里，使用美国空前的实力，支持其盟友，反对其敌人，并设法促进民主和自由。在此基础上，2004 年，美国还在八国集团首脑会议上积极推动与会各国支持具有浓烈宗教问题安全化意义的"大中东计划"。为了确保主体间共识的达成，"大中东"后被改为"泛中东和北非"，并与

---

① John Micklethwait and Adrian Wooldridge, *The Right Nation: Conservative Power in America*, New York: Penguin Book Press, 2004, p. 228.

② Bob Woodward, *Bush at War*, New York: Simon & Schuster, 2002, p. 37.

③ 转引自于歌《美国的本质：基督新教支配的国家和外交》，当代中国出版社，2006，第 140～141 页。

④ 于歌：《美国的本质：基督新教支配的国家和外交》，当代中国出版社，2006，第 141 页。

⑤ Peter G. De Krassel, *Custom Maid Spin for New World Disorder*, California: CAL Books Publishing Group, 2005, pp. 125－126.

"欧洲 – 地中海伙伴关系"（巴塞罗那进程、美国 – 中东伙伴关系倡议、日本 – 阿拉伯对话倡议）等双边和多边计划相配合。[①] 到小布什总统第二任期，宗教问题已经与人权问题脱钩而成为独立的国家安全议题，成为美国"硬性"的地缘政治和国土安全问题，倡导宗教自由与反对宗教恐怖主义已经成为美国安全领域内的标准话语。[②]

综上所述，冷战结束后，美国"渲染"了一种"违反宗教自由"和"煽动宗教狂热"将会给美国与国际社会带来重大威胁及严重后果的"气氛"，并且通过"言语 – 行为"过程强调了这种威胁不具备道德基础，而且迫在眉睫，但是，在此进程中，"9·11"事件的爆发使美国宗教问题安全化的重心由宗教自由问题转向了宗教恐怖主义。所以，本文认为，冷战后，美国成功推动了宗教问题的安全化。

二 美国推动的宗教问题安全化的内涵及其对中国国家安全的影响

上文的分析显示，在冷战刚结束的时候，美国推动的宗教问题安全化的重心是"宗教自由问题"，而"9·11"事件后，宗教问题安全化的重心开始转向"宗教恐怖主义"。那么，对于美国而言，在冷战后推动宗教问题安全化的原因是什么呢？有何种内涵？

（一）美国推动宗教问题安全化的实质

首先，从美国的宗教与政治关系传统来看，美国是一个由充满着宗教情怀和宗教理想的清教徒建立的国家。[③] 建国以来，宗教就像影子一样伴随着美国。在这个意义上，宗教是美国人精神世界的心灵慰藉；宗教是美国的国家意识根源，至少是最有价值的政治衡量标准之一；宗教是美国的

---

① White House, "Partnership for Progress and a Common Future with the Region of the Broader Middle East and North Africa," June 9th, 2004, http://www. whitehouse. gov/news/release/2004/04/20040609 – 30. html.

② 徐以骅：《宗教在当前美国政治与外交中的影响》，《国际问题研究》2009 年第 2 期，第 35 页。

③ Eric Kaufmann, "American Exceptionalism Reconsidered: Anglo – Saxon Ethno – genesis in the 'Universal' Nation, 1776 – 1850," *Journal of American Studies*, Vol. 33, No. 3, December 1999, p. 436.

统一道德和价值标准；宗教是美国事业的精神支柱。没有宗教就没有美国精神世界的一切，也就不会有美国物质世界的存在和发展。① 但是，美国的宪法却明确美国实行政教分离的原则；北美殖民地时期的历史证明，宗教界发起的宗教大觉醒运动导致的结果却是美国世俗化的发展；美国的政治家考虑问题的出发点从来都是依照现实政治的需要而不是宗教信仰。② 那么，对于美国政治而言，宗教既重要又不重要，岂不是陷入了逻辑悖论？但是，这种"自相矛盾"恰恰就是美国宗教与政治关系的特色所在。在美国人眼中，宗教与政治并不是处于神圣与世俗对立关系之中，宗教与政治只是人类权力的两个重要方面，代表着不同的权力模式、不同的行为过程，只不过政治是世俗社会的核心杠杆，而宗教是精神世界的终极关怀。两者从来都不是平行的、对立的，也并非等价，两者总是共同制约着社会的发展和走向。美国只不过是用一种实用主义的方式来"驾驭"它们。③ 笔者认为，美国是一个徘徊于宗教与世俗、理想与现实之间的国家：当他们需要为某种思想和行为寻求一种精神依托或解释的时候，宗教就成为国家不可缺少的心理支柱和道德标准；相应地，即使有宗教参与，他们也可以不自觉地淡化宗教的意义和作用。④ 同时，这种"徘徊主义"的倾向还暗示着，美国对"宗教决定政治"和"政治决定宗教"的态度和行为是反对的，并且认为这两种情形是危险的，在美国人眼中，前者会招致宗教狂热，而后者则导致宗教自由遭到"亵渎"。正是美国这种"徘徊主义"为冷战后美国对宗教问题安全化的推动提供了主观上的支持。

其次，从冷战后美国现实国家利益的变化来看，在冷战期间，作为两大对峙集团的"领头者"之一，美国一直将国家利益界定为一种跨国利益，"维护美国的领导地位，盟国的安全，势力范围的安全"⑤等均被视为美国的国家利益。冷战结束以后，美国成为世界上唯一的超级大国，这意味着美国的"国家利益"扩大了，但拥有这些"国家利益"的"合法"

①　Robert Booth Fowler, *Religion and Politics in America*, Metuchen, N. J. & London: The Scarecrow Press, Inc. , 1985, pp. 3 – 5.

②　Charles C. Haynes, *Religion in American History: What to Teach and How*, Alexandria: Pentagram Publishing House, 1990, p. 48.

③　David Chidester, *Patterns of Power: Religion and Politics in American Culture*, New Jersey: Prentice Hall, 1988, pp. 1 – 2.

④　董小川：《20 世纪美国宗教与政治》，人民出版社，2002，第 5 页。

⑤　刘胜湘：《全球化与美国：安全利益的冲突分析》，北京大学出版社，2006，第 81 页。

依据却减少了，美国在冷战期间所使用的关于"抵御苏联威胁"的借口已经消失。这样，"宗教自由"就成了美国谋求霸主国家利益的理由，更重要的是，作为一个有着强烈宗教情怀和宗教理想的国家，美国一直就有致力于将所谓"福音"输送给世界上的其他国家的传统，①苏联的解体使美国人对自己信仰的"优越"更是坚信不已。② 所以，很多美国政治人士都像是受到基督教必胜论影响似的，认为宗教自由关乎美国的国家安全利益，任何国家的政治制度、领导人的政治倾向都不应与美国所倡导的宗教自由相违背。传播美国价值就是站在上帝一边，抵制美国价值就是与上帝作对。③"9·11"事件背后的宗教因素更是让美国获得了将宗教问题安全化并以此谋求霸主利益的绝佳"口实"，并且，这其中的安全化因果逻辑、时间逻辑和道义逻辑都要比宗教自由更有说服力。④ 美国学者也承认，在"9·11"事件之后，美国发动了两场以反对宗教恐怖主义为名的战争，一场是针对阿富汗（旨在消灭塔利班政权），一场是针对伊拉克（旨在消灭萨达姆政权），但实质上前者是为了将美国的势力引入中亚，后者则是为了波斯湾的石油。⑤

（二）美国将宗教自由问题安全化对中国国家安全的影响

就美国将宗教自由问题安全化而言，在美国决策者眼中，中国是冷战后国际体系中三个或四个主要极之一，而且是一个"潜在的威胁者"，因为中国拥有与西方不一样的文明，甚至还是一个社会主义国家。⑥ 因此，推进"中国的和平演变"是美国在亚太地区最为紧迫的事项之一，其中又

---

① Arthur Roy Leonard, ed., *War Addresses of Woodrow Wilson*, Boston, New York, etc.: Ginn and Company, 1918, p. 42, from National Digital library of China, D619. A33 \ 1, [Electronic] No. 3120121102.

② See the first inaugural address of the American President Bill Clinton in 1993, www. tudou. com/programs/view/LucDtOmREd4.

③ 小布什总统与鲍勃·伍德沃德的录音谈话，见 *Washington Post*, November 19, 2002。

④ Thomas F. Farr, "Diplomacy in an Age of Faith: Religious Freedom and National Security," *Foreign Affairs*, March/April 2008, pp. 111, 112.

⑤ Robert J. Art, *A Grand Strategy for America*, Ithaca, N. Y.: Cornell University Press, 2003, pp. 59, 145 – 146.

⑥ Robert Manning, "Clinton and China: Beyond Human Right," *Orbis*, Vol. 38, No. 2, Spring 1994.

以宗教自由、政治民主为先，认为这关系美国乃至世界的安全利益。① 显而易见，中国的角色在美国的"宗教问题安全化"进程中，是作为宗教自由的"威胁代理"出现的，即在美国关于宗教问题安全化的"言语－行为"渲染过程中，中国被美国所赋予的形象是一个"危害宗教自由"的国家，并由此引申为"破坏国际安全"的国家，被其称作少数几个"极权主义力量"仍然强大的国家之一。② 克林顿时期的国家安全顾问安东尼·莱克（Antony Lake）声称："这些反动的、逆潮流而动的国家更可能压迫自己的人民、破坏宗教自由的原则、鼓动种族不和，以及威胁其邻国……我们不可能把民主强加给那些表面上看似乎选择了自由化的政权，但是，我们可以帮助引导其中的一些国家沿着那一路线前进，同时对其进行惩罚，以提高其镇压人民、破坏宗教信仰自由和推行伪民主的代价。这一努力对我们与中国的关系具有特别的意义。"③美国众议院议员巴尼·弗兰克（Barney Frank）也公开称，除了中国，今天很难再想象出一个对我们国家安全有重大威胁的国家，因为中国的状况足以削弱我们对宗教自由以及对人权承担的义务。④ 在此期间，除了言语之外，克林顿政府的行为也突出了美国将中国视为"威胁代理"的意图。这表现在美国政府将最惠国待遇问题与中国人权状况挂钩，迫使中国改变人权政策，特别是要求中国在宗教自由、堕胎等方面接近和符合美国的标准。而从行动上看，美国与欧洲联盟国家曾先后十余次正式向联合国人权委员会提出谴责中国人权的议案，并要求中国政府"改变"。

由此，本文认为，将中国安全化为宗教自由的"威胁代理"并不意味着这是美国宗教自由安全化的全部内容，但就中国而言，美国在推动宗教自由问题安全化过程中，包含着将中国塑造为宗教自由"威胁代理"的企图。这不仅丑化了中国的形象，还严重损害了中国的国家安全利益，其实质是建立在美国谋求世界霸主利益基础上的"新干涉主义"，表现为以宗

① Christopher, "America and the Asia – Pacific Future," Address to the Asia Society, New York City, May 27th, 1994, *US Department of State Dispatch*, Vol. 5, No. 22, May 30, 1994, p. 348.

② Harry Harding, "Breaking the Impasse over Human Rights," *Living with China*, p. 170. 转引自陶文钊《中美关系史（1972—2000）》，上海人民出版社，2004，第 394 页。

③ Anthony Lake, "From Containment to Enlargement," *Vital Speeches of the Day*, Vol. 60, No. 1, October 15, 1993, p. 17.

④ See Harry Harding, *A Fragile Relationship: The United States and China since 1972*, Washington, D. C. : The Brookings Institution, 1992, p. 291.

教、种族和民族问题为借口，而实质上重视军事手段和武力的介入。① 所以，中国采取了宗教问题"去安全化"（de-securitization）的做法。

第一，中国政府强调，宗教应坚持独立、自主、自办的原则。在宗教信仰自由问题上，中国宪法明确规定"中国公民享有宗教信仰自由的权利"。但是，中国认为，中国人民的宗教自由必须是建立在中国人民自己意愿基础上的，即坚持"三自"（自治、自养、自传）方针，而不是以美国式思维所界定的宗教自由为标准，即所谓符合"海外宗教顾问委员会"对宗教自由的理解。②中国的宗教团体和宗教事务不受外国宗教因素的支配，在开展宗教活动中应该做到既不依赖外力，也不受外界束缚，而是依靠自己的力量进行。③

第二，中国政府倡导建立在平等友好与互相尊重基础上的国际宗教交往。1991 年中央 6 号文件提出应在平等友好的基础上积极正确地开展宗教方面的对外交往。④党和政府鼓励和支持宗教界在"平等友好、互相尊重"基础上开展对外交往。所谓平等友好，就是在对外交往中各国、各地区的宗教团体和组织处于同等地位，享有同等权利，以友善的态度沟通，增进相互了解和信任，反对以大欺小和恃强凌弱，谴责并反对处于强势地位的宗教组织将自己的意图强加于弱势宗教团体的行为；所谓互相尊重，就是在宗教交往中，不论"强"宗教团体还是"弱"宗教组织，各方面的意见都应得到充分发表，各方面的观点都允许存在，各国、各地区的宗教团体受到同样的关注，反对在交往中制造隔阂和歧视的行为。⑤

第三，中国政府反对政治势力利用宗教进行有政治企图的跨国活动。中国认为，长期以来，西方政治势力一直把宗教问题当作遏制和颠覆它们敌视的国家和政权的借口，它们甚至公开承认"为了贯彻我们的政策，我们公开承认保护宗教自由是我们政治活动的优先政策……没有宗教自由我们就难以领导世界"，这种论调本身对于其所声称的"奉行政教分离，倡

① S. J. Stedman, "The New Internationists," *Foreign Affairs*, Vol. 72, No. 1, 1993.
② 刘连第编著《中美关系的轨迹——1993 年 - 2000 年大事纵览》，时事出版社，2001，第 122 页。
③ 任杰：《中国共产党的宗教政策》，人民出版社，2007，第 308 页。
④ 《中共中央、国务院关于进一步做好宗教工作若干问题的通知》，载《新时期宗教工作文献选编》，宗教文化出版社，1995，第 213～221 页。
⑤ 任杰：《中国共产党的宗教政策》，人民出版社，2007，第 308 页。

导宗教自由"的原则无疑是一个巨大的讽刺。[1]

与此同时，中国也采取了相应的反制措施。面对美国将宗教问题安全化的做法，以及美国十余次向联合国人权委员会提出谴责中国"严厉限制国内政治和宗教自由"的人权议案，中国政府进行了坚决回击，其结果是美国为首的西方国家所提议案均遭到挫败（见表2）。[2] 除此之外，中美在宗教自由问题上还进行了针锋相对的斗争。例如，1997年7月22日，美国国务院发布78个国家宗教问题报告，指责中国宗教团体发展迅速，但政府力图"把所有宗教活动限制在政府批准的宗教组织范围内"，批评中国政府"压制宗教信仰自由"，"迫害"宗教界人士和宗教活动，并强调这是有悖于联合国有关宗教自由方面基本准则的。随后，针对美国的指责，1997年10月16日，中国国务院新闻办发表了《中国宗教自由状况》白皮书，专门对美国的无端指责予以回击，全面阐释中国宗教的实际状况。[3]

表2 联合国人权委员会对西方国家谴责中国人权状况议案的历次表决统计

年度	人权会议	西方国家议案的共同提案国	"不采取行动"议案的提案国	对"不采取行动"议案的表决			对西方国家议案的表决		
				赞成	反对	弃权	赞成	反对	弃权
1990	第46届	18	巴基斯坦	17	15	11			
1992	第48届	24	巴基斯坦	27	15	10			
1993	第49届	22	中国	22	17	12			
1994	第50届	22	中国	20	16	17			
1995	第51届	26	中国	22	22	9	20	21	12
1997	第53届	15	中国	27	17	9			
1999	第55届	2	中国	22	17	14			
2000	第56届	1	中国	22	18	12			
1996	第52届	26	中国	27	20	6			

---

[1] 任杰：《中国共产党的宗教政策》，人民出版社，2007，第312页。

[2] 中华人民共和国国务院新闻办：《中国人权年鉴》，1999。另参见相关新闻报道：http://news.xinhuanet.com/world/2004－04/16/content_1422346，转引自罗艳华《国际关系中的主权与人权——对两者关系的多维透视》，北京大学出版社，2005，第252页。

[3] Anthony Lake, "Confronting Backlash State," *Foreign Affairs*, Vol. 73, No. 2, March/April 1994, p. 46.

续表

年度	人权会议	西方国家议案的共同提案国	"不采取行动"议案的提案国	对"不采取行动"议案的表决			对西方国家议案的表决		
				赞成	反对	弃权	赞成	反对	弃权
2001	第 57 届	1	中国	23	17	12			
2004	第 60 届	1	中国	28	16	9			

资料来源：转引自罗艳华《国际关系中的主权与人权——对两者关系的多维透视》，北京大学出版社，2005，第 252 页。

（三）美国推进宗教恐怖主义安全化对中国国家安全的影响

对于美国而言，冷战结束后到"9·11"事件以前，由于缺少冷战时期那样一个显而易见的威胁，美国在国家安全战略上也没有确定一个可以"压倒一切"的安全首选方向，反而陷入了一种"威胁多元化"的徘徊，甚至迷茫。在这种状况下，就宗教自由问题而言，中国更多的是在美国宗教问题安全化语境中扮演"威胁代理"的角色。但是，随着带有明显宗教背景的"9·11"恐怖袭击的发生，反对恐怖主义成为美国国家安全战略压倒一切的优先议程，而"与宗教结合的恐怖主义"也被美国迅速安全化，随即成为美国宗教问题安全化"动议"的核心内容。与此相对应的是，深受宗教极端主义之害的中国一直坚决反对一切形式的恐怖主义，积极在亚太地区倡导"反恐"，反对宗教极端行为，并坚决采取"反恐"实际行动。[①]

在这样的情形下，美国决策者认识到，反对恐怖主义需要包括中国在内的大国的合作，尽管与中国在"宗教自由"问题上有分歧，甚至将中国视为在"宗教自由"方面"逆潮流而动的国家"，但是，在宗教恐怖主义面前，美国政府意识到，中美面对着相似的威胁，相比之下，双方的分歧显得微不足道。[②] 2002 年 8 月，美国副国务卿阿米蒂奇在北京宣布，美国已经将在中国新疆活动的"东突伊斯兰运动"列入美国恐怖组织名单，并冻结其成员的资产。[③] 这意味着在宗教议程里，中国作为美国宗教自由安

---

① http://www.fmprc.gov.cn/chn/8163.html。

② The White House, *The National Security Strategy of the United States*, Washington, D. C. : U. S. Government Printing Office, 2002, from http://www.aspsky.net.htlm。

③ 中国现代国际关系研究院美国研究所：《中美战略关系新论》，时事出版社，2005，第 39 页。

全化进程中"威胁代理"的角色已经发生了改变，两国在宗教自由问题上的"对立"开始让位于两国在宗教恐怖主义问题上的共识，中国成为美国宗教恐怖主义安全化进程中的"指涉对象"，即中国被美国所赋予的形象是一个受到宗教恐怖主义危害的国家，并由此成为需要通过集中有限资源加以保护和团结的"受害国"。美国国务院前政策规划司司长理查德·哈斯（Richard N. Haass）在基于打击恐怖主义的"融合战略"（doctrine of integration）报告中称，对于美国而言，一个新伙伴的"融合"，能够"使美国与更多的伙伴而非相对孤立地应对宗教狂热与恐怖主义的安全威胁，而中国有着成为美国最重要伙伴之一的潜力"。①

与此同时，除了通过言语"渲染"之外，美国在其具体的行动中也体现了将中国列为对宗教恐怖主义安全化过程中"指涉对象"的意图。这表现在，第一，美国政府将"中国是宗教型恐怖主义受害者"的认识写入正式的国家战略。2003 年 2 月 14 日，美国在其公布的《抗击恐怖主义国家战略》中明确指出，我们面对的敌人是亚国家组织（sub-national groups）或秘密团伙的成员，它们对非军事目标采取有预谋的暴力行动，它的底层基础条件是贫穷、腐败、宗教争端和民族冲突。而中国也是它的受害者。我们应该与其合作，我们的关系无须受到以往分歧的束缚。② 第二，在打击"东突"势力上给予中国直接支持。美国政府在 2002 年发布 13224 号行政令将"东突伊斯兰运动"定性为宗教性恐怖组织，其资产则于 9 月 3 日被外国资产管制处（OFAC）所冻结。③ 第三，在联合国多边框架内进行宗教反恐合作。美国对包括中国在内的发展中国家所倡导的"通过'文明对话'增进相互理解、消除宗教型恐怖主义理念基础"的主张表示支持，并推动此项建议列入联合国"威胁、挑战和改革问题高级别小组"向联合国秘书长提交联合国改革报告。④

---

① Richard N. Haass, "China and the Future of U. S. – China Relations," Remarks to the National Committee on U. S. – China Relations, December 5, 2002, https://2001 – 2009. state. gov/s/p/rem/15687. htm, pp. 4 – 7.

② 中国现代国际关系研究院美欧研究中心：《反恐背景下美国全球战略》，时事出版社，2004，第 440、442、444、452 页。

③ 美国国务院对"东突伊斯兰运动"的声明，参见美国国务院官方网站，http://usinfo. state. gov/regional/ea/mgck/archive02/0912etim. htm。

④ 联合国"威胁、挑战和改革问题高级别小组"：《一个更安全的世界：我们共同的责任》，http://www. un. org/chinese/secureworld/reportlist. htm。

为此，本文认为，"9·11"事件之后，随着美国安全化宗教问题的重点由宗教自由转向宗教恐怖主义，中国在美国宗教问题安全化的语境中被"渲染"为宗教型恐怖主义的"指涉对象"。尽管这并不意味着，中国原来作为宗教自由"威胁代理"的角色已经消失，但相对于宗教恐怖主义"指涉对象"的角色而言，宗教自由"威胁代理"的角色被弱化。但是，本文认为，这种转变从实质上看仍然是以美国自身国家安全利益的需要为基础的，是服务于美国追求全球霸主利益为目标的"新帝国主义"战略的适时调整。因为，美国在安全化宗教恐怖主义的进程中，进一步提出了"邪恶轴心说"，将"反恐"与其他战略利益结合起来，通过先发制人将单边主义和霸权逻辑推向极致，并围绕"对伊动武"展开了大国协调。

而对于中国而言，一方面，美国将宗教型恐怖主义"渲染"为国家安全威胁，并谋求与中国合作反恐的做法符合中国的国家安全利益；另一方面，美国在反对宗教型恐怖主义过程中，"渲染"伊斯兰宗教与恐怖主义的"关联"，"推销"其所谓"文明冲突"，实质上是向伊斯兰世界及其所谓大中东地区输出"民主"，牟取石油资源，并进而追求世界霸权国家利益的做法，又与中国的国家安全利益不符。在此背景下，中国采取了"选择性安全化"（selected securitization）的策略，即以当前我国的国家安全利益为准则，在宗教领域采取有选择的安全化应对，对宗教问题实行"安全化"和"去安全化"并举，按程度和性质"就事论事"地看待宗教问题，既不扩大也不缩小。① 例如，中国政府多次在公开场合强调，中国反对一切形式的恐怖主义，支持联合国大会和安理会通过的有关决议，支持打击恐怖主义的行动，同时又指出，中国反对将恐怖主义与特定的宗教挂钩，反对搞文明的冲突。② 而在行动上，中国还对美国在宗教反恐中奉行双重标准进行了有理有力有节的斗争。③

---

① 徐以骅、刘骞：《宗教对国际安全的影响及其对中国的启示》，载金泽、邱永辉主编《中国宗教报告（2008）》，社会科学文献出版社，2008，第221页。

② 中新社北京2002年12月26日电与新华社2001年10月8日电，转引自李铁成、钱文荣主编《联合国框架下的中美关系》，人民出版社，2006，第517页。

③ 参见王毅《新挑战、新观念——国际反恐斗争和中国的政策》，在慕尼黑国际安全政策会议上的讲话，2002年2月2日，中华人民共和国外交部网站，http://www.fmprc.gov.cn/chn/24758.html。

三　小结

自中美两国建交以来，宗教问题就一直是中美关系中的一项重要议题，但是，冷战后，宗教问题开始逐渐进入中美两国互动的"高阶政治领域"，甚至被视为关乎国家安全利益的重要问题。这种变化主要是美国以冷战"胜利者"的姿态，进一步实现和扩展其在全球范围内的霸主利益而采取的宗教问题安全化战略所造就的。但是，受到"9·11"事件的影响，在推进宗教问题安全化的过程中，美国宗教问题安全化的重点由宗教自由转向宗教恐怖主义。

在这个意义上，本文认为，中国在面对美国宗教问题安全化战略"动议"时，面临两种情况，即接受或者反对。当中国被美国推动的宗教自由问题安全化"渲染"为"威胁代理"的时候，中国政府认为，这是美国企图利用宗教干涉中国内政，对中国实行"和平演变、宗教先行"，其实质是以宗教为名，而以危害中国国家安全为实。于是，当美国方面力图通过言语"渲染"中国为危害宗教自由国家的时候，中国政府采取了"去安全化"的应对做法，即主张使"宗教回归宗教"，①通过使用宗教领域的话语应对美国在宗教自由问题上的恶意攻击。而当美国企图将宗教问题诉诸政治和国家安全领域，对中国实施具体政治干涉行为的时候，中国政府也相应采取了针锋相对的措施，如联合国人权会议上的斗争。所以，美国推进宗教自由安全化使中美之间关于宗教问题的互动出现了"对立"。

但是，当中国被美国推动的宗教恐怖主义安全化"渲染"为"指涉对象"的时候，双方都意识到，宗教恐怖主义作为一种涉及宗教的非传统安全威胁所具有的特点不是一个国家依靠自己的力量就可以应对的，而需要世界各国通过合作共同面对和解决。而中国"接受"美国对宗教恐怖主义的安全化动议，实际上已经暗示，反对宗教恐怖主义符合中国的国家利益，而同时，中国政府也意识到，美国的宗教反恐战略中包含着"借口"宗教反恐，"渲染"文明冲突，输出所谓民主，推行霸权主义的企图。而这种企图则与中国国家利益背道而驰。所以，中国采取了"选择性安全

---

① 参见徐以骅《宗教与当前国际关系的若干问题》，《中国社会科学院院报》2008 年 4 月 3 日。

化"的做法：对于宗教恐怖主义的威胁，中国坚持与美国进行合作，并将其视为国家安全的威胁予以坚决打击；同时，对于美国"以宗教反恐为虚，行霸权主义图谋为实"的行为则采取了反对的态度。这也形成了宗教问题上中美双方既合作又斗争的态势。

当前，中国的对外战略正在进入新一轮的调整期，而一直在中国对外战略中被视为"短板"的宗教因素与宗教问题也面临新的界定，甚至或将被赋予新的"使命"。在这样的背景下，对冷战后美国宗教问题安全化战略及其对中美关系的影响展开分析，呈现并揭示宗教因素和宗教问题在大国博弈中所具有的作用与意义无疑对我国下一阶段推进宗教"走出去"具有现实意义，而这正是本文撰写的初衷。

The Issue of Religious Securitization in the United States and Its Influence on the United States Policy towards China: An Observation on the Transformation from Religious Freedom to Religious Terrorism

Liu Qian

Abstract　The theoretic framework of "securitization" offers a new logic for security studies and reveals the "intra-actor" nature of security issue. More importantly, "securitization" provides academic evidence for those actors who control the security discourse and aim at "obtaining a kind of special power by proposing a specific issue that enjoys the highest priority". In this sense, the religious issue has been lingering in the security agenda of China-U. S. talks as one of the important issues in the China-U. S. relations. Particularly, on this issue, the United States acts as the initiator of securitization and China acts as "a potential passive actor". Since the end of the cold war, the focus of the United States on religious issues has been shifted from religious freedom to religious terrorism. Against this background, the China-US interactions on religious issues have been transformed from "confrontation" to "cooperation".

Key Words   Securitization; Religious Freedom; Religious Terrorism; China-U. S. Relations

Author   Liu Qian, Associate Professor of the School of Politics and International Relations of the Tongji University.

书　评

一部推动中国周边外交研究的力作
——读石源华教授的《中国周边外交十四讲》

钟飞腾[*]

近年来，周边外交在中国外交布局中的地位更加突出。2013 年 10 月，中共中央召开了新中国成立以来规模最大的周边外交工作座谈会，习近平总书记在会议上提出思考周边问题、开展周边外交要有立体、多元、跨越时空的视角。复旦大学石源华教授撰写的《中国周边外交十四讲》体现了上述周边外交的新思考。[①] 全书按历史与现状分为上下两编，两编内容体量相当，对新中国成立前和成立后中国周边外交中的重大历史进程做了深入分析，史料丰富扎实，不仅提出了富有创新意义的学术观点，综合了多学科知识，深化了周边外交的理论研究，也为中国周边外交的政策实践提供了探索性方案。石源华教授的这一专著从 19 世纪近代中国周边外交入手，横断面扫描了 20 世纪上半叶中国历届政府的周边外交，进而纵向审视了新中国几代领导人的外交思想和政策。就笔者视野所及，这可能是目前国内周边外交研究中时间跨度最长的一次系统性梳理，极大地拓宽了人们对中国周边外交的认识，也增进了中国周边外交学的学科建设。

一

学科发展的历史经验表明，一门学科或者跨学科的诞生，最初多是源于重大现实问题对既有理论范式的挑战。例如，19 世纪后期社会学、政治

---

* 钟飞腾，中国社会科学院亚太与全球战略研究院大国关系研究室主任、副研究员。

① 石源华：《中国周边外交十四讲》，社会科学文献出版社，2016。

学、人类学等社会科学的发展源于欧洲的工业化和对外殖民需求，20 世纪 30 年代的大萧条催生了凯恩斯的宏观经济学，20 世纪 70 年代美国霸权的相对衰落催生了国际政治经济学。

冷战结束前后，在中国的外交体系和布局中，周边作为一个独立的板块猛然生成。① 面对西方世界的制裁和压迫，中国需要一项大战略，以便构建稳定开放的外部环境继续推进中国的现代化建设。此时相对富裕且传统上与中国联系紧密的西太平洋区域，特别是日本、亚洲四小龙以及影响力颇大的东盟，再度受到中国最高决策层的关注。而苏联的解体为中国转移战略视野、调整发展与安全关系，以及重新构造于我有利的周边地缘环境，创造了极为特殊的机会，别的发展中大国则缺少边界巨变带来的这种戏剧性效应。从全球范围来看，原本高度对抗的国际格局不复存在，中国、印度以及原苏联地区相关国家正以新的姿态看待"新世界"，这些国家将携劳动力优势逐步涌入一个资本高速运行的发达世界中。正是在此大背景下，中国周边外交的开展显得生机勃勃，进展迅速。如同现实主义不能回答冷战为何突然结束一样，中国的"三个世界"理论也已无法为中国改革开放融入国际体系提供富有方向性的判断。改革开放推动的重大而又紧迫的现实需求亟须中国的外交理论创新，特别是为中国发展提供新的外交空间。

从知识谱系角度分析，可以 2008 年国际金融危机为界，将此前出版的一些周边外交论著视为第一波，此后的视为第二波。尽管在冷战结束前后不乏研究中国周边外交问题的学者，如美国加州大学的斯卡拉皮诺等，② 但系统性论著却大规模地出现于 20 世纪末 21 世纪初，这也验证了外交实践推动外交理论创新的一般性认识。第一波的代表性论著如张小明出版于 2003 年的《中国周边安全环境分析》、唐世平 2003 年出版的《塑造中国的理想安全环境》等，前者偏重于中国对外政策话语分析，后者则更重视运用西方国际关系理论进行解读，但两本书都对诸多双边关系进行了横断面的深入分析。③ 西方学界的代表性论著则有兰德公司 2000 年出版的《中国

---

① 钟飞腾：《"周边"概念与中国的对外战略》，《外交评论》2011 年第 4 期。

② Robert A. Scalapino, "China's Relations with Its Neighors," *Proceedings of the Academy of Political Science*, Vol. 38, No. 2, 1991, pp. 63 – 74.

③ 张小明：《中国周边安全环境分析》，中国国际广播出版社，2003；唐世平：《塑造理想的中国安全环境》，中国社会科学出版社，2003。

大战略》，该书从现实主义视角追溯了中国周边关系的历史性变革，认为传统中国与周边关系似乎存在着一种周期性现象，驱动力主要是中国的王朝兴衰。该书还断定中国在 2020 年前后将形成一种新的大战略，改变 20 世纪 80 年代以来逐步形成的、低调的合作性政策。① 目前来看，上述专著仍然是研读中国周边关系和周边战略的必读书。

21 世纪初，两位历史学者曾对中国冷战时期的周边关系做出这样的评价："客观地讲，中国学者对于冷战时期中国周边关系和周边问题的研究还处于开始阶段，如何从个别上升到一般，从对中国周边政策的个案研究进展到对总体趋势和特征的讨论，恐怕还需要经过一段时间的努力。"② 这种研判代表了国际冷战史学者对中国周边外交研究的看法，尽管他们的着眼点不是外交学研究，而更看重周边问题能否为综合性的冷战国际关系史提供丰富的案例，却也提出了发展周边外交的条件性判断和期待。事实上，学科发展史已经表明，相关问题的研究从个别到一般和整体，需要重大的历史机遇给予丰厚的人力、物力储备，并在知识生成上存在不断革新的现实压力。第二波周边外交研究的重大背景是国际体系动荡引发的权势变更，中国崛起已经不是一种预测，而是一种现实存在，对地区环境和国际局势产生了重大影响。中国学术界需要回答为什么中国崛起不会回到传统的朝贡秩序，也不会落入大国争霸的"修昔底德陷阱"的问题，亦即在传统东方和传统西方之外找到一条新路。

与第一波有所不同的是，第二波作品具有更为明确的周边外交学科意识。③ 石源华教授从 20 世纪 90 年代中期开始，就着手研究东亚国际体系大变迁中的近代中国周边外交，论著《近代中国周边外交史论》于 2006 年出版，可归入第一波。而《中国周边外交十四讲》可以看作第二波的产物。从这个意义上说，这两部书正好横跨了第一波和第二波，也正是长达 20 年的周边外交研究为作者深入挖掘中国周边外交的历史动力提供了丰厚

---

① 〔美〕迈克尔·斯温、阿什利·特里斯：《中国大战略》，洪允息、蔡焰译，新华出版社，2001。

② 牛大勇、沈志华："前言"，载牛大勇、沈志华主编《冷战与中国的周边关系》，世界知识出版社，2004，第 5 页。

③ 例如有的从中国政府多年来倡导的周边外交中的区域合作入手进行分析，参考张蕴岭《在理想与现实之间——我对东亚合作的研究、参与和思考》，中国社会科学出版社，2015。

的材料。石源华教授认为，"将近代中国周边外交研究与当今中国周边外交环境建设和外交需求相联系，并着重研究那些对于当今外交依然产生重大影响的内容，如列强霸占中国领土、挑起边界冲突、煽惑中国边地动乱，以及中国民族问题与边疆动乱、华侨国籍与各国排华风潮、中外领土或海洋争议问题等，这些问题都与当今中国实施稳定和平的周边外交有着密切的关系"。①

在进行近代周边外交研究时，一个很重要的问题是如何看待朝贡秩序瓦解后的困境，一个核心问题是中国的疆域究竟有多大？这不仅涉及政权的合法性等重大现实问题，也极为关乎当代中国开展周边外交时的尺度问题。如果不确定边界，怎么理解中国周边关系的演化？譬如 20 世纪 90 年代以来边界谈判的大幅度推进对我们构建良好的周边环境产生了重大影响，现代民族国家体系的基础之一也正是明确而清晰的疆域范围。对此，中国周边外交研究可以从另外几门相关学科中获得启示，比如正在建设中的中国边疆学与具有深厚传统的历史地理学。事实上，复旦大学长期以来就有历史地理学研究传统，笔者猜想，《中国周边外交十四讲》如此重视边界问题或也与此学术环境有关。与 20 世纪 90 年代初以来周边外交逐步形成一个独立的板块相对应，历史政治地理研究也在这个阶段逐步产生了重要的成果。显然，20 世纪 90 年代初中国重新被西方打压的现实，触动了一大批中国学者更为珍重中国自身的历史遗产，就外交而言这种遗产中最为重要的一种是历代统治者应对政权对立的经验。周振鹤教授认为："中国历代统治者对于如何从地理角度来处理与周边国家关系，在分裂时期如何运用政治地理原则与对峙政权相处，都有一系列理论与实践值得我们重视。"② 而在研究中国边疆问题的学者看来，"疆界、边界、外交等属于中国边疆学研究的重要问题，与法学尤其是国际法的关系极为密切"。③ 也有学者认为，近代以来，中国的边防即外边防务问题日益凸显，但清朝统治者仍沉迷于治理"内边"的传统边疆政策而未能洞察"外边"冲击的

---

① 石源华：《中国周边外交十四讲》，社会科学文献出版社，2016，第 16 页。
② 周振鹤：《范式的转换——沿革地理—政区地理—政治地理的进程》，《华中师范大学学报（人文社会科学版）》2013 年第 1 期，第 118 页。
③ 方铁：《论中国边疆学学科建设的若干问题》，《中国边疆史地研究》2007 年第 2 期，第 2 页。

根本不同，致使清后期边疆政策全面破产。①

确定周边外交的历史起源，则必须阐述清楚"中国"面对西方条约体系时的疆域范畴，在一个什么样的起点上，现代中国拥有国际社会明确认可的疆界？没有含义明确的"中国"，何以谈中国的周边？确定一个较为明确的地理范围当然是研究中外关系时一项必不可少的工作。"关于中国疆域的概念，直到 20 世纪 50 年代还非常模糊，往往将中国与中原王朝等量齐观，因而关于疆域的定义并不十分确切。"② 目前，学术界普遍认可的中国疆域概念形成于 20 世纪 80 年代初，到 20 世纪 90 年代初则因为复旦大学教授谭其骧公开发表的一篇名文《历史上的中国和中国历代疆域》奠定基础。1981 年 5 月，复旦大学谭其骧教授在"中国民族关系史研究学术座谈会"上作了关于"历史上的中国和中国历代疆域"的讲话，后于 1991 年公开发表。谭其骧的一个基本见解是"18 世纪 50 年代到 19 世纪 40 年代鸦片战争以前这个时期的中国版图作为我们历史时期的中国的范围"。③ 这也是中国学界在阐述现代中国与周边关系时的一个重要历史基础，更是中国政府目前处理领海纷争时的一个重要历史基础。在新中国第一代领导人的指引下，新中国成立以来历史地理学的研究经过各部门的集体努力，有了持续多年的系统积累，终于在 20 世纪 80 年代澄清了历史上的中国疆域的概念，这对于政府开展对外工作起到了积极作用，为 20 世纪 90 年代陆地边界问题的陆续解决奠定了基础，从而也是中国知识界得以推进周边研究的一个国际事实。

也正是因为对边界的重要性有着清晰的认识，《中国周边外交十四讲》有大量篇幅涉及中国与邻国的领土、领海争端，着重阐述了中国历届政府处理边疆危机特别是钓鱼岛等问题的历史经验和教训。在此需要注意的是，目前历史学界对于国民政府在 20 世纪 40 年代处理钓鱼岛、琉球等问题也有更为深入的看法。例如中国社科院侯中军认为，当时的学者如胡焕庸等人已经认识到钓鱼岛及其附属岛屿、琉球群岛等对台湾海防和中国成为太平洋国家的重要性，甚至蒋介石在开罗会议期间所宣布的由中美托管

---

① 马大正：《关于中国边疆学构筑的几个问题》，《东北史地》2011 年第 6 期，第 10 页。

② 葛剑雄、华林甫：《二十世纪的中国历史地理研究》，《历史研究》2002 年第 3 期，第 150 页。

③ 谭其骧：《历史上的中国和中国历代疆域》，《中国边疆史地研究》1991 年第 1 期，第 34 页。

琉球的言论只是一种权宜之计。^①但是鉴于当时中国的弱势地位，根本没有办法同美国讨价还价，而在一个弱势政权下，学者更是无法将所学用于捍卫国家利益。

二

《中国周边外交十四讲》在诸多方面都有新的观点和看法。有些内容超出了笔者的学科知识储备。以《中国周边外交十四讲》涉及的内容来看，要进行相对匹配的学术评价，则可能至少需要多种学科的前沿性知识，比如按照中国社会科学院的研究所和学科布局，至少覆盖近代史研究所、中国边疆研究所以及亚太与全球战略研究院等机构的知识领域。在此，仅列举几种令笔者印象十分深刻的见解。

第一，源于对中国周边外交长时段的历史研究，石源华教授认为中国史学界的一个传统观点需要更改，即近代中国在周边的国际地位并非一直在衰落。从外交学角度而言，一国国际地位并不简单是物质因素作用的结果，也与战略谋划和内外形势有关系。从这个意义上说，在更为一般性和更为明确的学科意识下，我们可以重新解读历史上中国与周边的关系，而《中国周边外交十四讲》正体现出这样一种努力。该书对袁世凯处理边疆危机的政策，北洋政府的"修约外交"，国民政府的"改订新约外交"、"抗日外交"、太平洋战争时期的"大国外交"、援助周边被压迫民族解放运动等，以及"以夷制夷"策略、搁置外交等做出了新的论述。

第二，对新中国历代领导人的周边外交思想做了深入分析。中国外交的一个特性是受中国共产党的持续而坚定的领导，这在很多国家是不多见的。因同时担任党和国家的领导人，中国最高领导层对中国外交施加的影响也是其他国家的领导人少见的。石源华认为："中国的周边外交经历的阶段性变化幅度之大，在世界各国外交史上是少有的，这种演变是中共中央历代领导人对于不断变化的周边环境和国际环境的应对，也反映了他们的周边外交思想在发展中不断走向成熟。"^②就新中国第一代领导人的周边

---

① 侯中军：《困中求变：1940 年代国民政府围绕琉球问题的论争与实践》，《近代史研究》2010 年第 6 期，第 57~62 页。

② 石源华：《中国周边外交十四讲》，社会科学文献出版社，2016，第 206 页。

外交思想而言，石源华教授认为最重要的两个特性是坚持对外交涉中的独立自主原则和维护中国的主权与领土完整。邓小平的周边外交思想最富特色和创造性的是摆脱意识形态因素的影响，不仅与美国的一些盟友和伙伴建立关系，也与曾与苏联结盟而与中国关系交恶或冷淡的国家，如越南、老挝、蒙古国等实现了关系正常化。正是在邓小平时期，中国实现了与周边国家的全部关系正常化，创造了中国有史以来最好的周边环境局面。江泽民的周边外交思想主要体现在新安全观、伙伴外交和区域合作中。胡锦涛的周边外交思想继承了前几任领导人的成果，其创新点主要是将周边看作中国崛起的地缘依托，迅速与周边构建和发展多边主义机制，并提出了和谐周边的理念。十八大以来的中国周边外交思想更是鼓舞人心、富有想象力和创造性，十分接近周边国家对中国的期待，比如正确义利观、搭便车、亚洲安全观、周边命运共同体等。

第三，对"搁置外交"做出了创建性论述。"搁置争议、共同开发"是 20 世纪 80 年代中期邓小平为解决海洋争端提出来的，但在石源华教授看来，这是"邓小平等国家领导人对于国际关系理论的重要贡献，也是中国外交的重要政治遗产之一"。[①] 鉴于中国与周边国家仍存在领土、领海争端，石源华教授深入讨论了从民国以来历届中国政府如何运用"搁置外交"处理边疆危机和领土争端。他认为，"搁置外交"是有原则、有选择、积极进取和与时俱进的，在中国仍处于初级发展阶段和东亚一体化进展仍缓慢的情形下，要有跨越时空的历史眼光，将可以"搁置"的外交争端恰当地"搁置"，转换视角，从其他地方入手发展双边关系，等以后时机成熟时再来处理争议性问题。

第四，除了运用外交学和历史学分析中国的周边外交，《中国周边外交十四讲》也对制度主义国际关系理论进行了深入分析，将之用于分析中美在东亚地区的"兼容共存"，并提出了嵌套交叠模式。在国际关系学界的现实主义学派看来，国际体系和国家的地位是推动一国对外行为最为重要的动力，尽管这种压力和强制力并不一定得到中小国家的欢迎。而在制度主义者的眼中，尽管物质力量仍然重要，却不是唯一重要的，大国之间仍能设计出一套合理的制度容纳彼此。就中国 20 世纪 90 年代后逐步深化的周边外交而言，美国因素一直是摆脱不了的，而且随着中国崛起的加

---

① 石源华：《中国周边外交十四讲》，社会科学文献出版社，2016，第 309 页。

快，美国的掣肘和消极影响也逐步扩大。因此，从学理上如何在周边外交中纳入一个地理上远离中国，但在关联性和影响力上对中国周边国家具有压倒性影响力的霸权国，就显得极为重要，但也有很大的挑战性。比如中国的国际冷战史学者早在十几年前就同意，中国周边"不仅是指在陆上或海上同中国相邻的国家和地区，而且还包括相对而言处于中国边缘的区域。一些对中国的国家安全和外交战略有重大影响的国家和地区，也是不可忽视的"。① 但长期以来，在构建容纳美国的周边秩序上，缺乏有吸引力和解释力的模型。就此而言，制度主义的确提供了新思路，与传统的中心－边缘模式造成经济分工和文化影响力单向度走势不同，在亚太地区国际制度的构建上中美彼此都有给对方提供机会的可能性。石源华教授在书中也强调，未来中美在制度主义路线上仍然存在从"兼容共存"走向"合作共赢"的可能性。

第五，有关中国周边外交研究话语体系的建设。《中国周边外交十四讲》极为重视中国领导人对周边外交思想的阐述，并进一步关注和提炼这些重要思想在国际关系理论和周边外交学科建设中的重大意义。2012年以来，在中国外交布局中，周边"重中之重"的地位基本确立。党的十八大政治报告提出"努力使自身发展更好惠及周边国家"，体现了党中央对中国发展新常态和周边形势的新认识。2014年初，王毅外长指出，"周边是中国安身立命之所、发展繁荣之基。中国新一届政府把周边外交放在外交全局中更加突出的重要位置上"。② 习近平总书记在对外交往中多次使用过"搭便车""修昔底德陷阱"等西方国际关系词汇，但更多是中国特色的术语，如命运共同体、亚洲安全观、正确义利观等，特别是亲诚惠容周边外交理念更是发展了和谐周边的思想，拓宽了21世纪初提出的"与邻为善、以邻为伴"方针。石源华教授在总结十八大以来中国周边外交新理念时，概括出了以儒家思想为主要特征的文化观、不接受西方范式的价值观、欢迎搭便车的义利观、亲诚惠容的近邻观、反对国强必霸的和平观等。③ 2016年5月17日，习近平总书记在哲学社会科学工作座谈会上提出，要加快构建中国特色哲学社会科学，"以我们正在做的事情为中心，从我国

---

① 牛大勇、沈志华："前言"，载牛大勇、沈志华主编《冷战与中国的周边关系》，世界知识出版社，2004，第5页。
② 王毅：《中国与世界》，《光明日报》2014年1月11日，第8版。
③ 石源华：《中国周边外交十四讲》，社会科学文献出版社，2016，第240～246页。

改革发展的实践中挖掘新材料、发现新问题、提出新观点、构建新理论"。①《中国周边外交十四讲》在这方面下了很多功夫。阅读中国学者撰写的国际关系和外交文章,一个显著特点是大量引用中国政府的文件和中国领导人的讲话,与欧美学界引用政府文件作为旁证不同,中国学者认为中国政府在形势判断、外交资源配置和话语引导能力上都具有非同一般的优势,例如目前正在推进的"一带一路"建设,显然也是形势发展走在学术研究之前。在外交词语的使用和逻辑关系上,一直以来中国政府和领导人的倡导直接推动了中国外交学和国际战略思想的发展。作为一个相对独立的共同体,西方学术界开发出了一套供共同体使用的话语体系,可以说与政策界是一种平行发展的路径。但在中国,"外交无小事",中国学术界高度接受和认同中国领导人的概括,这也是中国特色社会主义制度的优势所在,与西方学术界有很大的不同。

三

与西方社会在政府之外建立诸多大学和众多智库等不同,中国的外交研究与政策进程有着紧密的联系,中国的知识发展、理论创建与政策建议等都与政府有千丝万缕的联系。有人认为,追求独立性是中国智库建设和知识创建的首要任务,其实这种观点忽视了中国国家发展的特性。从国际关系理论视角来看,像中国这样的发展中国家整体上都会受到西方主导的国际体系的约束,但中国人体会到的种种艰难绝非西方学者坐在书斋中平行看待发达俱乐部的所谓体系约束可比。自英国工业革命以后进入世界市场的国家,都非常重视国家的力量。比如,俾斯麦时期的德国首先创建了福利国家,而东亚的日本开创了发展型国家,这两者都不同于盎格鲁－撒克逊民族的自由市场经济模式,也是在本国发展需求基础上提出的理论创新和实践。这是我们讨论中国大学的学科体系建设和智库发展的大前提,也是我们理解理论自信的一个历史背景。

《中国周边外交十四讲》在很多方面都有政策建言的色彩,也体现出中国周边外交研究的资政建言功能。石源华教授对朝鲜半岛问题和东北亚

---

① 习近平:《在哲学社会科学工作座谈会上的讲话》,新华网,2016 年 5 月 18 日,http://news. xinhuanet. com/politics/2016－05/18/c_1118891128_3. htm。

事务有长期深入的观察，这从该书多次讨论朝鲜民族独立运动，并将 20 世纪中国历届政府与朝鲜半岛关系纳入中国周边外交考察不难发现。事实上，没有哪个国家在朝鲜半岛事务上有中国这样重大的国家利益，历史已经毫不留情地警示了这一点。笔者在阅读该书讨论"一带一路"与东北亚关系部分时猜测，石源华教授的相关建议很可能影响了中国的政策。为了实现"一带"与"一路"在东北亚的对接和中国周边合作全覆盖，石源华教授早在 2015 年初即提出建设"中朝韩俄经济走廊"，并建议将韩国纳入"一带一路"并作为支点国家。① 据新华社发布的信息，2015 年 9 月 2 日，习近平总书记在会见来华的韩国总统朴槿惠时提出，中方欢迎韩方积极参与"一带一路"建设和亚洲基础设施投资银行工作。② 这是中国政府首次做出这样的表态，打消了国际社会的疑虑。尽管中国与朝鲜半岛的关系并不总是很紧密，但仍必须积极有所作为。

　　无论是从文化、经济联系还是国家安全优先性来看，东北亚都是中国周边外交建设的重中之重。笔者也完全赞同石源华教授的一个观点，"中国'一带一路'建设和周边合作全覆盖，将最终落实于朝鲜的融入东北亚区域合作和日本的'回归'加盟东北亚共同体建设"。③ 这是一个富有战略远见的判断和构想，也是中国周边外交努力的一个方向。

---

① 石源华：《中国周边外交十四讲》，社会科学文献出版社，2016，第 325～330 页。
② 《习近平会见韩国总统朴槿惠》，新华网，2015 年 9 月 2 日，http://news.xinhuanet.com/politics/2015 - 09/02/c_1116452483.htm。
③ 石源华：《中国周边外交十四讲》，社会科学文献出版社，2016，第 330 页。

会议综述

"2016 年中国周边外交的评估与展望"研讨会综述

李红梅　刘青尧

2016 年 11 月 5～6 日，由中国国家领土主权与海洋权益协同创新中心、复旦大学中国与周边国家关系研究中心共同举办的"第六届中国周边外交研讨会"在复旦大学举行。本届研讨会的主题是"2016 年中国周边外交的评估与展望"。来自中共中央对外联络部、外交部亚洲司、中国社会科学院、中国国际问题研究院、现代国际关系研究院、武汉大学、吉林大学、郑州大学、云南省社会科学院、广东国际战略研究院、广西财经学院、上海社会科学院、上海国际问题研究院、同济大学、上海外国语大学、复旦大学以及世界知识出版社等单位的 50 余名专家学者参加了此次会议。

研讨会开幕式由复旦大学中国与周边国家关系研究中心主任石源华教授主持，复旦大学党委副书记刘承功致辞。与会学者围绕"2016 年中国周边外交的评估与展望""中国的周边大国外交""中国的周边次区域外交""中国的周边外交热点议题"等进行了热烈讨论。

一　2016 年中国周边外交的评估与展望

第一个专题"2016 年中国周边外交的评估与展望"由上海外国语大学中东研究所所长刘中民教授主持，共有 6 位学者发表观点。

中国社会科学院美国研究所副所长李文研究员提交了题为《G20 杭州峰会与中国周边外交思想新发展》的书面发言，认为 G20 峰会的成果有助于中国践行亲、诚、惠、容的周边外交理念。由于此次峰会聚焦发展中国家，有利于推动金砖国家合作与周边国家发展的相互促进，统合"南南合作"与周边外交工作的开展，以及促进"一带一路"建设与周边国家发展战略的无缝对接，标志着中国周边外交思想上升到了新高度。

郑州大学马克思主义学院院长兼越南研究所所长于向东教授在书面发言中阐述了"习近平中国周边外交理念引领'一带一路'建设"的重要观点，从时代观、共赢观、文明观、义利观、亚洲安全观以及国家权益观六个方面对习近平的周边外交思想进行了分析。指出"一带一路"合作倡议与战略的提出、落实，是习近平周边外交理念的集中体现与实践形态。

复旦大学石源华教授以《冷战化危险与中国周边外交》为题发言，认为当前中国周边安全形势面临着"冷战新危险"，并非已经进入"新冷战时代"。中日钓鱼岛争端、"南海仲裁案"以及对朝"战略忍耐"政策打破了东亚地区传统的政治和安全平衡格局。中美两国博弈的重要内容是争取更多的中间国家站在自己一边。强调中国应以"合作共赢"与"命运共同体"的新思路取代美国的霸权稳定论和冷战时期"非此即彼"结盟的老思路，将"一带一路"作为和平应对美国"亚太再平衡"战略的战略性举措，与周边中间国家发展友好关系。中国在周边争取不战而胜是实现自身目标的最高境界。

复旦大学美国研究中心副主任信强教授从一个独特的角度评估中国周边外交态势，指出 2016 年的中国周边外交，从时间轴来看，是一个先紧后松的过程；从空间轴上来看，周边外交中的热点问题呈先南后北的态势。判断未来中国周边外交形势依然严峻。首先，美国大选的落幕将使美国在更大程度上摆脱国内政治的羁绊，进而在亚太问题上对中国施加更大压力；其次，朝核危机是否升级有待观察；再次，日本在东海、南海甚至台海问题上将会有很多动作；最后，美国可能会在台湾问题上发力，导致两岸关系进一步紧张。这些因素都应是未来中国开展周边外交须密切关注的。

同济大学国际问题研究院院长夏立平教授分析了"2016 年中国周边政治安全形势"，认为中美大国之间的博弈和合作并行发展，形势更加复杂多变。中美既斗争又合作的态势将延续。指出中美博弈的新态势与美国在冷战后犯的五大重要战略错误相关，这些错误分别为伊拉克战争、"阿拉伯之春"、乌克兰危机、朝核问题以及"亚太再平衡"。他认为在亚太地区应从"命运共同体"的思路出发，建立地区安全治理机制，为全球安全治理机制的建立做好准备。

中国社会科学院亚太与全球战略研究院钟飞腾副研究员则分析了"2016 年中国周边经济形势"。认为中国周边的发展中经济体继续领跑全球；印度经济增速连续两年超过中国；东南亚地区继续保持全球经济高速增长区地位；中国周边发达经济体增速低于全球发达经济体水平；亚洲的主要经济体贸易量增速继续下滑；流入亚洲的外资量继续上升，流出量则下降，但东亚、东南亚仍保持高水平；亚洲发展中国家与新兴市场债务水平略有上升，但财政运作空间仍很足；中国周边经济体在物价水平上两极分化；中国周边主要经济体的失业率远低于欧美发达经济体；区域经济合作乏力，地区一体化动力减弱。

复旦大学日本研究中心副主任徐静波教授从人文交流的角度分析"中国与周边国家的关系及对策"。认为历史上亚洲东部国家的文化在近代以前可以归纳在东亚文化圈之内。而东南亚国家文化背景与中国有较大不同，在文化上基本上属于另一体系，即小乘佛教或佛教与印度教交杂的区域。印度在历史上与中国在文化交流上虽有十分密切的关系，整体上则与以汉文化为主体的中华文化分属两个不同的体系。再往南的马来半岛、印尼群岛以及菲律宾等，在宗教上曾受到伊斯兰教和婆罗门教、天主教和基督教以及大量中国移民带来的中华文化影响，文化色彩比较丰富。中亚诸国大文化宗教上基本上属于伊斯兰的范畴，北部的蒙古历史上曾与中国交融统一，宗教文化比较多元。周边国家的宗教文化背景是我们开展人文交流时应予以充分注意的。强调进入 21 世纪以来，中国一跃成为世界第二大经济体，使中化文明圈与世界各文明圈进行平等交流成为可能。中外人文交流，除积极推介中华文化外，也应积极导入周边国家的文化，汲取世界上所有文明的长处，借此提升自身的人文内涵，然后将得到提升的中国文化再努力推介出去，进而推动世界的进步。

二 2016 年中国的周边大国外交

第二个专题是"2016 年中国的周边大国外交"，由复旦大学国际问题研究院巴基斯坦研究中心主任杜幼康教授主持，共有 5 位学者阐述了自己的观点。

复旦大学国际问题研究院常务副院长吴心伯教授以《习近平对美外交

的思考》为题发言，对习近平主席对美外交的特点进行了总结：第一，重视对中美关系的理念引导和塑造，提出了"中美新型大国关系"的愿景和概念；第二，积极互动，从 2013 年到 2016 年 9 月，习近平与奥巴马共进行了八次会晤；第三，深化与拓展合作；第四，敢于竞争和交锋，主要体现在东海防空识别区、南海岛礁建设等方面；第五，良好的谋划与运筹能力。同时，他对未来中国对美外交提出了三点思考：第一，中国国内政策如何积极作用于对美外交；第二，中国的亚太战略议程如何能够更好地安抚美国；第三，考虑如何对美国更有说服力、更清晰地阐述中国对地区秩序与世界秩序的意图。

上海社会科学院国际关系研究所所长刘鸣研究员做了题为《中美新型大国关系构建与全球治理合作》的发言。首先，阐述了当前中美在全球治理领域面临共同挑战。其次，总结了中美在全球治理方面的合作与进展，认为两国在气候问题上的合作是全球治理的最大成就。再次，指出中美在全球治理上存在的分歧，主要体现在原则以及话语权的分配方面。最后，在经济、金融、气候变化等重要议题上，建议中国进一步加强自主性。

复旦大学俄罗斯中亚研究中心主任赵华胜教授就"中俄关系与中国周边安全"发言，在分析中俄关系最新趋势以及未来一年两国关系可能出现的热点问题的基础上，指出：第一，中俄美三国间关系正逐渐获得更多对构建新国际秩序更重大的结构性作用；第二，从新的国际秩序的构建上看，俄罗斯已提出"后西方时代的国际秩序"；第三，俄罗斯提出了"大欧亚伙伴关系"新议题；第四，欧亚经济联盟正向亚洲方向发展；第五，俄罗斯对俄日关系的重视。

武汉大学中国边界与海洋研究院谭秀杰博士就"普京的'大欧亚伙伴关系'与中国关系"发言。认为普京提出"大欧亚伙伴关系"的背景主要有两个：一是俄罗斯应对美欧严峻政治经济挑战的需要，二是巩固和扩大欧亚经济联盟建设的需要。他指出，第一，经济上有助于扩大中俄双边贸易与投资；第二，有助于打通中亚这一关键节点，有效推动"一带一路"建设；第三，有助于构建以中印俄为三角的大的多元平衡构架；第四，建成后对促进成员国相互间的经贸关系和经济增长具有巨大的促进作用。

复旦大学日本研究中心主任胡令远教授针对"近年中日关系"进行了评估。指出，当前中日关系处于 1972 年 9 月两国邦交正常化以来最坏的状态。中日关系恶化至此的根本原因是日本执政当局背弃了 1972 年 9 月中日邦交正常化时双方确认的中日国家关系的基础。日本对华存在焦虑，集中体现在安全领域，主要影响因素是对华恐惧、社会达尔文主义的外交思维以及保守主义的信念。他判断，中日关系难以在可以预期的将来获得根本改善。当前的努力重点应是防止关系进一步恶化。中国努力的方向应为确认目标、增信释疑、底线准备以及管控危机。

三 2016 年中国的周边次区域外交

第三个研讨专题是"2016 年中国的周边次区域外交"。围绕这一专题的研讨分为两个部分，分别由同济大学夏立平教授和复旦大学赵华胜教授主持，共有 12 位学者发言。

中国国际问题研究院虞少华研究员系统评估了 2016 年中国东北亚外交的得失，指出，关于"得"，第一，中国改变了朝核问题导向的应对方式；第二，中国开始找回对朝韩关系的平衡；第三，中国在钓鱼岛问题上的动态平衡取得了一定进展。关于"失"，第一，中国的部分行为导致韩国对中国形成政策误判；第二，中国没能很好地利用中日韩合作的优势来服务中国的东北亚地区战略。在对中国未来的东北亚外交前景进行展望方面，她认为美国会继续在东北亚地区实施平衡策略，日本将继续利用各种冲突机会寻利，韩国由于受困于国内问题，未来政策变数可能较多，朝鲜将继续推行核导计划。

中国社会科学院亚太与全球战略研究院周边战略研究室主任王俊生研究员也就"东北亚局势走势及我方政策思考"发言。判断东北亚地区的未来形势：第一，美国新一届政府可能会将朝核问题作为重要外交议程之一；第二，朴槿惠政府的对朝政策已触底；第三，随着朝鲜核技术的成熟，金正恩参与对话的意愿将增大；第四，中国的实力会进一步增强。中国针对朝核问题的目标应是：第一，保持我国在朝鲜半岛的影响力；第二，显示中国继续推进朝鲜半岛无核化意志；第三，尽量迫使韩美推迟萨德部署。

中国社会科学院俄罗斯东欧中亚研究所副所长孙力研究员认为 2016 年中国中亚外交的特点有四：第一，继续以高层互访为引领，打造命运共同体；第二，以"一带一路"建设为抓手，打造利益共同体；第三，共同应对挑战，打造安全共同体；第四，扩大人文交流。指出"中国威胁论"在中亚国家仍有市场，俄美两国在中亚地区的博弈对中国中亚外交带来一定影响。建议：第一，中国应顺应形势调整外交策略；第二，着眼长远，加强预防外交；第三，趋利避害，运筹大国关系；第四，坚决打击、遏制"东突"组织在中亚地区的反华分裂活动；第五，加快新疆和西北地区的建设。

复旦大学杜幼康教授梳理了 2016 年南亚地区发生的五大变化：第一，印度快速崛起，南亚力量对比进一步失衡；第二，美日韩等国"拉印制华"有增无减；第三，随着美国加快撤军进程，阿富汗国内外各种力量围绕阿富汗未来走向的博弈方兴未艾；第四，美军从阿富汗撤离主力后，散布在南亚各地的恐怖和极端势力重新猖獗；第五，美澳印乃至日本都在酝酿亚太战略，中国未来的海上安全问题愈加突出。继而，对 2017 年中国的南亚外交提出建议：全力推进"一带一路"建设；妥善处理阿富汗与印巴冲突；积极应对三大挑战，包括美国南亚政策的不确定性、其在该地区的反恐战略，以及美国的阿巴新战略。

云南省社会科学院朱振明研究员围绕"中国的东南亚外交"发言。分析了中国东南亚外交面临的主要问题：第一，在"南海仲裁案"问题上美、日、越不会就此罢手；第二，东南亚国家的内政变化值得关注；第三，部分东南亚国家的民众仍对中国有不满情绪；第四，中国自身对东南亚国家形势的判断和认知存在很多问题；第五，中国专家言论不一影响东南亚国家对中国战略意图的判断；第六，中国与东南亚国家之间的民间外交作用尚未得到充分发挥；第七，中国领导人提出的关于东南亚外交中的某些原则、建议等如何落实仍需改进；第八，中国应避免展示咄咄逼人的强硬立场，避免使东南亚国家陷入在大国间选边站队的困境；第九，"一带一路"问题在东南亚国家有泛化倾向；第十，中国媒体在对外传播中存在较多问题；第十一，中国与东南亚国家间的外交文书权威性在东南亚国家中并没有想象中那么高。

中国现代国际关系研究院南亚东南亚及大洋洲研究所宋清润副研究员就"中国－东盟关系的新机遇和挑战"发言。指出，中国－东盟关系目前面临的新机遇，主要包括：第一，新的次区域合作机制推进诸多务实合作；第二，中国和东盟建立对话合作机制 25 周年纪念峰会为中国－东盟合作规划新的蓝图；第三，南海局势暂时平稳，为双方共建海上丝绸之路赢得了难得的合作机遇。挑战主要有：第一，东盟对中国崛起的战略疑虑持续上升；第二，中国与东盟贸易出现了负增长；第三，中国对东盟投资面临部分项目污染严重、没有带动当地就业等突出问题；第四，东盟国家普遍对中国的"一带一路"建设了解不足；第五，美国将不会放弃在东南亚地区的制华意愿；第六，中国与东盟国家的人文交流是双边关系发展的一大短板。

广西财经学院经济与贸易学院院长张建中教授回顾了"2016 年中国与东盟的整体外交关系"，从政治、经济、文化与安全四个层面肯定了东盟对中国的重要性。针对双方关系面临的一些现实困难和问题，建议：第一，处理中国与东南亚国家之间的南海相关争端，在战略上要有一定耐心；第二，需加强与东南亚国家的人文交流，经贸合作是基础，人文交流是保障；第三，统筹发展与东南亚整体及各国的关系；第四，实施全方位外交策略；第五，增强与美日等国的合作，利用经济手段影响政治问题。

上海外国语大学中东研究所所长刘中民教授就"2016 年的中东形势与中国的中东外交"发言，指出：第一，中东国家面临转型的难题；第二，地区格局的失衡以及地区秩序重建的困难仍在加剧；第三，"伊斯兰国"的危险不容小觑。对于中国的中东外交提出了改进建议：第一，在韬光养晦和积极有所作为之间，中国目前仍表现出一定的战略犹豫；第二，处理好不干涉内政和参与和平建设进程的关系，大胆提出自己的方案；第三，努力平衡各方面的关系；第四，处理好在中东的政策宣传过多与能力不足的关系，提升中国对地区问题的处理能力。

中国社会科学院亚太与全球战略研究院韩锋研究员就"中国与南太地区关系"发言，认为 2014 年习近平主席访问南太地区意义深远：第一，与南太所有建交的岛国领导人进行集体对话；第二，明确与南太岛国的集体定位是互相尊重、共同发展的战略合作伙伴关系；第三，中国的认可有利于实现该区域与亚太地区的融合和地区整合。指出，中国与南太合作是一个长期的战略选择，尽管南太各国与中国实力悬殊，但在政治上中国应予以平衡对待，在经济上应予以特殊安排和照顾，并努力使南太共享亚太地区发展的成果。

中共中央对外联络部当代世界研究中心赵明昊副研究员分析了"一带一路"建设所面临的安全保障问题。指出，"一带一路"建设存在明显的安全赤字问题，主要由"一带一路"建设的三大特性造成，即内外联动、整体规划、重资产项目多。这三大特性直接构成了三大矛盾：第一，互联互通客观上也促进了恐怖分子的内外联动；第二，"一带一路"是个整体性规划，但安全风险具有分散性、多样性、碎片化特征；第三，"一带一路"建设安全保障需求的增大和中国相关经验、机制、资源不足之间的矛盾。他建议应以防范为主，风险共担，重心下移，行动有力。

复旦大学国际问题研究院南亚研究中心副主任林民旺研究员介绍了2016 年中印关系发展历程：第一，延续了 2015 年以来的高层互访态势；第二，建立了双方系列沟通机制，例如中印海上合作对话、反恐安全对话；第三，印度与美日越发走近，特别是与美国的防务合作加强；第四，中印边境越线事件时有发生。

吉林大学行政学院郭锐教授围绕"构建新型周边关系与中国的西亚外交政策"提交书面发言，认为中国对西亚外交政策采取了新的措施，尤其是持续推进"一带一路"建设，坚定不移打击国际恐怖主义，调停矛盾冲突，以维护西亚地区的稳定。他建议，未来中国应与时俱进，树立新思路，着重推动与西亚国家关系的新型化转变，构建并倡导中国对西亚国家的新安全观，树立中国与西亚国家的命运共同体意识，将西亚地区打造成我国"大周边"外交战略的重要支点。

四　2016 年中国的周边外交热点议题

第四个专题"2016 年中国的周边外交热点议题"由中国国际问题研究院虞少华研究员主持，9 位学者就该议题发表看法。

中国国际问题研究院海洋安全与合作中心赵青海研究员就"2016 年的南海局势"发表见解，认为南海的博弈可分为两个层面：一是中国与东盟声索国关于岛礁主权和海洋权益的争端；二是中国和域外国家主要是美日等国关于西太平洋地区安全秩序以及海洋秩序的竞争。指出中国在南海的维权也带来了相应的负面效果，例如周边国家和域外国家对中国的战略疑惧加剧、中国的诚信受到质疑等。对此，他建议未来中国应保持战略克制，避免把东盟国家推入美日怀抱。同时中国应多提供海上公共产品，例如参与地区海上搜救、让部分岛礁民用化等。

武汉大学法学院杨泽伟教授探讨了"仲裁案后南海的共同开发问题"，认为中国与东盟合作的深化、中菲关系的改善以及中菲拥有共同开发的尝试意愿等，有利于两国的共同开发，并认为与印尼进行合作开发的可能性更大。关于海上共同开发区块问题，他认为，共同开发区块的选择并不影响海上边界的划定；明确争议海区的存在有助于划定海上共同开发区块；海上共同开发安排不存在绝对的输赢之别；海上共同开发通常不能一蹴而就。

吉林大学东北亚研究院巴殿君教授论述了"朝鲜第五次核试验后美日韩军事同盟的新动向"。指出，当今朝鲜半岛问题的实质是整体结构问题，该结构产生了两大效应：第一是轴辐效应，中美都是实行轴辐战略的国家，然而中国向国际社会提供的是经济上的而非安全上的公共产品；第二是钟摆效应，在中国的成长过程中，部分国家出现了政策摇摆情况，如菲律宾、韩国、日本等国都出现过向中国靠拢然后又疏远甚至敌对的情况。

复旦大学国际关系与公共事务学院包霞琴教授就"中日之间钓鱼岛争端的新发展"发言，认为中日双方建立危机管控机制是关键。钓鱼岛争端升级后，日本在舆论上对中国进行打压，恶意散布"中国威胁论"，企图抹黑中国，导致日本国民对中国的好感度下降到历史最低点。她建议中国媒体可以针对日本在西南诸岛的军事化建设行动给予适当的还击，掌握舆论主导权。同时指出，目前中日面临的最大问题在于建立海空联络机制，管控危机。

中国社会科学院地区安全研究中心任晶晶研究员阐述了"中日钓鱼岛争端的新发展与未来解决方向"，指出 2016 年以来中日关系保持了一种消极稳定的状态，但两国军事力量在各自防空识别区内针对对方的管控频率始终处于高水平状态。他建议中日双方加强对话沟通，以管控危机，继续维持双方经济关系。他认为中日应意识到现在难以解决主权争端，目标设定于未来 50 年的某个时候或许更为理性。

广东国际战略研究院副教授赵卫华就"南海仲裁案后南海局势的新发展"发言。他判断，近期南海局势的发展方向可能是中美两国的直接博弈成为新常态，中国与越、菲等国可能形成斗争和协调并存的局面，部分国家可能会利用中美矛盾浑水摸鱼。他建议中国灵活应对美国的挑衅，保持政策弹性，同时与越、菲两国积极管控危机，维持双边关系稳定，并对两国行为的不确定性有所提防。

复旦大学中国与周边国家关系研究中心副主任祁怀高副教授阐述了"中国周边外交要善用'利益交换'"。中国周边外交中的利益交换，指的是中国与邻国（含美国这一特殊邻国）就经贸纠纷、周边安全局势、争议海域划界等非核心利益进行"比率适当"的利益交换。美国是中国周边外交开展利益交换的重点对象。中美在亚太进行利益交换的核心是在守成大国（美国）与崛起大国（中国）之间建立积极而稳定的双边关系。朝鲜半岛是中国周边外交开展利益交换的重点区域。中国迫切需要与相关利益攸关国在朝核问题上达成系统性的一揽子解决方案。在一揽子解决方案中，有关国家需要并行推进务实的利益交换。海域划界是中国周边外交开展利益交换的重点议题。中国在与海上邻国进行海域划界谈判时，要采取有针对性的利益交换举措。

复旦大学美国研究中心涂怡超副教授探讨了地缘宗教与中国周边外交问题。指出，中国为多民族、多宗教国家，随着中国的全球化、现代化和城市化的发展，国内民族、宗教问题与周边国家民族、宗教问题日益纠缠在一起，其总体复杂程度堪称世界之最。这不仅对中国的持续稳定形成挑战，中国在周边的海外利益也在一定程度上长期受制于宗教因素在全球、地区、国家和地方等不同层面与政治、经济、军事、社会、文化、民族等多种因素多元互动，近年来这一趋势日益明显。随后，论述了宗教与中国周边安全问题的三大互动板块、中国周边地缘民族和宗教格局与宗教议题的内卷与外溢、地缘民族与宗教与中国发展空间等重要问题。建议中国根据周边各国的具体情况制订多样化解决方案。

武汉大学中国边界与海洋研究院夏帆提交了题为《蒙古国"无核地位"制度化实施的困境》的论文，梳理了蒙古国"无核地位"制度化实施的路径、面临的困境和原因以及蒙古国的应对。

会议期间，中共中央对外联络部政策研究室栾建章副主任就"中国周边外交形势"发表特别演讲，谈了几点看法。第一，阵营化。目前国际政治形势以及中国周边出现了阵营化趋势，主要表现为美俄间的"新冷战"态势、朝鲜半岛的结构化态势以及经济领域 TPP 的排他性安排、普京的"大欧亚伙伴关系"等。第二，再平衡。判断美国新总统可能会在"再平衡战略"的基础上进一步再平衡。第三，信息化条件下的内外互动。近年来，一个很大的变化是"周边无边"和"国家也无边"，内外一体联系互动已成为一种常态。对此，他建议：第一，中国要坚持文化自信；第二，拒绝理想主义；第三，要有忧患思维和忧患意识。

复旦大学石源华教授做了会议总结。他充分肯定了本次会议取得的学术成就，表示会议组织者将在此次会议基础上，编撰"2016 年中国周边外交研究报告",进一步总结和提升本次会议的研究成果,推动中国周边外交研究深入化。他建议对会上提出的一些新概念和新问题继续进行研究,如"阵营化"和美国"亚太再平衡"的"再平衡"问题、"新冷战危险"和中美间的"中间国家"问题、周边外交中的"利益交换"问题、"一带一路"发展与宗教扩散问题等。石教授最后表示,期待并欢迎大家 2017 年秋冬再次相聚于第七届中国周边外交研讨会。

(作者均系复旦大学国际关系与公共事务学院博士研究生)

新中国历代领导人周边外交思想研究学术研讨会综述

高明秀

2016 年 11 月 13 日，由复旦大学中国与周边国家关系研究中心、国家领土主权与海洋权益协同创新中心、社会科学文献出版社当代世界出版分社联合主办的新中国历代领导人周边外交思想研究学术研讨会暨"十八大以来党中央实施周边外交新理念新思路新战略研究"开题报告会在北京召开。会议共有来自外交部、世界知识杂志社、高校和研究机构的学者十余人参会。与会者就十八大以来党中央实施周边外交新理念新思路新战略研究、周边外交理论研究、领导人周边外交思想研究和周边外交的具体实践四个议题进行了深入探讨。

一 党中央实施周边外交新理念新思路新战略研究

十八大以来党中央高度重视周边外交，并于 2013 年 10 月 24—25 日召开周边外交工作座谈会，习近平总书记发表讲话指出，做好周边外交工作，是实现"两个一百年"奋斗目标、实现中华民族伟大复兴的中国梦的需要，要更加奋发有为地推进周边外交，为我国发展争取良好的周边环境，使我国发展更多惠及周边国家，实现共同发展。他还同时提出了周边外交的战略目标和基本方针。

复旦大学石源华教授结合目前自己所做的研究课题"十八大以来党中央实施周边外交新理念新思路新战略研究"，认为做好周边外交研究，需要从以下五个方面努力尝试。第一，十八大以来，周边外交成为我国外交大战略格局中的"重中之重",为此要努力推进中国外交的理论研究、战略研究、案例研究和综合研究,注重对新理念、新思路、新战略、新课题的研究和阐释,尝试创建中国周边研究新的学科。第二,要努力构建以合作共赢为核心的新的国际理论,让中国的国关理论占据一席之地。第三,要着重研究中国在崛起过程中面临的新环境和新挑战,论述中国在从发展中大国逐步发展成为世界性大国的过程中,对于周边外交事务的应对和定位,以及中国周边外交一系列新特征。第四,重视案例研究,着重研究中国周边外交面临的热点问题,正确定位争端国家和争端问题,推行"双轨思路",寻求最佳解决方案。第五,回答新时期中国周边外交的顶层设计、底线思维、前瞻意识、未来课题等,展示从十八大走向十九大的中国周边外交可能面临的新挑战、新前景、新战略。

中国社会科学院美国研究所李文研究员指出,反腐和"一带一路"是中华民族伟大复兴的两个最重要的决策,因此,在对中国周边外交进行研究时,要将其与"一带一路"结合起来。同时,鉴于美国是中国的第一大贸易伙伴、其在亚洲有众多同盟关系,如何处理好中美关系,也是中国周边外交的重要内容。

中国社会科学院亚太与全球战略研究院副研究员钟飞腾指出,十八大以来中国周边外交的变化体现在党情、国情和世情三个方面。在党情方面,就决策机制而言,我国是党委集体领导下的决策机制,周边外交也是如此。中朝、中越关系上,党际外交占有重要的位置。这些都是中国特色的内容。在国情方面,我国的综合国力大幅提升,中国与外部世界尤其是与周边国家的交流也前所未有地频繁,尤其是在贸易、资本、人员流动方面。我国与周边国家建立起了很好的经济合作机制,但周边各国对我国的疑虑却在上升,为此我国要采取的一项重要举措就是做好周边各国的"人心"工作,尤其是做好我国周边政策的解释工作,增信释疑。在世情方面,在经过十几年的高速发展后,新兴经济体增速停滞,发达国家经济缓慢上升。目前我国经济进入"新常态",经济结构面临转型;与此同时,我国东南亚、东亚邻国多为出口导向型国家,更多地依赖欧美市场,而南亚、中亚地区则面临恐怖主义、颜色革命等挑战。国际体系变化导致周边情况发生变化,如何做好应对,周边外交需要新思路和新想法,甚至是大规模的调整。

世界知识杂志社编审徐波认为,需要对新中国六十年外交做总结性评价，为此要加强对中国周边外交历史渊源的研究。新中国成立初期针对周边国家、第三世界国家提出的"和平共处五项原则"是新中国外交中非常重要的理论和实践总结，是对威斯特伐利亚体系形成以来的外交理论的重大发展。新中国的外交理论有些是传统儒家文化在对外关系中的反映和传承，有些是对国际社会主义共产主义运动理论的发挥和体现，有些则是领导人思想的体现。此外，要强化对新时期中国周边外交转型背景的研究。中国周边外交转型总是由内政来触动的，最近一次的转型发生在 20 世纪八九十年代之交，研究这一转变过程对于避免中国外交今后出现大的波动和倒退具有重要意义，为中国外交的进一步成熟和发展留下了一个很好的范例。

中国社会科学院地区安全研究中心研究员任晶晶就外交转型进一步指出，首先要明确其概念及其使用，中国外交要放在中国特色社会主义政治发展道路的大框架下审视和研究。同时也要注意总结其实践和理论经验，如毛泽东关于三个世界划分的战略，邓小平的和平与发展时代主题观的提出，江泽民时代的新的安全观、如何在多样性的世界中发展国际政治民主化，胡锦涛时代的和谐世界理论等，对具有中国特色的社会主义政治发展道路都有一定的启示作用。

二 中国周边外交理论探索

周边外交一直是我国外交的重要组成部分，新中国各届领导人均重视其在中国外交战略中的重要地位和作用，探讨和分析中国周边外交理论具有重要的学术价值和现实价值。

外交部亚洲司公使衔参赞姚文结合自己的实践谈到，自 2002 年胡锦涛主政以来，我国推行睦邻友好政策，主张全方位外交，重视与东南亚的邻国改善关系。到现在，大国是关键、周边是首要、发展中国家是基础、多边是舞台已成为我国外交的总体布局。周边外交的重要性包括：第一，目前中国处于将强未强阶段，中国虽然已是世界第二大经济体，但只是一个地区大国，中国的影响力局限于周边几个国家，这就决定了周边外交在我国外交中的基础性作用，周边是我国的战略依托和外交基本盘。第二，中国处于一个从地区大国向世界强国迈进的阶段，并且处于实现"双百"目标的关键阶段。在这一过程中，一方面中国的影响力、塑造力在扩大；另一方面所面临的困难和挑战也前所未有地增强，并且集中在周边。比如领土主权和权益争端、TPP 问题、恐怖主义问题等。他将改革开放以来的中国的周边外交分为四个阶段。第一个阶段是 1979~1989 年，其突出特征是摈弃了意识形态的影响。邓小平提出和平与发展是时代主题，实行独立自主的和平发展外交政策，这一阶段是我国整个外交思想解放、重塑的阶段。第二个阶段是 1989~1998 年，其突出特征是两极格局的瓦解。我国提出了多极化的思想以及伙伴关系的建立，表现在和周边国家的复交及周边环境的改善上。加大了多边外交的力度，如和东盟建立了对话伙伴关系、加入东盟地区论坛、参加 APEC 会议和欧亚会议。第三个阶段是 1999~2008 年，其突出特征是周边外交的大力发展。中国在 1998 年亚洲金融危机中做出了人民币不贬值的承诺，"9·11"事件发生后美国将重心放在"反恐"上，中国高举和平发展合作的旗帜，与周边国家建立起战略合作伙伴关系，多边外交得到了蓬勃发展。中国依托东盟和东亚合作，加入《东南亚友好合作条约》，和东盟建立自贸区、中日韩合作启动、签订《南海各方行为宣言》，奠定了中国的亚洲大国地位，也提升了亚洲的地位，促使世界大国纷纷投入亚洲外交。第四个阶段是 2009 年至今，其突出特征是中国当仁不让地成为周边事务的中心。中国已成为带动地区形势发展和格局走向的最突出的一个因素，中美关系决定着中国周边形势，安全因素在地区和组织合作中越来越重要。第三，周边外交的建设性介入。如何构建地区秩序和规则、建立地区机制，如何在安全合作上增强软实力等，既是理论问题，也是操作问题。同时海外利益的保护等传统高政治领域也应得到重视。

中国社会科学院亚太与全球战略研究员副研究员钟飞腾重点分析了胡锦涛时代的周边环境评估和周边外交思想。他首先强调了外交理论构建的重要性，同时指出十八大以来的外交政策的延续性，并总结了胡锦涛时代中国周边外交思想的几大特点。第一，继承自邓小平以来所强调的，需要一个和平稳定的周边环境这样一个战略思想，明确了中国外交工作的根本任务。第二，定型"大国是关键、周边是首要、发展中国家是基础"的外交布局。第三，将周边视作整体，作为中国发展的战略依托，而且是中国外交首先要争取的。第四，明确将长期坚持韬光养晦，并且根据问题特性有所作为。第五，首次区分核心利益、重要利益、一般利益三种国家利益，并提出在处理与周边国家关系涉及核心利益问题时要维权。第六，维护海外利益，加强维权能力建设，特别是大力发展海军。第七，提出建设"和谐周边"思想，注重软实力。第八，强调周边关系中政治外交与经济外交的辩证关系。

中共中央党校教授罗建波提到了中国周边外交的"回归"与塑造。他认为，思考十八大以来中国周边外交理念和战略创新，离不开对时代背景的强调。第一，中国的快速崛起，以及由此带来的地缘政治结构的变化；第二，中国世界观的演变，党的十八大在提出"三个没变"的基础上，还明确提出了"我们前所未有地靠近世界舞台中心，前所未有地接近实现中华民族伟大复兴的目标，前所未有地具有实现这个目标的能力和信心"的"三个前所未有"科学论断。第三，中国与周边国家和平与合作关系进一步发展。第四，中国与周边国家关系中的美国因素，以及中美关系中的第三方因素确实在上升。第五，区域一体化面临很多新的问题，在某些领域已很难推动。但整体研判，中国仍处于一个大有可为的战略机遇期。中国周边外交有两大目标：一是维护我国的核心利益和重大利益；二是发展良好的外部环境，为中华民族伟大复兴延长战略机遇期。为达到上述目标，就要及时表达我国的战略底线，也要处理好与世界头号大国的关系，在周边树立良好的国际形象，赢得周边国家的信任和认同，同时要适度承担大国责任，维护国际秩序稳定，包括协助解决地区和全球性问题。我国周边外交理念的创新除了"亲诚惠容"外，还包括"四大理念"，即和平发展、互利共赢、伙伴关系、正确的义利观，和平发展就是打破国强必霸，互利共赢其实就是要突破零和博弈，伙伴关系其实就是要突破美国的同盟体系，正确的义利观就是打破和超越以前的以利为先。关于中国周边的新布局和新思路，主要包括四个方面：一是"一带一路"促进地区合作，"一带一路"主线是基础设施建设的硬联通，标准、规则和政策的软联通，以及人文交流和民心相通；第二，塑造地区机制，构建话语权；第三，发展伙伴关系来破解美国的同盟体系；第四，用新亚洲安全观来塑造地区安全秩序。他同时还谈到我国处理与周边国家关系需要处理的几个问题：第一是要打造战略支点，要坚持结伴而不结盟的原则；第二是审慎稳固推进"一带一路"建设，切勿背上历史包袱。

北京大学国际关系学院张清敏教授从学术角度探讨了领导人对中国外交政策形成的影响，他从人格这一视角出发进行分析，认为领导人是否对外交感兴趣、其经略外交的能力、环境的变化和领导人自身的开放度、其对现实的态度（调整或是接受），以及外交政策的决策模式等都会对外交政策产生影响。

世界知识杂志社编审徐波从历史角度分析了国际共运影响中共建政初期周边外交的主要理论及观念。①关于时代划分的理论。中共建政初期周边观念与周边外交的许多行为都可在"帝国主义和无产阶级革命时代"这一判断中找到依据。②共产主义是人类发展最高阶段以及社会主义必将取得胜利的信念，使得这一时期出现革命外交和输出革命情况。③以革命暴力实现上述目标的理念。反映在国际关系中，一些邻国出现的武装斗争既是中国革命胜利影响的结果，也是中共予以援助的结果。④"工人无祖国"与"全世界无产者联合起来的理念"，以及基于上述理念的无产阶级国际主义。事实上，中国在力图与邻国和平共处并一再表示不干涉别国内政的同时，却又支持各国革命运动，这种相互矛盾的政策正是共运理念与国际关系现实的结构性矛盾的体现。⑤民族与殖民地理论及民族自决权理论。⑥马克思主义民族平等观与反对大国沙文主义。毛泽东时期对美苏印这些大国从不示弱，但对周边国家表现出礼让甚至是领土和经济援助上的慷慨。⑦马克思主义的民族与国家终将走向消亡的理论。这种观念部分影响了毛泽东时代处理领土与边界问题的做法。⑧国际反帝统一战线思想。这最终促成了"三个世界"的理论。

吉林大学宫笠俐副教授则重点对新时期中国周边外交安全理念"新亚洲安全观"进行了分析。她认为，中国目前能够实质参与并有效塑造的多边合作机制还主要集中于周边地区，"新亚洲安全观"既是对"和平共处五项原则"的延承，也是对其的新发展，表现在：安全理念从传统安全到综合安全，处理与周边的关系从互惠到更强调区域公共物品的提供，周边外交工作的目标从和平共处到"合作安全"。

三 领导人周边外交思想研究

中国社会科学院美国所研究员李文重点对毛泽东时代的周边环境进行评估，并分析了这一时期周边外交的成就及问题。在毛泽东时代，中国周边威胁不断，既有来自美苏这样的超级大国，也有来自如越南、印度这样的地区国家的威胁；威胁的方式既有赤裸裸的军事靠近与挑衅，也有背地里的离间与拉拢。毛泽东时代的周边外交打破了美国对新中国的遏制、孤立与封锁，为新中国的发展和社会主义建设创造了有利的外部环境。相对灵活的联盟策略的实施，既巩固了新生政权，又获得了外部的支持与援助，同时也减轻了中国的战略压力。与诸多周边国家以和平方式解决了领土边界问题，既为发展与周边国家的关系提供了条件，也有利于中国边疆地区的安全。较成功地消除了周边国家对新中国的疑虑与担心，使其对中国的信任度上升，中国的朋友圈不断扩大。亚非会议后，中国迎来了新一轮的建交高潮，周边国家陆续与中国缔结建交协定。和平共处五项原则由处理中国与周边国家关系的准则渐渐成为世界范围内处理国家间关系的指导原则。但也存在如下问题。①与一些周边国家建立结盟或准结盟关系，既妨碍了中国与周边国家关系的改善，也影响了中国与其他周边国家友好关系的发展，制约了中国对外政策的选择余地，限制了中国处理国际事务的灵活性和自由度。②过度宣扬"世界革命"思想，强调"革命性"外交政策，容易引起一些邻国的猜疑和反对，导致中国与一些国家关系紧张，不利于构筑和平稳定的周边环境，恶化了中国周边环境。③国内的"极左"思潮蔓延至外交领域，对中国外交也产生了负面影响。

中国社会科学院日本研究所研究员林昶重点分析了邓小平的周边外交思想与中日关系实践。邓小平在继承和发展了毛泽东、周恩来等的外交思想的基础上，根据新的外交实践提出处理周边关系的基本原则。第一，国与国的关系应该从自身战略出发，在实现自己利益的同时也要考虑对方的利益；第二，不计较历史恩怨，不计较社会制度和意识形态的差别；第三，用"主权在我，搁置争议"的办法解决历史遗留下来的领土领海争端；第四，在和平共处五项原则基础上发展与所有国家的关系进行友好合作。在当前形势下，重温邓小平的周边外交思想，特别是中日友好思想对处理中日重大问题具有现实意义。第一是传承，邓小平外交思想是对毛泽东、周恩来对外思想的传承，这就是世代友好下去，向前看，这也是邓小平时代对日外交一个总的基调。第二是大局观，邓小平高度重视友好事业，他认为要从长远角度来考虑中日关系。第三，友好与斗争。日本右翼势力美化侵略历史，鼓吹强军经武，因而邓小平在倡导中日友好的同时对负面因素保持警惕。第四是谈中日友好当代实践。中国需要一个和平友善的周边环境，睦邻友好是合作共赢新型国际关系的题中应有之义，也是我们和平发展战略合乎逻辑的内涵。中日关系是中国周边重要的组成部分，需要在世界、区域的和多边的框架内，重新审视在新的时代背景下在区域一体化过程当中的广泛利益共聚。邓小平当年在出席友好条约互换仪式同福田会谈时说，对东方来说，中国需要对日本友好，日本也需要对中国友好。习近平也说，中日和平友好合作，是人心所向、大势所趋，要以德为邻，世代友好。

中国社会科学院地区安全研究中心研究员任晶晶将关注点放在十八大以来的中国周边公共外交上。认为对于周边公共外交而言，中国当前面临的主要形势是：第一，"中国威胁论"在周边地区仍有很大市场；第二，美国、日本在周边国家的价值观攻势将是中国必须长期应对的课题；第三，国外社会尤其是精英阶层对于中国国内发展与周边外交政策存在误解和误读，为此，塑造命运共同体意识是周边公共外交的主要目标，推进"一带一路"建设是主题。中国的周边公共外交要从"传播丝路文化、讲好丝路故事、阐明丝路精神"三个角度展开，拓展人文交流是主要抓手，应有针对性地设计和开展一系列以同周边国家青年交流为重点的公共外交项目。

北京第二外国语学院国际关系学院副教授申险峰对习近平时代中国周边外交中的政党外交进行了探索。政党外交是国家整体外交布局的一部分。作为一种对外交往的形式，它服务于国内建设、通过国际合作促进全球合作，旨在为国内建设创造良好的国际环境。政党之间在进行交流时应该是平等的关系。同时不将社会制度与意识形态的差别作为政党交往的尺度。执政党的意识形态、政党纲领、政党对国家发展和对外交往的政策制定，执政党对国家外交机关的监督、外交人员的选择等都是政党对国家进行对外交往影响的具体途径。中国共产党作为执政党坚持自身马克思主义理论特色，在对外交往中需要和不同类型的政党、组织、议会、媒体等各种行为体交流以消除意识形态上的分歧。近年来中联部对外派出代表团就十八大各届会议、"十三五"规划以及一些新的政策对外进行解释，从而稳定和促进国家间关系的发展，增加其他国家对我们的政策的了解。党的对外工作在国家总体外交中发挥的作用在于：同执政党和参政党建立联系，有助于推动和深化国家间关系；同合法的在野党搞好关系，有利于该党上台执政后保持国家间关系的连续性；同未建交国的政党发展友好关系，可以为打开国家间的关系做积累和促进工作，通过政党交往促进国家间关系的发展。有关政党外交的研究，一方面要加大政党外交理论的探索，另一方面还需就政党外交意识形态淡化、政党外交 NGO 化或者第三轨化等做一些尝试性的研究。

中国国际问题研究院副研究员唐奇芳分析了习近平的外交思想在中国－东盟关系中的体现。她认为，习近平 2013 年访问印尼时发表的《携手建设中国－东盟命运共同体》的重要演讲为中国－东盟关系在当代新形势下奠定了基调，也为中国和周边国家关系奠定了基础，并对如何实现命运共同体等做了具体论述，因此，该文件具有重要的基础意义和里程碑式的意义。习近平的外交思想尤其是周边外交思想在中国和东盟关系外交实践中具体落实在 21 世纪海上丝绸之路建设、澜沧江－湄公河合作机制、南海争议解决及中菲关系的处理上。在处理与东盟关系时，增强政治互信是关键，打造产业网络是基础，建立认同是保障。

四　中国周边外交的具体实践

新中国成立以来，高度重视与周边国家关系，处理了一系列历史遗留问题和棘手问题，为我国的外交积累了丰富的经验。武汉大学边界与海洋问题研究院副教授关培凤认为 20 世纪 60 年代上半期中国与周边陆地邻国解决边界问题的探索确定了中国整个周边政策的基本框架。从解决方式看，确定了通过和平手段而非战争或武力来解决的办法。从目标看，将国际关系和国际环境的改善放在首位，这一目标定位直接决定了中国在边界谈判中奉行平等协商、互谅互让的原则，同时在具体问题上，首先，为边界问题定性，明确中国与大部分陆地邻国的边界问题是由殖民国家通过不平等条约强加的，强调要在新型的平等的国家间关系框架下解决边界问题；其次，在对待旧的边界条约和历史资料的态度上，承认旧的边界条约，但不排除在平等协商的基础上进行调整，对待历史资料要区分一般资料和可以作为法理依据的历史资料；最后，在进行边界谈判的同时也追求与对象国签订和平友好条约。从决策上看，边界问题的解决带有领导人的感情色彩和国际主义色彩。从解决策略上看，坚持宏观上的一揽子解决与个别调整相结合的原则。从主观意识层面来说，在边界问题上有明显的以意识形态划线的烙印。另外，通过司法方式解决边界争端在当时并未纳入领导人的考量。

华东师范大学冷战史研究中心沈志华教授指出，毛泽东时代中朝关系大体可以按照以下并行不悖且具有内在逻辑关系的三条线索进行解释：第一，传统文化和外交理念；第二，地缘政治和意识形态；第三，行为特征和政治准则，并从这三个方面对中朝关系进行了分析。

华东师范大学历史系戴超武教授则重点探讨了 1950~1962 年中国对中印边界问题的处理，论述了不同阶段中国的政策措施，分析了中国国内政治的发展、中国领导人国际战略思想的变化、冷战国际体系的演变等因素对中国处理边界争端的影响，并对这一时期中国处理中印边界问题的政策做了评价。

华东师范大学周边国家研究院李丹慧教授利用越南档案和美国档案对 20 世纪 50 年代至 70 年代初中越关系中几个重要议题做了分析，如 50 年代日内瓦会议、越南土改和越南统一问题上的中越关系，以及 20 世纪 60 年代末 70 年代初中美关系进程中的越南问题等，反映了周边外交的复杂性。

上述相关分析充分显示了外交实践的复杂性和艰巨性，以及新中国在成立初期对周边外交的重视，同时也为我国新时代如何处理好与邻国的关系提供了有益的启示和借鉴。

（作者系社会科学文献出版社期刊分社总编辑）

首届"跨界民族与中国周边关系"研讨会综述

赵　颖　卢芳芳

历史经验表明，跨界民族是影响一个国家周边关系的重要变量。中国是一个统一的多民族国家，在 55 个民族之中，跨界民族约有 30 个，主要分布于边疆地区。跨界民族在中国的周边关系、地缘政治格局、区域经济协调发展、多元性文化交流、建设平等公正的环境、创新交互共生、发掘各国人文底蕴中的民间智慧等方面都具有重要影响。因此，不管是从"一带一路"倡议格局、边疆和谐、民族团结、国家稳定的角度，还是从文化互动、文明映照、智慧交融的角度，研究跨界民族与中国周边关系问题都具有不可低估的意义。

鉴于此，首届"跨界民族与中国周边关系"专题研讨会于 2016 年 11 月 1 日在复旦大学光华楼高研院通业大讲堂召开。会议由复旦大学民族研究中心、复旦大学中国与周边国家关系研究中心主办，中国统一战线理论研究会统战基础理论上海研究基地协办，复旦大学民族研究中心主任纳日碧力戈教授主持。

来自国家民委、复旦大学、云南大学、上海大学、四川大学、中国南海研究协同创新中心、中央民族大学、云南民族大学、上海社会科学院、中央音乐学院、上海大学、新疆师范大学、石河子大学、广西民族大学、华东师范大学、延边大学、贵州师范大学、上海中华文化学院、上海财经大学、云南财经大学等的近 20 余名专家学者参加了此次会议。会议按主题分为四场，议题涉及中国周边关系的现状与发展走向、跨界民族文化交往的历史与现实、跨界民族在其所在国家的经济、政治、社会地位以及每个国家对其实施的不同民族政策、跨界民族身份认同现状及其对中国周边关系的影响等。与会专家学者围绕会议议题进行了广泛深入的探讨。

一　跨界民族与周边国家

第一场专题研讨由中国南海研究协同创新中心、紫金传媒智库研究员周雷主持，延边大学民族研究院院长朴今海教授评议。

国家民委民族问题研究中心李红杰副主任报告的题目为《小民族、大通道，大舞台——人口较少民族的跨界价值与实践机遇》。他提出跨界民族最核心的特征是"跨界"，最核心的属性是双重性，即国家性和民族性。跨界民族因其"残缺性"而追求完整性，同时又有对国家认同产生的整体性，这二者构成一个困扰跨界民族的问题。而另一个问题就是要摆脱帝国的理念，否则中心与边疆就是不平等的概念。他认为，根据现代民族国家的定义，不可能有跨界民族的概念，跨界民族一开始就是对民族国家的否定。他引用习近平总书记的话说，跨界民族用不好是一个国家的累赘、软肋，用得好是一个国家的资源。中国是一个文明古国，把跨界民族变成资源要上升到国家、国际层面。当国家弱势时，跨界民族容易成为一个软肋，而国家强大了，跨界民族就是一个现实的资源，积极的因素越来越多，如在国际层面，跨界民族可以在与周边国家关系上发挥积极作用。跨界民族的研究，依赖于以经济为主的社会整体的发展，国家建构的变化发展、理念的发展。他提出，人与人之间、民族间公平、正义、共生、和谐的理念在民族关系上最终将占上风，我们要在理念架构上承担起责任。

云南大学民社学院边疆学所所长高志英教授在《跨界民族与中国西南周围关系——以云南为例》中指出，云南是中国跨界民族最多的省份，分布于4060公里边境线两侧的跨界民族，除了从中国南下的壮傣族群、西迁的氐羌族群与土著百濮族群之外，还有通过海陆两路迁徙于此的回族等，目前中国识别的19个、东南亚国家大致认定的20多个民族生于斯，葬于斯，游徙与定居于斯，是中国西南与东南亚地区与民族悠久历史与灿烂文化的创造者。他们在现代民族-国家形成之后跨居两国或多国，延续着超越国家边界的地缘、族源、血缘、姻缘与教（宗教）缘传统，长期以来对中国西南周边的民族关系与国际关系产生着重要影响。这种影响主要体现在政治、经济、文化几个方面，并且相互交织，共同作用于区域稳定与发展。云南跨界民族一直是中国处理与东南亚国家与民族关系中不可忽略的因素，更是发展与东南亚国家与民族之间经济合作、文化互动的重要资源。她通过历史学、人类学和宗教学多学科结合，在对云南跨界民族的数量及其历史流变进行重新认定与系统梳理的基础上，分析历史与当下跨界民族对中国西南周边关系的影响特点，并探讨跨界民族认同的多重性及其动因与其实践过程中的生存智慧，旨在挖掘其历史文化资源为当下"一带一路"建设与构建中国与东南亚命运共同体提供参考。

上海社会科学院宗教研究所邱文平研究员做了主题为"IS 在中亚五国的发展及对新疆跨境民族的影响"的发言。他认为 IS（"伊斯兰国"）强大的政治意识形态有着深厚的神学信仰基础，在世界范围的广大底层穆斯林中存在广泛的群众基础。它不仅对中东地区形成巨大的政治威胁，也不仅是宗教极端主义的一个恶瘤，它存在的根本目的是要在中东乃至全球穆斯林聚居地区建立政教合一的"伊斯兰国"。这个乌托邦式的"理想国"借助其舆论宣传，已经在全世界吸引了大批"圣战者"。有不少新疆的穆斯林越境参与叙利亚战争，其回流新疆，是必然的后果，IS 及其意识形态对我国边疆的直接威胁已经是可见的事实。毗邻新疆的丝路邻国基本都是伊斯兰国家。中亚五国和巴基斯坦、阿富汗都饱受宗教极端主义和恐怖主义之苦，尤其是阿富汗和巴基斯坦西北部落地区。阿富汗塔利班和巴基斯坦塔利班虽然经历了以美国为首的西方国家的强力围剿，但是并未受到致命打击。随着更加残忍和血腥的 IS 侵入该地区，中亚地区的政治格局已经处于空前复杂危险的境地。中亚五国的政治体制、低迷的经济发展和过高的人口出生率，以及阿富汗政治局势的持续动荡，导致这些地区的年轻人越来越难以抵抗 IS 的蛊惑。我国新疆地区和这些宗教极端主义盛行的地区邻近，激烈的宗教政治博弈不可避免地会波及中国。如果不能遏制乃至消弭 IS 等宗教极端组织在中亚五国的活动和传播，三股势力的发展壮大难以避免。丝绸之路经济带要想通过这些地区直达欧洲，将非常艰难，新疆的安全局势也势必越来越严峻。

中央民族大学世界民族学人类学研究中心袁剑副教授在《跨界民族、中亚与世界体系：重读贡德·弗兰克的中亚论述》中提出，在全球史研究中，世界体系理论（world-system theory）是十分重要的理论资源之一。世界体系理论的关键性假设前提之一是必须将世界经济作为一个整体进行研究，为此，需要关注整体体系中任何一个组成部分（如区域、国家、民族、阶级等）的社会变迁。贡德·弗兰克（Gunder Frank）在他的世界体系论里面指出，对任何试图对世界体系史进行体系性分析的人来说，中亚具有中心地位。但是，中亚可能仍然是世界及其历史当中最重要而又最被忽视的部分。而如今，情况正在改变，新一代的学者正在崛起，如今的中亚仍等着被外部世界"发现"，而这正是中亚在这个外部世界的历史中曾经有过的中央性。袁剑以此为出发点，把跨界民族、中亚在世界体系中的重要位置以及贡德·弗兰克的相关论述放到具体的语境下进行梳理和分析，为更好地认识相关议题提供了相关概念和理论基础。

二 跨界民族与文化传播

第二场专题研讨由云南民族大学云南省民族研究所沈海梅教授主持，石河子大学文学艺术学院院长郑亮教授评议。

中央音乐学院杨民康教授在《西南丝路乐舞中的"印度化"底痕与传播轨迹——兼论云南与周边佛教音乐文化圈的传播历史与文化脉络》中指出，西南丝绸之路是自古以来维系我国云南与东南亚地区的一条极其重要的经济与文化通道，有着悠久、厚重的历史轨迹和深远、甘醇的文化意义，如今成为"一带一路"建设中的一个重要环节。在它的两千年发展史及传播过程中，以印度教（婆罗门教）、佛教为代表的印度传统文化占据了极其重要的位置。在此重提西南丝路乐舞中的"印度化"底痕及传播轨迹，并对之进行深入讨论，一方面可借以廓清存在于云南与周边东南亚南传佛教文化圈及其他宗教文化圈之间的族群、宗教、政治与艺术等文化边界和社会层面，另一方面能够有效地辨识和挖掘处于各自社会深层的传统文化共性，或将有助于今后在"一带一路"建设过程中，发挥和增强彼此间的文化认同与社会和谐等功能作用。在云南与周边南传佛教文化圈内外关系脉络中，如今居于底层的族群认同已经让位于其他文化认同因素，区域、政治认同在其中既占据了显要的位置，同时也呈现出断裂、碎片化的态势。比之而言，宗教认同一直是不同跨界宗教文化圈内较具整合性和稳定性的要素之一，起到维系圈内不同地区、族群之间文化交往及情感和谐关系的重要的纽带作用。而在隐性的文化层面，较早传入的印度教文化（含音乐文化）如今显然已超脱出一般的宗教文化及其认同层面，作为一种较纯粹的、隐性的文化及认同因素，广泛留存分布于佛教、伊斯兰教和基督教等不同的宗教文化圈底层，为那些含有较明显的族群、宗教及社会文化差异的人们提供了某些共同的、久远而弥新的文化话题和情感基因。例如，若将拥有一千年历史的柬埔寨吴哥窟乐舞文化与当代云南与周边泰、缅、老等国的弯月形坐乐（如围鼓、围锣等）、象脚鼓乐队和孔雀舞以及印尼、马来西亚的传统乐舞做比较，可以发现，它们都不同程度地显现出古老印度教文化的内在和深刻的影响。

新疆师范大学崔延虎教授做了题为《跨界交流中的文化站位与话语构建——新疆－巴基斯坦合办〈友邻〉杂志刊载文章文化站位倾向分析》的主题发言。他根据自己参与中国新疆维吾尔自治区对外文化交流协会与巴基斯坦巴中研究院（Pakistan-China Institute）合办的英文版杂志《友邻》（Good-Neighbours）文字编辑工作的经历，通过描述双方提供的介绍各自国家文化文章的内容分类及其"文化站位"，讨论在跨界文化交流中国家和民族文化交流的话语建构问题，希冀引起对目前中国"一带一路"建设中与周边国家文化交流中的文化表达的注意。他对《友邻》已发行 49 期杂志刊载的双方文章进行分类和分析，注意到巴方合作者对于巴基斯坦"文化"的介绍与中方合作者对于中国文化的介绍之间存在明显的差异，双方"文化站位"不同导致了话语建构的立场、内容和方式的不同，也直接影响了所介绍文化在对方国家读者中的可接受性。他重点关注的是《友邻》杂志中方组稿、选稿中的"国家立场"和巴方组稿、选稿中的"民间立场"，以及这两种立场对跨界文化交流乃至中国与周边国家人民交流效果的复杂影响，认为《友邻》杂志初创定位是"人民与人民的交流"（people-to-people comunication），但是新疆与巴基斯坦合办的《友邻》杂志所实践的文化交流话语建构中反映出的"文化站位"差别，提供了一个观察如何处理跨界民族关系中文化交流问题的个案。强烈的"国家立场"话语建构是否可以实现"人民与人民的交流"？"国家立场"话语建构是不是中方从事这种交流的唯一选择？这些都值得探讨。《友邻》杂志个案现象提供了研究跨界民族与中国周边国家关系方面值得进一步思考和研究的问题。

三　跨界民族与跨境研究

第三场专题研讨由云南大学民社学院边疆学所所长高志英教授主持，复旦大学中国历史地理研究所姚大力教授评议。

　　贵州师范大学瑞士研究中心主任郭锐教授在《从缅甸佤邦的政治诉求看"21世纪彬龙会议"》中提出，近期的缅甸政治生态中，最引人瞩目和最重大的政治议题莫过于刚刚结束的21世纪彬龙会议。几乎全缅甸境内不同族群、不同主张的各路政治精英，怀揣着各自的诉求与景愿，均欣然前往，齐集一堂，在首都内比都，试图在国家的最高平台上，参与谋划这个国家的未来走向，开创新的局面。然而，却出现了其国内最具实力的一个民族地方组织佤邦的正式代表临场抗议不公、拒绝参会、愤然返回的尴尬局面。尽管民选的新执政的昂山素季政府已经出面向佤邦政府公开道歉，表面上看似事态已经平息，但偶然之中的必然却很快凸显，时隔仅仅一天，佤邦政府即在自己的政府网上（佤邦新闻局　缅甸在线）以中文发表了《佤邦对政治谈判的总原则和具体诉求》，署名是佤邦联合党中央委员会，折射出这个国家的政治生态、族群关系等诸多现存实际问题。

　　来自云南民族大学云南省民族研究所的沈海梅教授做了题为《跨境婚姻治理：中缅边境的外籍新娘、少数民族和地方政府》的主题发言。她说中国云南德宏傣族景颇族自治州与缅甸接壤，边界线2000多公里，15个少数民族生活在中国与缅甸、老挝和越南边境一线。傣/泰、德昂/昂、景颇/克钦、傈僳族四个主要的跨境少数民族居住在云南－缅甸边境。从历史上到今天，两国边民都保持通婚传统，跨国婚姻植根于边民共同的族群、语言和宗教文化。按照詹姆斯·斯科特的"Zomia"理论，这些生活在亚洲山地的民族拥有逃避国家统治的社会文化策略。近20年来，随着中国边民经济生活改善、社会繁荣稳定，越来越多的缅甸籍少数族裔妇女嫁到中国，与傣族、景颇族、德昂族、傈僳族等通婚，据学者估计有近10万人之多。现代民族国家如何管理跨境民族前现代的跨境婚姻？与缅甸接壤的云南省德宏傣族景颇族自治州需要面对中缅边境日益增长的"缅籍新娘"带来的社会治理挑战，也需要在跨境婚姻治理中建立与缅甸政府和民地武之间的互动。基于作者对德宏州跨境婚姻多年的田野研究，该文把"外籍新娘"置于跨国移民理论框架中分析，在地缘－族裔－性别维度下探讨边境"外籍新娘"的社会治理，呈现地方政府对边民跨国婚姻的相关政策和治理实践，揭示外籍新娘、少数民族边民和地方政府之间的复杂关系。

　　中国南海研究协同创新中心周雷在《缅甸的纳特（Nat）与中介型政治》中提出媒介与巫术、皇权与天命、阶层与秩序，本是政治的核心要素，只不过现代语言的"政治"经常和官僚、政府、组织、机构联系起来，模糊了它最基本的属性其实为"中介性"，仿佛任何人都可以以治理（governance）的名义进入政治。缅甸的纳特（Nat），被暂译为"巫神信仰"，记录了一种罕有的原始治理和政治形式，它让现代人得以一窥政治的本质。中介者原本是权力、合法性、治理的路径、工具和"过程经由"，长期执行之后，这些被"磁化"的阶层，拒绝归还权力，甚至开始把原来用来祭神、面神、求神的神圣空间，转化为"政治议事厅"，正如在希腊城邦语境里，神的世界因此也变成都市（polis）。

复旦大学历史地理研究中心齐光副教授在《解决好国内民族的生计问题是顺利开展国际合作的前提》中指出，近年来，在党的引领和号召下，政府正在推进"一带一路"建设。而中国的跨界民族，是中国政府能够顺利推进其事务的较好的踏板，通过研究和加强与跨界民族的关系，"一带一路"政策可以相对较容易地在周边国家展开。但反过来说，这是利益主义的最好典型，这是不好的作风，不从理念和价值观上与其打成一片，最终是得不到周边国家人民的欢迎、理解及拥护的。另一方面，跨界民族在国内的政治、经济、生态状况的变化，在网络如此发达的当今，全世界都是有目共睹的。切实改善国内民族的生计问题，是处理国外民族事务得以成功的大前提。

四　跨界民族与认同研究

第四场专题研讨由中央民族大学世界民族学人类学研究中心袁剑副教授主持，上海大学社会学院张亦农教授评议。

广西民族大学周建新教授做了题为《离散与认同重构——以中国西藏边境地区尼泊尔移民后裔达曼人为例》的报告。他说，历史上族群离散现象在世界各地都有发生。今天，生活于中国西藏边境吉隆镇的尼泊尔移民后裔达曼人，就曾经是一个离散族群。他介绍了达曼人的历史与现状，力图通过这个当代主权国家语境下的个案，探讨跨国离散族群在面对生存与发展的困境时如何做出选择，并且在文化适应和族群关系调整等方面，顺应发展大势，积极响应国家政策，进行自我调整与重新定位，进而最终实现自我的国民意识和族群意识重构。

上海财经大学付春副教授在《在沪哈萨克族的文化适应与国家认同研

究》中指出，近年来，不少跨界民族包括哈萨克族来到上海。调查发现，历史原因造成的发展基础薄弱、语言障碍和教育差距，使他们在现代化进程的强烈冲击下处于"边缘化"的处境，在激烈的市场竞争中处于劣势。并且各民族交往有时会因语言和文化差异造成误解和冲突，这些矛盾有时会和民族身份挂钩而成为不同民族成员之间的冲突，加上人口流动在一定程度上必然使得安全感、归属感和确定性丧失，因此，这种冲突很容易以民族矛盾的方式呈现出来，把个人之间的冲突变成民族之间的矛盾。因此，需要加强他们的文化适应训练，同时也要在制度环境、文化氛围、文化关怀等方面帮助他们，增强社会容纳和处理多元文化的能力，从而提升他们的国家认同。

延边大学民族研究院院长朴今海教授在题为《困惑与反思：跨国流动中的朝鲜族身份认同的多重性》的发言中指出，朝鲜族是东北边疆地区人口最多的少数民族，也是跨界民族。改革开放以后，朝鲜族的跨国流动日益活跃和频繁，民族成员的认同倾向也日益开放和多元，这在某种程度上对国家认同的建构形成一定的冲击和挑战。跨界民族的国家认同是跨界民族与国家安全的纽结，是加强边疆防御能力、保障国家长治久安的基础和前提。跨界民族国家认同建构目标的实现，应该既要充分尊重和了解跨界民族的民族特性及其身份认同的特殊性，又要服从国家统一的政治原则。加强跨界民族的国家认同建构对于维护边疆安全与稳定、促进民族团结进步、实现国家长治久安具有重要的理论价值和现实意义。

云南财经大学刘芳教授在《老挝 Hmong 人跨国漂泊与自我认同的定位》中提出，越南战争中的"秘密战争"以及那场战争中被视为生命线的"胡志明小道"起伏兴衰，无不牵涉一个人们并不陌生的、广布中国西南，连接越南北部、老挝北部和缅甸、泰国北部的古老族群——苗人。而今中国同东南亚各国的新型关系与他们的生存故事、生活企盼又有怎样的密切关联？刘芳教授锁定老挝一两个村寨的苗人群体，讲述他们的迁徙历史。通过分析他们的故事，勾勒出一幅当代东南亚社会少数族裔的族群、历史与社会的脉动图景，进而从人类学"政治性灾变"的视角，探讨苗人族群跨国漂泊的经历以及国家与族群认同的定位这个核心议题。

贵州师范大学左振廷在《漂泊与认同：对老挝苗族传统环境认知的研究》中提出，在漫长的迁徙历程后，苗族的聚居与分布呈现出跨国性的空间样态，目前已遍布世界十多个国家与地区。漂泊的岁月使其民族内部的整体性文化视角、社会结构与认同概念也在发生变迁。当下国别性、地域性的生态、文化与政治环境差异影响着苗族的传统文化与认知。他以老挝苗族的文化体系为具体观照对象，从生命观、生态观及国家观的角度，结合语言、仪式、民间文学文本及访谈资料分析，讨论苗族（主要为 Hmong 人支系）本位视阈下的认同层次、文化逻辑等问题，并在此基础上阐述对跨国民族的关注在进行中国同周边国家关系研究中的独特地位。

举办"跨界民族与中国周边关系"专题研讨会是为从事相关领域研究的专家学者提供一个交流、合作的平台。通过思想碰撞、学术争鸣，提高学术研究水平，启发有意义的思考，并为此领域的青年学者和学生提供学习、交流的机会。而更重要的是，以此促进学界与政府部门的合作，将研究成果变成具体的建议、措施，增强在国家决策层面和公众层面的影响力。本次会议为首届，今后，我们将每年举办相同主题会议。我们期待国内外学者关注"跨界民族与中国周边关系"专题研讨会的活动，也期盼更多领域的学者加入，为民族学术研究及国家安全发展贡献自己的智慧与才能。

（赵颖，复旦大学民族研究中心博士后，中国统一战线理论研究会统战基础理论上海研究基地研究员；卢芳芳，复旦大学民族研究中心博士后）

"'一带一路'背景下的宗教与中国周边外交"研讨会综述

邹　磊　黄　平　涂怡超

2016 年 11 月 19 日，"'一带一路'背景下的宗教与中国周边外交"学术研讨会在复旦大学顺利召开，来自清华大学、北京大学、中国社会科学院、复旦大学、上海交通大学、中共上海市委党校、上海社会科学院、上海外国语大学、华东师范大学、同济大学、上海大学、华东政法大学等单位多个领域的专家学者围绕"宗教与中国对外战略""'一带一路'建设的宗教风险""宗教与中国周边安全"等议题进行了深入探讨。

本次会议由复旦大学中国与周边国家研究中心、复旦大学宗教与中国国家安全研究中心、上海交通大学国际与公共事务学院、中共上海市委党校发展研究院联合主办，旨在整合国内各单位、各学科的研究资源和优势，为深化"一带一路"研究贡献智慧。

复旦大学国际政治系主任、宗教与中国国家安全研究中心主任徐以骅教授在致辞中指出，宗教与中国对外战略、"一带一路"建设、周边安全的关系日益密切。随着"一带一路"建设的深入推进，亟待更加多元和深度的学术研究成果加以支撑。周边地区是"一带一路"建设的重点区域，而宗教因素则是影响周边地区和国家的重要变量，两者的结合将为动态理解、评估"一带一路"建设的环境与走向提供新的切入点和观察点。

一　重视宗教因素在中国对外战略中的作用

宗教有巨大的感召力和凝聚力，是民间外交、公共外交的重要资源。

促进宗教因素与中国整体对外战略的良性互动，是一项亟待开启和推进的新议题。

清华大学国际关系研究院副院长赵可金教授指出，冷战结束以后的新外交行为，其效果不是由方法、修辞和讲故事决定的，而是由制度决定的。中国外交制度自新中国成立以来没有根本变化，且党管外交、外事无小事。宗教一直在中国外交外围，是民间外交和民间交流的一条渠道。关于宗教在外交当中的参与，学界有很多解释，概括起来有三种解释。第一种解释是宗教复兴论。第二种观点认为，宗教外交的参与主要因为政治战略的影响，外交政策或者战略的影响。第三种观点认为，外交发生了变化，外交出现了社会化的问题，所以出现了非传统外交。随着中国改革开放以后的国际化进程，受到全球宗教复兴、外交社会化，以及国家战略倡议的影响，宗教开始在世界范围内呈现一种网络化的布局。这种网络化布局，也使得宗教本身的发展，使得其在外交舞台上，成为一种新型面孔。宗教网络化使得宗教呈现出一种和主权性权力不同的网络型权力，使宗教日益成为民间外交和公共外交的主角之一，并对中国外交产生日益明显的影响，有可能推动中国外交的社会化进程，也就是多轨化进程。其也有潜力推动中国外交制度发展，使强调水平化的全方位外交向强调等级化的立体外交方向转变。

上海外国语大学丝路战略研究所所长马丽蓉教授认为，在外交层面，应该从价值沟通、增信释疑、反恐共识培育等方面发挥宗教因素的独特作用。宗教在全球治理当中，利用好可能发挥积极作用，利用不好可能起消极作用。五通里面最难的是民心相通，民心相通里面最难的就是宗教资源如何转化的问题。需要培养三种能力。一是治理能力建设，即如何治理民族宗教这样一个难题，或者是全球治理当中，各个国家如何应对伊斯兰因素这样一个问题。二是研究能力提升。历史上丝绸之路宗教交流的许多经验值得总结。三是队伍能力建设，多学科或者宗教常识这方面是我们应该进一步加强的。

上海社会科学院宗教研究所所长晏可佳研究员认为，当今世界和中国面临的众多问题，需要国家和国家、地区和地区、宗教和宗教共同努力，才会得到解决。当今时代的宗教对话，已经超越了宗教信仰和宗教实践的比较，也不仅是重新阐述宗教宽容、理性主义的重要性，而且应该更加注重对话的行动和实践。应聚焦当前国际社会所面临的共同挑战，以探索和解决现实问题为目标，形成一些问题导向的议题，比如环保、民族冲突、移民、融入等的务实的内容。宗教对话应该站在这些问题的前沿，把这些问题加以梳理、进行深入探讨。他建议积极开展跨国宗教对话，发挥宗教因素在全球治理中的独特功能。同时建议中国宗教走出去应将多层次的宗教对话培育成为一个重要品牌。中国经济、社会发展迅速，国际社会对中国的期待和中国自身的建设和准备之间还存在一定距离，宗教方面也是如此，尚须努力培育外交资源以及战略资源。

华东师范大学社会学系主任李向平教授从宗教交往方式角度为宗教融入外交提供理论和实践基础。他认为，在信仰与信仰之间往往就会具有这样的矛盾，单一的信仰能够构成信仰的虔诚与委身，但又往往会构成单一信仰的独尊，构成宗教的不宽容；多神的信仰方式常常无法形成一神论信仰方式那种单一与虔诚，呈现一种宽容现象。然而，单一独尊与多元宽容，往往会形成如下这样一种非常矛盾的信仰现象："信仰的多样性既导致了这种宽容，但同时也削弱了信仰"。宗教交往往往不是局限在一个或两个宗教体系之内或之间的交往，还寻求宗教之外、能够使宗教交往关系得以顺利构成的其他社会、文化基础。交往的双方，可以在充分保持自己的原初信仰的同时，来进行宗教交往或信仰互动，但是更加需要一个超越了民族、宗教乃至某个国家的价值体系，具有公认的普适性。历史演进到了今天，已为东西方宗教的真实对话与真实交往提供了更为广阔的可能性。可以说，这是东西方两大文明体系得以沟通交流的最基本、最深层的方面，也是最迫切的需要。宗教交往同时就是社会交往，而不同社会层次、不同肤色之间的社会交往及其建构与这些交往中的公共理性与公共规范，同时就是不同宗教信仰之间能够构成最基本认同的基础。

教育部"长江学者"特聘教授王启龙提出，历史上西藏一直是丝绸之路等商贸、文化、宗教交流的重要区域。吐蕃参与了繁荣的丝绸贸易，输出土特产品等在吐蕃的经济贸易当中占有非常大的比重。此外，河源地区至吐蕃的古道，西行会经过吐蕃。西藏与周边丝绸之路国家的联系也是广泛存在的。总体来说，西藏历史上是联系内外的重要枢纽，相关地区几乎全部都有藏传佛教的传播，多数地区至今仍有藏传佛教流行，并留存了大量的藏传佛教文化遗迹。今天，藏传佛教在国内外都有为数不少的信徒，是具有世界影响的宗教流派，在中外交流中有望成为政府外交的重要补充。

同济大学国际关系与公共事务学院副教授刘骞认为，一直以来，无论是在中国道路的前行与探索进程中，还是在与"一带一路"沿线国家互动与磨合的过程中，宗教传播与文明融合都是不可回避的核心议题。历史上的"一带一路"所勾勒的不仅是一个以中国为中心的"贸易圈"和"文化圈"，亦是一个以中国为中心的"信仰圈"，这不仅是一条"贸易之路、文化之路、和平之路"，亦是一条名副其实的信仰之路。"一带一路"就是一条文明之带、宗教之路。这也揭示了中国对外战略的宗教向度，提出了新形势下宗教对外战略的新内涵，以及后续的战略演化方向：战略重点由宗教"带出去"向宗教"对外"转变；战略主线由宗教安全向宗教统战转变；战略目标由宗教利益向宗教命运转变。

上海外国语大学中东研究所钮松副研究员讨论了沙特历史进程中的朝觐经济及其与中国对接前景。作为全球最大的年度性跨国人口流动的伊斯兰朝觐，对于沙特阿拉伯而言，影响是极其深远的。从沙特的历史进程来看，朝觐经济的发展经历了几个阶段。从 1924 年攻占麦加至 1930 年"大萧条"波及沙特，朝觐经济不仅作为沙特立国之初最为主要的财政收入来源，而且对于该国的立足与壮大具有举足轻重的作用。从 1930 年至 1945 年二战结束，朝觐经济遭遇两度重创且沙特石油经济开始勃兴。从二战结束到 20 世纪 70 年代，朝觐经济逐步让位于石油经济。从 20 世纪 70 年代迄今，尤其是《2030 年愿景》的发布，为迈向后石油经济时代的朝觐经济的发展提供了新的契机。值得注意的是，沙特的朝觐经济并非孤立的经济模式和路径，所有拥有一定数量穆斯林的国家和地区都是朝觐经济圈的组成部分。如何用量化的指标来梳理沙特的朝觐经济是一个难题，涉及诸多方面。对朝觐经济的构成要历史地看待。中国作为穆斯林人口大国，在朝觐基础设施建设和空间通信保障上已取得重大成就，但在具体的朝觐旅行经济方面仍有提升的空间。朝觐经济合作共赢也是中国"一带一路"重要合作领域，甚至在中沙关系中扮演着与能源合作同等重要的角色。

上海大学历史系副教授刘义对于在"双泛"（泛伊斯兰主义、泛厥主义）影响下100 余年来中国 - 土耳其关系进行了探究，并指出江泽民总书记访问土耳其之际，双方才在打击三股势力上形成一定共识。在 2016 年的军事政变之后，中国与土耳其互动频繁。政变之后不久，中国外交部副部长访问了土耳其，副总理汪洋和外交部长王毅也对土耳其进行了访问。他也讨论了民间交流在中土关系中的作用。他说，在他担任土耳其海峡大学孔院中方院长的时候，土耳其朋友曾说过一句谚语，学问虽远在中国，亦当求之，这也间接说明在土耳其人心目中中国和土耳其有多么遥远。而相互不理解是两国关系当中的重要问题之一。

二　正视"一带一路"建设中的宗教风险

习近平总书记在推进"一带一路"建设工作座谈会上提出，切实推进安全保障，完善安全风险评估、监测预警、应急处置。系统和客观地评估"一带一路"建设所面临的现实和潜在宗教风险已成为当前的重要课题之一。

中国社会科学院世界宗教所副所长郑筱筠研究员指出，宗教本身不是风险，但在一定条件下可能会与政治、经济、社会等因素相互交织，成为各种矛盾冲突的爆发点，我们应该正视"一带一路"建设进程中可能面临的风险问题及其引发的"蝴蝶效应"。她特别提到了印度尼西亚的钟万学事件。2016年10月以来，印尼发生了多次由穆斯林群体发起的针对大雅加达首都特区省长钟万学的大型游行示威活动。这些事件由钟万学9月引用古兰经诗篇触发——钟万学被认为"亵渎"古兰经。钟万学事件对"一带一路"建设中的宗教风险有很强的警示作用。"一带一路"倡议前景是美好的，但是风险也是切实存在的；宗教本身不是风险，但是在一定条件下，宗教因素可能会成为风险，在政治、经济、社会等方面以不同的形式体现，甚至成为各种矛盾冲突的爆发点，这也是宗教风险出现的一个机制。以东南亚为例，中印孟缅经济走廊，辐射地带非常宽广，在这个领域内，民族宗教作为一个变量，极大地影响着各国的政治经济。应该发挥和挖掘民族宗教的积极作用，努力搭建国际文化交流平台，以民族和宗教的区位优势来持续打造文化的区位优势，补充区位优势动力。她提出，虽然我们跟"一带一路"沿线各国形成了比较好的深入的合作机制，尤其是在经济方面合作机制良好，但是影响经济区位的因素是非常复杂的，区位优势不能单纯靠经济因素来保持。文化区位优势是可以开发和利用的，但是需要智慧。

上海交通大学国际与公共事务学院黄平博士则进一步区分了发生型和认识型两类宗教风险。她认为，宗教风险大致可以分为"认识型"和"发生型"两类：认识型的宗教风险指的是对当地宗教状况认识不足可能导致的思想误判与行动失当；发生型的宗教风险指的是宗教因素（至少在名义上）有可能导致的各种矛盾和困难，乃至暴力和冲突。她还以巴基斯坦为例考察了宗教冲突、教派斗争、极端主义三种具体风险形式，同时还评估了它们对中巴经济走廊建设、中国海外投资与公民权益的可能影响。对巴基斯坦而言，在过去的 20 多年中，宗教纷争是其国内矛盾的主要根源之一；宗教矛盾有其历史根源，但同时也是国内政治势力影响所致；另外，它还反映了某些特殊问题与事件的辐射效应。而巴基斯坦自建国伊始，就深陷教派争端与冲突的泥沼。教派分歧不一定意味着教派争端，教派争端也必须发展到一定程度才会演化为教派冲突和宗教风险。关于巴基斯坦的教派争端，以下两点原因是值得注意的：第一，巴基斯坦激烈的教派冲突与其国内宗教力量与世俗力量之间的角力有关；第二，巴基斯坦的教派冲突一直受到地区性事件与外部势力的影响，而这种外部影响又与国内宗教和政治势力纠缠不清，产生了不良的连带效应。巴基斯坦国内宗教极端主义的日益猖獗有多重原因，包括历史根源的影响、巴基斯坦国内的伊斯兰化进程、巴基斯坦政府某些政策的"回爆"效应、巴基斯坦现代化进程受挫、国际伊斯兰复兴势力的影响等。宗教风险的危害性往往还在于其溢出效应，即宗教风险的危害并非局限在宗教领域，而可能对"一带一路"建设带来政治、安全、经济上的众多危害；同时，宗教风险也并非仅仅局限于发生国，更有可能成为跨境威胁。她提出，对于"一带一路"建设而言，不能光强调宗教在联通各国人民和文化上所做出的巨大贡献，强调各国璀璨光辉的宗教交流历史，更应该看到宗教风险可能带来的种种危害。如何充分利用宗教的正能量，同时对负能量进行消解，将是今后一个时期内需要长期关注的重要问题。

上海社会科学院上合组织研究中心主任潘光研究员重点考察了欧亚大陆丝绸之路沿线的几大文明断裂带，并辩证、全面地逐一分析了各文明内部和相互之间的互动关系。他还提出，文明断裂带也是文明融合带，哈萨克斯坦、乌兹别克斯坦、以色列等国在文明融合上就有很好的经验。他举例说，乌兹别克斯坦有 130 个民族，塔吉克斯坦有 80 个民族，高加索地区表面上有很多冲突，后来一调查发现，其实三个国家的民众来往非常密切。这主要是跨国通婚、来往贸易、跨国打工和探亲访友导致的。他还举例说，以色列在民族融合上也做得很好。另外，他还提出，除了要注意宗教风险，还要注意文化风险和民族风险。文明断裂带对海上丝绸之路是有风险的，尤其对马六甲以东的海上通道会带来风险。

三 聚焦宗教与中国周边安全局势

周边国家和地区是推进"一带一路"建设的重点。周边国家政局稳定和周边地区安全，对"一带一路"建设至关重要。

上海社会科学院国际问题研究所副所长余建华研究员讨论了宗教极端主义与中亚安全，指出了威胁中亚安全的外部原因。一是在中亚国家独立以后，不仅大国力量在此博弈，而且宗教方面的力量，从沙特、伊朗到土耳其都在影响中亚，这与中亚历史上极端主义的兴起有关。二是中东变局与阿富汗局势的影响。宗教极端主义是在宗教的名义下，旨在通过暴力手段获得政权，通过暴力手段破坏公共安全，所以虽然跟宗教相关，但是本质上不是宗教。中亚的宗教极端主义与 ISIS、中东的宗教极端主义等有很多区别。它有一个很重要的特征，就是它与恐怖主义、毒品犯罪等跨国犯罪结合在一起，这使其更受关注。中亚宗教极端主义有一个演变过程。在1995 年一系列重要的极端行动以后，在 2001 年陷入一个低潮，但是很快伊拉克战争以后再次出现宗教极端主义浪潮。这些年通过机制治理，中亚宗教极端主义危害没有像中东那么严重。2011 年以来，随着阿富汗战略局势的改变和北约撤军，在"阿拉伯之春"、叙利亚危机、"伊斯兰国"的影响下又重新反弹。宗教极端主义是丝绸之路经济带建设在中亚地区所面临的重要安全挑战。与北非等地不同，宗教极端主义还未能威胁中亚整体的安全形势，问题并不是非常严重，没有必要过分夸大它的危害性。但从长远发展来看，对于这一问题仍然要予以充分重视。原因有二。首先，这个地区与中国实在太近，从新疆到甘肃、宁夏等地，无论是东突问题还是宗教极端主义都与中亚极端主义有密切联系。其次，在"一带一路"建设中，中亚地区是我们"走出去"的一个核心地区。

复旦大学美国研究中心副研究员涂怡超研究了地缘宗教与中国周边安全、外交的互动机制与影响，认为冷战结束以来，民族、宗教因素对众多国家、地区乃至全球的稳定与发展影响巨大。宗教的全球化进一步改变了全球宗教生态并成为形成各种认同的重要推动力量，且跨界民族和跨界宗教形成交错发展的格局，这进一步影响了国家、地区和全球的安全与发展。在此格局下，现代国家在借助、推动乃至意图形塑、抑或受制于民族、文明板块的发展中居于不同层次，这对各国当前的外交从战略、机制到行动方面形成多重挑战。中国本身即为多民族、多宗教国家，周边国家民族、宗教问题的总体复杂程度堪称世界之最。美国、沙特、梵蒂冈等积极将宗教因素纳入对外战略范畴，而这也对过去和当前中国的周边环境产生了很大影响。在"一带一路"建设进程中，中国需要在大国战略、周边国家整合、跨界民族和宗教格局中进一步精准定位自己的坐标，并要注意宗教问题可能产生的连锁效应，为中国的外交与安全创造良好的内外部环境。

华东政法大学章远副教授讨论了宗教安全与亚太安全共同体构建困境，认为构建亚太安全共同体面临来自非传统安全和传统安全两个层面的宗教问题的压力。亚太地区发生的国际危机中，宗教极端主义、宗教民族主义、宗教沙文主义和宗教民粹主义都可能利用宗教获得权威性和正当性。宗教感情、宗教自信过度膨胀，将滋生宗教民族主义和宗教沙文主义，会侵蚀宗教和平的基础。地区共同体框架下的宗教公共外交是值得期许的重要安全合作力量，从而使宗教观念和宗教组织成为增进互信、提升凝聚力的积极来源。

中共上海市委党校邹磊博士提出，宗教因素是理解和评估沿线若干战略支点国家政局走向的切入点之一。所谓战略支点国家，陆上是哈萨克斯坦、塔吉克斯坦等国，海上就是印度尼西亚。印尼是东盟第一大国、全球穆斯林人口最多国家和 21 世纪海上丝绸之路枢纽，其国内的政教格局与中东国家或中南半岛国家均存在较大差异。长期保持比较和平的状态、国内政局相对稳定的印尼在经历了所谓的民主化转型以后，部分宗教极端势力在一些地区开始抬头。这对"一带一路"建设提出了新的问题。目前，中国企业已在印尼多地跟踪实施综合产业园区等大项目合作，在这种情况下，如果当地宗教极端势力抬头，有可能对我们的投资及项目带来直接风险。由此，"钟万学事件"以及其引发的政局波动值得高度重视。

上海社会科学院世界中国学研究所副研究员王震则聚焦"一带一路"建设中的"伊斯兰国"问题。他认为，"伊斯兰国"对国家政治秩序和周边区域安全造成了严重威胁，而其"圣战意识形态"又有很强穿透力，未来如何防止"伊斯兰国"在中国周边地区扩散是一项重要课题。

北京大学国际关系学院《国际政治研究》编辑部主任庄俊举指出，冷战结束以后，包括宗教问题在内的各类非传统议题迅速上升且势头迅猛，对世界秩序、全球治理、地区安全、中国外交等都提出了许多新的课题，其中既有机遇，也有风险，需要我们进行跨学科、多视角的深入讨论。未来会议主办方将继续聚焦"'一带一路'背景下的宗教与中国周边外交"这一主题进行深入研究，并定期召开相关学术研讨会，形成有深度的研究成果，将"一带一路"相关研究推向深入。

（邹磊，中共上海市委党校发展研究院讲师，法学博士；黄平，上海交通大学国际与公共事务学院讲师，哲学博士；涂怡超，复旦大学美国研究中心副研究员、国家领土主权与海洋权益协同创新中心研究员，法学博士）

"中日关系的转型与东亚合作的前景"
国际研讨会综述

陆诗怡

2016 年 11 月 19 日，由复旦大学国际关系与公共事务学院主办，复旦大学日本研究中心、复旦大学中国与周边国家关系研究中心协办的"中日关系的转型与东亚合作的前景"国际研讨会在复旦大学举行。来自日本驻上海领事馆、日本 PHP 研究所、日本再建（RJIF）智库、东京大学、京都产业大学、爱知大学、新潟大学、韩国国家安保战略研究院、中国社会科学院、上海社会科学院、上海国际问题研究院、上海日本研究交流中心、解放军外国语学院、中国人民大学、上海外国语大学、华东师范大学、复旦大学等十余家国内外知名院校及研究机构的 30 余位代表参加了本次会议。与会专家就中日关系的现状与特点、中日关系中的海洋问题及其症结、中日合作的前景等议题展开了深入讨论。

一　中日关系的现状与特点

上海国际问题研究院研究员、上海日本学会会长吴寄南认为，中日两国自从 2014 年 11 月达成四点原则共识后，双边关系逐步企稳向好，但是由于一些结构性的矛盾依然存在，改善的势头仍然很脆弱。中日关系走到今天这一地步，是历史和现实多种因素相互作用形成的。其中，相互认知差距的逐渐扩大应该说是关键的原因之一。中日认知差距日渐扩大有以下几个原因。一是日本朝野对中国的迅速崛起不适应、不愿接受，处于心理调适期。日本少数政治家出现了五百旗头真教授称之为"反华原教旨主义"的偏执现象。这一方面是由于日本国民中存在着对华焦虑感和恐惧感，对中国说硬话、狠话很容易凝聚人气；另一方面是因为中日间的实力对比尚未出现明显差距，是中国与日本博弈的一个难得的"时间窗口"。二是中日这两个意识形态和制度差异较大的国家正处在磨合过程中。随着直接交往的增多，在增进相互理解的同时，双方也越来越深切地感受到彼此的思维方式、决策机制和过程存在着较大差异，在价值观领域的"异"更日益凸显。三是日本大众传媒在商业化运作模式下热衷于对华负面报道。日本媒体的对华报道要么夸大中国经济高速增长中的困难和矛盾，以求得心理上的安慰，要么渲染中国"国强必霸"，怀疑中国要进行"秋后算账"，是对日本的现实威胁。要重构两国之间的战略互信，增信释疑，有几个切入点。一是启动管控危机的海空紧急联络机制。在中日四项原则的基础上，尽快排除人为障碍，通过启动海空紧急联络机制管控好各种可能的危机和冲突。二是保持两国民间交流持续稳定发展的势头。"国之交在民相亲"，这是两国重构战略互信的社会基础。三是在平等互利基础上有序推进中日经贸交流。日本企业界已经意识到媒体对中国经济的判断不靠谱，开始重新布局对话经贸交流，这是两国扩大共同利益的最大交会点。四是进行多层次、多渠道、高密度的信息沟通。两国的知识精英、意见领袖应展开密切的信息交流、思想碰撞和战略对话，准确地对对方国家进行战略定位，客观、理性地评价对方国家的发展趋势，消除各自对对方国家发展方向的不安感。这是避免战略误判、缩小"信任赤字"的关键。

上海国际问题研究院国际战略研究所研究员李秀石指出，中方的对日认知与时俱进，日方的对华认识有改善中日关系的诚意，是改善中日关系的前提之一。就中方而言，应从四个方面加以改善。一是要准确评估安倍独裁体制（首相高度集权）的能量。日本内阁兼海洋、太空、网络战略本部统揽全局，建立了综合、全面、一体化的国家安保战略领导体制。安倍首相兼任海洋、太空、网络战略本部的本部长，一身四任，形成了"一竿子插到底"的高度集权制度。二是要认清日本国内法治建设的现状及其对历届内阁的法律约束力。日本已完成的《海洋基本法》《太空基本法》《网络基本法》等各领域的"宪法"，将会引导相关政策取向及能力建设，并对日本未来的发展道路产生决定性的影响。三是要正确判断国际条约、协定对日本政府的制约。比如日美两国政府修订的《日美防卫合作指针》及其后续政策（《同盟协调机制（ACM）》《制定共同计划机制（BPM）》

等），使日美同盟完成了从"共有力量"到"共用力量"的制度建设，日美两军间的双向保护从陆海空域延伸到了太空。四是要关注日本对外政策的执行体制的变化。日本近年的对外政策大打"组合拳"，中日两国在基建、高铁、核电设备的出口等大项目上的竞争，表明中日关系的"压舱石"发生了变化。此外，日本对华投资也发生了结构性的改变。以"经"促"政"的政策取向发生了一定的改变。李秀石认为，日本作为美国在亚太得力帮手已是不争的事实，日本的军事、政治、外交等不断"向美看齐"，挤压中日关系改善的空间。因此，在相当长的时间内，中日关系难以出现战略性的根本好转。但倘若从大处着眼，从小处着手，中日关系或许不乏战术性的改善。具体包括：有效管控中日海空摩擦，建立危机通报处理机制；两国防务及外交当局加强沟通协调，在互利互惠的前提下，扩大两国在应对非传统安全领域的挑战、促进环保等经济议题、以反恐为首的全球性议题上加强合作，不断积累"量变"，提高中日战略对峙和碰撞的门槛，朝着"质变"的方向改善中日关系。

中国人民大学东亚研究中心主任黄大慧教授认为，自 1972 年中日邦交正常化以来，两国关系以二十年左右为一个周期，先后经历了"蜜月期"（1972～1989 年）、"摩擦期"（1989～2010 年）和"对立期"（2010～），"竞争与合作"已成为中日关系基调，而且撞船事件使得中日之争的焦点，由以往的"历史问题"过渡到了现实的"海洋权益"。值得注意的是，中日的对立，已经不仅是"国家与国家"（或"政府与政府"）的对立，同时还是"社会与社会"（或"民间与民间"）的对立，改善中日彼此对外政策的民意基础任重道远。安倍政府积极打造针对中国的"遏制力"：增强"自主防卫力量"；强化或"借力"日美同盟；构筑"日美澳印"价值观联盟；用经济手段拉拢中国周边国家；通过制度和规则"规范"中国；进行针对中国的"外宣战"，形成不利于中国的舆论环境。但特朗普上台后，倘若美国采取"孤立主义"政策、在亚太地区进行"战略收缩"、放弃（或调整）"亚太再平衡"战略，则会对安倍政府现行外交政策造成较大的冲击。

东京大学法学部教授、前日本驻沪总领事小原雅博认为，2016 年美国大选反映了美国内政中的民族主义倾向和外交中的反全球化态势，并探讨了特朗普上台之后 TPP、RCEP 的未来走向，指出中国城市中新中产阶级、多样化和国际化的趋势是中日关系改善的契机，要加强中日文化沟通。

日本京都产业大学世界问题研究所所长东乡和彦教授则以东亚为大背景，分析安倍内阁在外交上取得的五大成果，特别是日俄关系的改善，并对安倍在下一任期解决中日关系问题抱有期待。

二　中日关系中的海洋问题及其症结

上海社会科学院日本研究中心主任金永明研究员认为，海洋问题是影响中日关系走向的决定性因素之一。在过去的很长一段时间内，中日两国海洋问题的焦点是东海问题，包括东海的岛屿归属争议、海域划界争议、资源开发争议和海上安全争议。东海问题经历了潜伏期、沉默期、凸显期、缓和期。中日针对东海问题的努力及成果有目共睹，包括《中日关于东海问题的原则共识》（2008 年 6 月 18 日）、《中日处理和改善两国关系四点原则共识》（2014 年 11 月 7 日）以及中日海洋事务高级别磋商机制。在五次磋商过程中，中日达成了几点共识：一是要加强联系沟通；二是要先易后难，循序渐进；三是要推进合作机制建设，管控危机。但是中日海洋问题的解决并非前路无虞：钓鱼岛周边海空的安全问题成为海空联络机制的焦点，引发了适用范围的争议；在海洋资源开发上，《中国东海油气田开发活动正当合法》立场文件（2015 年 7 月 24 日）与《日本针对东海资源开发的法律立场》文件（2015 年 8 月 3 日）针锋相对。如何加快海洋低敏感领域的合作进程、共同管控危机是加强和改善关系的重要内容，同时，应积极策划中日海洋安全合作论坛。

上海外国语大学日本文化经济学院教授廉德瑰则聚焦南海问题，指出日本的南海政策是美国南海政策的反映，美国在南海的主要政策是以"航行自由行动"方式介入，显示其军事存在，遏制中国的发展。日本对美国在南海遏制中国的政策表示支持，也积极介入南海问题并批评中国的陆域吹填，但对于美国的"航行自由行动"态度比较消极。日本主要通过"警戒监视"（在南海与美国进行联合警戒和监视活动以及联合演习，以达到牵制中国的目的）、"美舰防卫"（如果发生偶发事件和冲突，日本可以根据安保法，在认定重要影响事态的基础上，对美国军舰实行平时防卫行动）、"共同训练"（与菲律宾进行联合演习）、"加强力量"（向在南海问题上和中国有争议的国家输出武器，增强这些国家对抗中国的能力）等方式采取"有限介入"政策。日本正努力形成以日美澳为核心的亚太对华包围圈，这一战略不会因为杜特尔特或者特朗普的上台而改变。但是，如果美菲关系冷却，日本的南海政策将失去基础，日本的海洋政策也将失去重要的一角，甚至日本试图建立的亚太地区安全保障体制也将发生动摇。所以日本会利用与东南亚多年的合作关系，在菲律宾对美态度发生变化的背景下，摆脱尴尬处境，努力维持日菲关系，把菲律宾拉回日美阵营。但同时，日本也不想在南海与中国彻底决裂。因此，对日本而言，最重要的是如何在南海政策和对华综合政策方面、在美国的"亚太再平衡"战略和对华战略互惠关系之间取得平衡。

徐万胜教授也对日本的南海政策进行了剖析。他指出，日本并非南海争端当事国，在南海并不存在有争议的权利诉求。但是基于南海重要的战略地位以及日本自身的多重战略考量，自 20 世纪 90 年代以来日本一直对南海争端保持高度关注。安倍上台后，更是综合运用政治、经济、外交、军事等手段，逐步加强了对南海争端的介入力度。安倍内阁的南海争端介入政策主要有以下四个路径。一是以双边、多边外交进一步推动南海争端"扩大化"与"国际化"，在各种场合大肆炒作南海问题，不仅多次表态反对中国在南海填海造地，还支持多边框架解决南海问题并鼓吹建立各种南海问题讨论机制。二是以国际法及"海洋法治"为名挑战中国在南海的维权行动。在国际法之名下，日本在多种国际场合及文件中对中国在南海维权行动的正当性提出质疑，闭口不谈中国在南海的历史性权利和领土主权，而大谈所谓依据国际法和平解决争端，大肆宣扬"中国威胁"，其实质是要占据道义制高点，依托其精心打造的"法治"概念对中国的国际形象及外交努力进行攻击。三是以多层援助体系及军事交流活动强化东南亚各国的海上防卫能力。日本政府将政府开发援助（ODA）与防卫装备支援组合起来打造多层援助体系，同时采取与东盟各国举行联合军演及进行军事访问等方式"支持各国的海上能力建设"，并借此强化在地区内的军事存在。四是以美日同盟框架为基础筹建联合干预体制。日本不仅在南海事务的政策立场上和美国保持高度一致，而且将美日同盟视作深度介入南海的合法性框架，积极围绕遏制中国这一中心目标协调日美在南海的行动及调整国内法律框架，谋求实现与美国的"亚太再平衡"战略的对接。以上种种阻滞了东亚区域合作的发展，平添了岛屿海权争端的解决变数，加剧了亚太地区安全的大国博弈，对中日关系及东亚区域合作产生了消极影响。

日本 PHP 综合研究所国际战略研究主任前田宏子研究员认为中日关系的海洋问题主要集中在三个方面：围绕东海油气田开发和中日中间线划分的专属经济区问题、围绕钓鱼岛的领土主权问题和围绕南海自由航行的国际法问题。指出，在日本方面看来，近年来矛盾凸显的主要原因是中方试图用"强力"循序渐进地改变现状。中日双方建立有效完善的危机管理机制等可一定程度上缓解中日关系在海洋问题上的紧张。

三　中日合作的前景

日本爱知大学铃木规夫教授从"Asia is one"这一支撑"大东亚共荣圈"的政治口号出发，追溯其最早在冈仓天心所著的《东方的理想》中的本意，指出其原义是指印度、中国的宗教和思想传入日本，改造、丰富了日本文化，使其与亚洲文化浑然天成。这个视角对现代日本而言至关重要。近现代以来，虽然在日英同盟、日美同盟的帮助下，日本取得了一定的经济增长，但是和亚洲地区国家的关系却缺乏方法论的自觉，甚至不得不成为美国的"附属国"。因此，要把亚洲从作为自证的地理概念的束缚中解脱出来，将"东亚"这一概念进行再验证和重新建构，以中国、日本、俄罗斯的紧密合作为核心建立东亚各民族的民族共同体，这也是中日再合作的可能性所在。

日本 RJIF 研究主任加藤洋一关注特朗普当选对国际形势的影响。认为特朗普"美国优先"的外交政策、在竞选期间关于日本需要承担更多安全义务的言论使日本坐立不安。如果日本不能继续依赖美国，它将自我调节，或建设发展军事能力进行内部平衡；或寻找可替代的盟友，诸如建立"中等国家联盟"等手段进行外部平衡；或缓和与中国的关系，寻求合作共赢。特朗普的当选，对于日中关系有两种可能的影响：一是由于美国从"价值观外交"到"利益外交"的转变，中美两国的战略不信任得到缓解，日本双重依赖的两难境地也得到缓和，中日两国由于共同利益重新走近；二是因为共同利益的定义和优先级是模糊的，共同利益反而导致日美、中美之间的竞争恶化。未来充满了不确定性。

韩国国家安保战略研究院东北亚研究室朴炳光教授从中国对日政策基调变化的背景、日本对中国认知的变化出发，指出现在的中日关系是强对强的局面，具体表现为两国外交政策的攻势和碰撞，两国外交部高层间你来我往的争论和交锋，领土问题上的紧张态势。由于两国的民族主义情绪、安倍政府的保守右倾化和美国的再平衡战略，这种紧张和对立还有可能持续。但长远来看，保持紧密的互通和合作从而保持稳定的关系，建设和平、稳定和繁荣的东亚局势，更符合两国的共同利益。中日两国可以从以下几方面进行努力，搁置争议，走向合作。首先，中日两国需要恢复战略互信。虽然中日两国有"结构性的竞争关系"，但是将对方假想为潜在的威胁或封锁的对象是完全没有必要的。其次，中日间需要稳定和持续的互通制度。虽然中日间已经存在各种互通方式，但更重要的是，中日最高领导人之间的会晤应该惯例化。中日两国间必须有一个国家率先邀请对方访问或主动表达想要访问对方的勇气和决断。最后，中国和日本有责任在国际舞台上强化双边合作，进而间接增加两国互通和合作的机会。从韩国方面而言，推动中日韩三国首脑会谈的常态化和惯例化是很好的努力方向，可以保证中日领导人之间每年都无条件地举行会晤。

在本次会议上，国内外学者围绕"中日关系的转型与东亚合作的前景"这一主题，就中日如何共同面对两国关系中最棘手的海洋问题、如何解决中日战略困境等问题进行了深入而热烈的讨论，从政治、经济、文化等视角提出了构筑更健康、积极的中日关系的政策建议。

（作者为复旦大学国际关系与公共事务学院硕士研究生）

附　录

国家领土主权与海洋权益协同创新中心简介

　　国家领土主权与海洋权益协同创新中心（以下简称"协创中心"，Collaborative Innovation Center for Territorial Sovereignty and Maritime Rights，CICTSMR。）组建于 2012 年 9 月，由武汉大学牵头，联合复旦大学、中国政法大学、外交学院、郑州大学、中国社会科学院中国边疆研究所、水利部国际经济技术合作交流中心、国家海洋局海洋发展战略研究所等协同单位共同组建。协创中心的组建得到了中央外办、外交部、水利部、国家海洋局、国家测绘地理信息局等中央和国家部委的大力支持。2014 年经教育部、财政部正式认定为"2011 协同创新中心"。

　　协创中心以服务中国国家战略为宗旨，按照"国家急需、世界一流、制度先进、贡献突出"的要求，瞄准中国国家领土海洋维权的重大问题，承担战略研究、政策建言、人才培养、舆论引导、公共外交五大任务，致力于打造人才、学科、科研三位一体的国家战略平台、世界一流智库。

　　协创中心设理事会、主任联席会议、学术委员会，实行理事会领导下的主任负责制。韩进担任协创中心理事长，胡德坤担任协创中心主任，高之国担任协创中心学术委员会主任。

　　协创中心在 8 家协同单位同时挂牌，在各协同单位设立分中心。

　　协创中心研究领域基本实现涉边海问题的全覆盖，全面回应了维护中国领土主权与海洋权益问题研究与决策咨询需求。目前已组建了十一个创新团队：（一）国家海洋战略与边海外交；（二）中国与周边国家关系；（三）"一带一路"与中国周边；（四）海洋争端解决与国际法；（五）海洋权益的保障与拓展；（六）钓鱼岛与南海诸岛档案资料整理与研究；（七）中国极地政策与极地权益；（八）中国疆域历史与现状；（九）陆地边界争端与跨境合作；（十）界河管理与跨境水资源争端；（十一）数字边海与测绘遥感技术。

协创中心拥有面积 2800 平方米的办公楼。协创中心现有边海研究相关中外文核心图书资料 8 万余册，期刊 155 种，相关研究数据库 29 项 58 个子库。协创中心主办的《边界与海洋研究》双月刊（ISSN 2096 – 2010）2016 年 5 月正式出刊。

国家领土主权与海洋权益协同创新中心

2017 年 6 月 1 日

复旦大学中国与周边国家关系研究中心简介

复旦大学中国与周边国家关系研究中心（以下简称"中心"，the Center for China's Relations with Neighboring Countries of Fudan University，CCRNC-Fudan）成立于 2013 年 11 月 11 日，隶属于复旦大学国际问题研究院。中心的定位是：以复旦大学优势学科政治学和国际关系为依托，着力于中国与周边国家之间的政治、安全、经济、外交、民族、宗教与文化关系研究，担当中国与周边国家关系研究领域有重要影响力的问题研究者、政策建言者、思想提供者和舆论塑造者。中心将凝聚研究团队，形成有特色的中国周边外交研究学派，急国家之所急，为中国周边外交建设做出重要智力贡献。

截至 2016 年 12 月 31 日，中心有研究人员 12 人，其中教授（研究员）6 人、副教授（副研究员）5 人、助理研究员 1 人。中心在站博士后研究人员 2 人，行政秘书 1 人。石源华教授担任中心主任，祁怀高副教授担任中心副主任。

中心的主要工作包括：（1）为中国周边外交建设资政献策；（2）编著《中国周边外交研究报告》（年度报告）；（3）主办《中国周边外交学刊》（学术辑刊，半年刊）；（4）出版"复旦大学中国周边外交研究丛书"；（5）编制"中国周边国家概况及其对华关系数据库"；（6）主办"复旦大学中国周边外交研究论坛"；（7）举办国际国内学术会议；（8）参与打造周边外交的中国话语权等。

复旦大学中国与周边国家关系研究中心是国家领土主权与海洋权益协同创新中心复旦大学分中心，同时也是"中国东盟学术共同体"（the Network of ASEAN-China Academic Institutes，NACAI）的常设秘书处。

近年来，中心研究人员主持多个国家社会科学基金项目和省部级项目，招收政治学博士后研究人员，以及国际关系、国际政治、外交学专业的博士生和硕士生。中心欢迎国内外从事中国与周边国家关系以及中国边海研究的学者和官员前来访学交流。

复旦大学中国与周边国家关系研究中心

2017 年 6 月 1 日

《中国周边外交学刊》征稿启事

　　《中国周边外交学刊》是由复旦大学中国与周边国家关系研究中心、国家领土主权与海洋权益协同创新中心复旦大学分中心主办的中国周边外交研究专业性学术书刊。宗旨是：瞄准中国领土主权与海洋权益重大问题，努力推进对中国与周边国家之间的政治、安全、经济、外交、文化关系的理论研究、战略研究、个案研究和综合研究。

　　《中国周边外交学刊》设有"特稿"、"周边外交综论"、"'一带一路'研究"、"周边次区域研究"、"亚洲新安全观"、"亚洲命运共同体"、"中国边海事务"、"周边看中国"、"周边国情研究"、"周边文化交流"、"青年论坛"、"学术动态"及"书评"等栏目。

　　欢迎国内外从事中国与周边国家关系研究、中国领土主权与海洋权益重大问题研究的学者赐稿。

　　《中国周边外交学刊》每年出版2期，定于每年6月和12月正式出版。每年年度第1期于3月1日截稿，第2期于9月1日截稿。

　　投稿者务请注意以下事项。

　　一、来稿请提供电子版。严格遵守学术规范，引用的文献、观点和主要事实要注明来源。网上资料的引用应做到可核查。具体注释体例请参见"《中国周边外交学刊》注释体例"。

　　二、学术论文每篇字数一般为1~2万字；书评及学术动态文章一般在5000字以内。

　　三、来稿请提供中英文的题名、作者姓名、工作单位、内容提要（250~300字）、关键词（3~5个）。同时请提供作者简介、详细通信地址、邮编、电话号码、电子邮件地址，以便联系。

四、请勿一稿多投。来稿一经刊用，即付稿酬（含信息网络传播和数字发行稿酬），并赠送当期本刊两册。

五、本刊对采用的稿件有修改权，不同意修改者，请在来稿中申明。

六、本刊实行匿名评审制度，以确保论文质量。

七、《中国周边外交学刊》编辑部联系方式：联系人：陈妙玲；电邮：ccrnc@ fudan. edu. cn，电话：021 – 65642939，传真：021 – 65642939；地址：上海市邯郸路 220 号复旦大学文科楼 307 室复旦大学中国与周边国家关系研究中心，邮编：200433。

复旦大学中国与周边国家关系研究中心
2017 年 6 月 1 日

《中国周边外交学刊》稿件体例及注释规范

一、文稿请按题目、作者、内容提要（250～300字）、关键词（3～5个）、基金项目（可选）、作者简介、正文之次序撰写。节次或内容编号请按一、（一）、1、（1）……之顺序排列。文后请附英文题目和英文摘要。

二、正文或注释中出现的中文书籍、期刊、报纸之名称，请以书名号（《》）表示；文章篇名请以书名号（《》）表示。英文著作、期刊、报纸之名称，请以斜体表示；文章篇名请以双引号（""）表示。古籍书名与篇名连用时，可用"·"将书名与篇名分开，如《论语·学而》。

三、正文或注释中出现的页码、卷期号及出版年月日等，请尽量以公元纪年并以阿拉伯数字表示。

四、所有引注均需详列来源。注释一律采用"页下脚注"格式，并请参考下列附例。其中外文注释以英文为例，其他外文注释依其惯例。

（一）书籍

1. 中文

（1）专著

石源华：《中华民国外交史新著》（第三卷），社会科学文献出版社，2013，第1094～1174页。

（2）编著

石泽主编《中国周边国家与合作组织》，人民出版社，2014，第39页。

（3）译著

〔美〕亨利·基辛格：《大外交》，顾淑馨等译，海南出版社，2012，第146页。

（4）文集中的文章

爱德华·卡尔：《现实主义对乌托邦主义的批判》，载秦亚青编《西方国际关系理论经典导读》，北京大学出版社，2009，第 3 ~ 24 页。

2. 英文

（1）专著

Robert G. Sutter, *Chinese Foreign Relations: Power and Policy since the Cold War*, Lanham, Maryland: Rowman & Littlefield Publishers, Inc., 2012, pp. 17 – 37.

（2）编著

Christopher M. Dent, ed., *China, Japan and Regional Leadership in East Asia*, Cheltenham, U. K.: Edward Elgar Publishing Ltd., 2008, p. 286.

（3）文集中的文章

June Teufel Dreyer, "Sino-Japanese Territorial and Maritime Disputes," in Bruce A. Elleman, Stephen Kotkin, and Clive Schofield, eds., *Beijing's Power and China's Borders: Twenty Neighbors in Asia*, New York: M. E. Sharpe, 2013, pp. 81 – 95.

（二）论文

1. 中文

（1）学术论文

祁怀高、石源华：《中国的周边安全挑战与大周边外交战略》，《世界经济与政治》2013 年第 6 期，第 25 ~ 46 页。

（2）报纸文章

温家宝：《关于社会主义初级阶段的历史任务和我国对外政策的几个问题》，《人民日报》2007 年 2 月 27 日，第 2 版。

（3）学位论文

都允珠：《后冷战时期中国周边区域多边外交研究》，博士学位论文，复旦大学，2008，第 134 页。

2. 英文

（1）期刊论文

Adam P. Liff and G. John Ikenberry, "Racing toward Tragedy?: China's Rise, Military Competition in the Asia Pacific, and the Security Dilemma," *International Security*, Vol. 39, No. 2 (Fall 2014), pp. 52 – 91.

（2）报纸文章

Joseph S. Nye Jr., "Work with China, Don't Contain It," *New York Times*,

January 26, 2013, p. 19.

（三）档案文献

1. 中文

《斯大林与毛泽东会谈记录》，1949 年 12 月 16 日，俄总统档案馆，全宗 45，目录 1，案宗 239，第 9 ~ 17 页。

2. 英文

U. S. Department of States, *Foreign Relations of the United States*, 1932, Vol. Ⅲ, The Far East, Washington D. C. : Government Printing Office, 1948, p. 8.

（四）辞书类

1. 中文

夏征农、陈至立主编《辞海》（第六版·彩图本），第 2 册，上海辞书出版社，2009，第 2978 页。

2. 英文

The New Encyclopaedia Britannica, "The Transition to Socialism, 1953 – 57," Vol. 15, *Encyclopaedia Britannica*, 15th ed. , Chicago, 1988, pp. 145.

五、第一次引用应注明全名与出版项，再次引用可以简化为"作者，著作，页码"。

六、来源于互联网的电子资源，除注明作者、题目、发表日期等信息外，还应注明完整网址、访问日期。

1. 中文

国务院新闻办公室：《中国的和平发展》，2011 年 9 月，http://www. scio. gov. cn/zfbps/ndhf/2011/Document/1000032/1000032_3. htm，最后访问日期：2016 年 12 月 16 日。

2. 英文

Central Intelligence Agency, "Maritime Zones of Northeast Asia," Report No. 923, February 9, 1978, https://www. cia. gov/library/readingroom/docs/CIA – RDP08C01297R000200130003 – 5. pdf, last accessed on 16 December 2016.

《中国周边外交学刊》编辑部
2017 年 6 月

图书在版编目（CIP）数据

中国周边外交学刊. 2017 年. 第一辑：总第五辑／
复旦大学中国与周边国家关系研究中心编. -- 北京：社
会科学文献出版社，2019.7
ISBN 978 - 7 - 5201 - 4590 - 9

Ⅰ.①中… Ⅱ.①复… Ⅲ.①中外关系 - 研究 Ⅳ.
①D822

中国版本图书馆 CIP 数据核字（2019）第 054868 号

中国周边外交学刊 2017 年第一辑（总第五辑）

编　　者／复旦大学中国与周边国家关系研究中心

出 版 人／谢寿光
责任编辑／许玉燕
文稿编辑／赵子安

出　　版／社会科学文献出版社·（010）59366556
　　　　　地址：北京市北三环中路甲 29 号院华龙大厦　邮编：100029
　　　　　网址：www.ssap.com.cn
发　　行／市场营销中心（010）59367081　59367083
印　　装／三河市尚艺印装有限公司

规　　格／开　本：787mm × 1092mm　1/16
　　　　　印　张：18.25　字　数：292 千字
版　　次／2019 年 7 月第 1 版　2019 年 7 月第 1 次印刷
书　　号／ISBN 978 - 7 - 5201 - 4590 - 9
定　　价／89.00 元

本书如有印装质量问题，请与读者服务中心（010 - 59367028）联系